...3

O terceiro setor:
uma visão estratégica para projetos de interesse público

2ª edição – revista e atualizada

SÉRIE GESTÃO PÚBLICA

...3

O terceiro setor:
uma visão estratégica para
projetos de interesse público

2ª edição – revista e atualizada

(Olsen Henrique Bocchi)

intersaberes

Rua Clara Vendramin, 58 . Mossunguê . CEP 81200-170 . Curitiba . PR . Brasil
Fone: (41) 2106-4170 . www.intersaberes.com . editora@intersaberes.com

Conselho editorial
Dr. Alexandre Coutinho Pagliarini
Drª Elena Godoy
Dr. Neri dos Santos
Dr. Ulf Gregor Baranow

Editora-chefe
Lindsay Azambuja

Gerente editorial
Ariadne Nunes Wenger

Assistente editorial
Daniela Viroli Pereira Pinto

Edição de texto
Ana Maria Ziccardi
Mille Foglie Soluções Editoriais
Larissa Carolina de Andrade

Capa
Denis Kaio Tanaami

Projeto gráfico
Bruno de Oliveira

Diagramação
Débora Gipiela

Iconografia
Regina Claudia Cruz Prestes

Dados Internacionais de Catalogação na Publicação (CIP)
(Câmara Brasileira do Livro, SP, Brasil)

EDITORA AFILIADA

Bocchi, Olsen Henrique
   O terceiro setor: uma visão estratégica para projetos de interesse público/Olsen Henrique Bocchi. 2. ed. Curitiba: InterSaberes, 2022. (Série Gestão Pública)

   Bibliografia.
   ISBN 978-65-5517-800-5

   1. Associações sem fins lucrativos – Brasil – Administração 2. Associações sem fins lucrativos – Legislação – Brasil 3. Interesse público – Brasil 4. Organizações não-governamentais – Brasil I. Título.

20-43342   CDD-658.04800981

Índices para catálogo sistemático:

1. Brasil: Entidades sem fins lucrativos: Visão estratégica para projetos de interesse público: Administração de empresas 658.04800981

Cibele Maria Dias – Bibliotecária – CRB-8/9427

2ª edição, 2022
Foi feito o depósito legal.

Informamos que é de inteira responsabilidade do autor a emissão de conceitos.

Nenhuma parte desta publicação poderá ser reproduzida por qualquer meio ou forma sem a prévia autorização da Editora InterSaberes.

A violação dos direitos autorais é crime estabelecido na Lei n. 9.610/1998 e punido pelo art. 184 do Código Penal.

Sumário

Apresentação 9
Nota da segunda edição 11
Introdução 15

Capítulo 1
Setores sociais 19

Capítulo 2
Modalidades institucionais aplicáveis ao terceiro setor 23
   2.1 Fundações 24
   2.2 Associações, sociedades civis e institutos 37
   2.3 Alterações do Código Civil e o princípio da entidade 43

Capítulo 3
Modalidades de atuação do terceiro setor 51
   3.1 Organizações da sociedade civil de interesse público (Oscips) 52
   3.2 Organizações sociais 78
   3.3 Serviços sociais autônomos 81
   3.4 Agências reguladoras 83
   3.5 Agências executivas 86
   3.6 Organizações da sociedade civil (OSC) 89

Capítulo 4

Contratos e sua teoria explicativa   117

4.1   Ato negocial e autonomia privada: uma explanação sobre a teoria positivista do direito   118
4.2   Princípios gerais dos contratos: função social e boa-fé   121

Capítulo 5

Termos de parceria   155

Capítulo 6

Convênios e sua legislação   165

Capítulo 7

Contratos de gestão   175

Capítulo 8

Comparação entre contratos, convênios e termos de parceria   179

Capítulo 9

Plano de trabalho: delimitador de projetos de interesse público   183

9.1   Projeto básico   191
9.2   Elaboração do plano de trabalho   205

Capítulo 10

Incentivos fiscais aplicáveis ao terceiro setor   213

10.1 Imunidade tributária   214
10.2 Fundo Patrimonial da Lei n. 13.800/2019: a inserção da sistemática dos endowments no ordenamento jurídico brasileiro   282
10.3 Grandes programas tecnológicos: aliança do setor público com o setor privado   310

Capítulo 11

Contabilidade do terceiro setor 317

11.1 Noções básicas sobre contabilidade 318
11.2 Contabilidade das entidades sem fins lucrativos 328
11.3 Considerações finais sobre a contabilidade do terceiro setor 341

Considerações finais 343
Referências 347
Sobre o autor 383

Apresentação

Nesta obra, pretendemos enfocar uma proposição de trabalho para as entidades do terceiro setor e é fruto de 3.522 horas de pesquisa aplicada no trato diário das questões que envolvem projetos e sua abordagem em cooperação com Poder Público e iniciativa privada.

Notamos que existe, no universo trabalhado, um anseio de realização social em que as entidades estudadas buscam promover o interesse público. No entanto, boas intenções não são suficientes para que as contas sejam aprovadas, para impedir malversação do dinheiro público e para que *marketing* social seja, no Brasil, uma marca de idoneidade para as entidades do terceiro setor.

O regime legal adotado nos limites conferidos, mesmo que embrionário, foi um impulso para que os interessados no tema ganhassem a oportunidade de profissionalização, auferindo, assim, credibilidade social. Contudo, é necessária a iniciativa das organizações para um rearranjo de sua mentalidade. Já não se pode atuar como associações de bairros; é preciso agir como empresas que, apesar de não distribuírem lucros, precisam de organização semelhante à empresarial. Embora não tenha o enfoque institucional por apresentar natureza não econômica, essa organização empresarial alcança a necessidade de mudança na mentalidade de seu aparato humano. As divisas almejadas são divisas sociais que poderão ser aproveitadas, em breve, para o desenvolvimento de todas as camadas da sociedade e das empresas que buscam qualificação profissional de seus empregados, tecnologia, certificação de produtos e serviços; com isso, pode-se alcançar, afinal, o sonhado crescimento sustentável.

O alargamento das finalidades do terceiro setor serve para impulsionar todos os veios econômicos, fazendo um trabalho que, muitas vezes, nem o Estado está preparado para desenvolver. Os centros de excelência, as universidades, as instituições de pesquisa, as instituições de fins filantrópicos, hoje, podem abraçar um sem-número de atribuições com sucesso. Basta que, de um lado, os incentivos e os créditos possam ser garantidos, quer pelo Estado quer pelas empresas, e que as instituições do terceiro setor mostrem-se confiáveis para prestar esse importante serviço à sociedade.

Nessa linha de pensamento, procuramos apresentar aqui as fórmulas de sucesso para a execução de projetos por instituições sem fins lucrativos. Neste livro, há o substrato mínimo para que tais institutos, desde seu nascimento até a execução de trabalhos, possam imbuir-se em paragens que almejam, e o mais importante, sem riscos.

Nesta obra, encontram-se o conteúdo teórico mínimo, uma boa porção prática para a elaboração suficiente de projetos básicos e de planos de trabalho para que as atividades sejam desenvolvidas. Houve a preocupação, ainda, em transcrever os principais incentivos e as formas de fomento a projetos, analisando e especificando o procedimento para o alcance dessas metas.

Foram expostos também os principais projetos estratégicos do país, com uma explanação de suas fórmulas de sucesso, bem como um estudo de caso sobre um projeto vencedor.

Enfim, os interessados em atuar no terceiro setor, que buscam um espaço em sua responsabilidade social, e desejam participar do momento histórico de mudança pelo qual passamos podem buscar respostas nesta obra.

Olsen Henrique Bocchi

Nota da segunda edição

A segunda edição do presente trabalho envolveu ampla revisão e sistemática ampliação. A revisão foi motivada pela extensa alteração legal dos institutos e revisão jurisprudencial, com o intuito de proporcionar informações atuais aos leitores.

Entre as atualizações, podem ser destacadas:

1. evolução jurisprudencial na diferenciação entre as fundações públicas e as fundações privadas criadas pelo Poder Público;
2. alterações da Lei n. 10.406, de 10 de janeiro de 2002 (Brasil, 2002a), o Código Civil, no que concerne às fundações;
3. alterações no Código Civil com a inserção do art. 49-A e alteração do art. 50, envolvendo a confusão patrimonial e o desvio de finalidade das pessoas jurídicas, com a inserção de um capítulo específico para sua correlação com o terceiro setor;
4. alterações na Lei n. 9.790, de 23 de março de 1999 (Brasil, 1999b), com a alteração do art. 1º e do parágrafo único do art. 4º, bem como a inclusão do parágrafo único ao art. 2º e inserção do art. 15-B, sendo que todos esses dispositivos foram abordados;
5. revogação da Lei n. 91, de 28 de agosto de 1935 (Brasil, 1935), que previa o Título de Utilidade Pública Federal, pela Lei n. 13.019, de 31 de julho de 2014 (Brasil, 2014b), unificando os regimes no âmbito das organizações da sociedade civil (OSC);

6. revogação da Lei n. 12.101, de 27 de novembro de 2009, pela Lei Complementar n. 187, de 16 de dezembro de 2021, a qual está pendente de regulamentação;
7. a decisão na Ação Direta de Inconstitucionalidade n. 1.923 pelo Supremo Tribunal Federal (STF), que trata das organizações sociais (OS), fixando a inconstitucionalidade sem redução de texto da Lei n. 9.637, de 15 de maio de 1998, com interpretação conforme a Constituição e seus dispositivos (Brasil, 2015g; 1998f);
8. alterações da Instrução Normativa n. 1, de 15 de janeiro de 1997, da Secretaria do Tesouro Nacional, do Ministério da Fazenda (Brasil, 1997a);
9. a edição da Lei n. 13.019/2014 (Brasil, 2014b), que criou as organizações da sociedade civil (OSC), sendo destinado um capítulo específico para seu estudo;
10. a criação dos fundos patrimoniais pela Lei n. 13.800, de 4 de janeiro de 2019 (Brasil, 2019a), inserindo, no ordenamento jurídico brasileiro, o regime de *endowments*, sendo reservado um capítulo específico para seu estudo.

Entre as ampliações, podem ser destacadas:

1. o detalhamento do roteiro para elaboração de projetos básicos e planos de trabalho, para auxiliar o operador de parcerias, segundo um modelo em consonância com as perspectivas delineadas pelo Tribunal de Contas da União (TCU), visando ao detalhamento suficiente de seus elementos, propiciando a diminuição de riscos de desaprovação das contas, metodologia esta aplicável a todas as modalidades de parceria;
2. detalhamento do estudo sobre imunidade tributária, com a exposição da posição jurisprudencial do STF e do Superior Tribunal de Justiça (STJ), com o fim de propiciar ao leitor subsídios para a melhor compreensão do instituto;

Olsen Henrique Bocchi

3. estudo da contabilidade para o terceiro setor segundo a Interpretação Técnica Geral – ITG 2002 (CFC, 2015a), indicando, ao leitor, o roteiro para a elaboração das principais demonstrações contábeis específicas para instituições sem fins lucrativos.

Com este novo formato, pretendemos oferecer uma obra completa sobre o terceiro setor, ou seja, um roteiro de trabalho para o operador de entidades sem fins lucrativos contemplando sua constituição, seu funcionamento, escrituração contábil, manutenção dos incentivos fiscais e estabelecimento de parcerias com toda a segurança necessária às entidades e ao Poder Público.

Introdução

Com a impossibilidade atual de o Estado prover a totalidade dos interesses sociais que, antes, lhe eram incumbidos, houve uma diminuição de investimentos em setores sensíveis da sociedade. Consequentemente, para que tais interesses não deixassem de ser executados, a sociedade civil passou a assumir encargos que anteriormente não lhe eram afetos. Notamos que cultura, saúde, educação, criação de empregos, investimentos na inovação tecnológica, entre outros setores, estão sendo relegados a segundo plano nos projetos estatais[a]. Contudo, concomitantemente, tem havido uma aliança entre o Poder Público e a iniciativa privada do terceiro setor para a execução de projetos que suprão, entre outros pontos, os encargos que, pela Constituição, são obrigação do Estado. Um exemplo dessa aliança é a criação das organizações da sociedade civil de interesse público (Oscips) pela Lei n. 9.790, de 23 de março de 1999 (Brasil, 1999b). Essa norma, entre outras, será estudada neste livro.

---

a. "Ante a deficiência do Estado na gerência da coisa pública e a crescente necessidade de redefinir sua estrutura, posição e forma de atividade, o terceiro setor compreende importantíssimo segmento social que deve desenvolver sua capacidade de intervenção no Estado, colaborando para que consigamos proceder a uma legítima e verdadeira reforma administrativa e consequentemente implantar eficientes políticas públicas" (Santos, 2000, p. 32).

A política de desagregação da iniciativa estatal, se levada a cabo por instituições sérias, pode corresponder ao anseio do legislador e, consequentemente, da comunidade em geral. No âmbito do fomento às pesquisas, pode ocorrer um aumento no número de patentes, bem como a colaboração para o aumento das exportações de produtos com maior valor agregado.

Assim, a seguir, serão estudados os "setores sociais", com o intuito de delimitar a noção de terceiro setor paralelamente à figura do Estado e da iniciativa empresarial. Serão também abordadas as formas institucionais que assumem as entidades sem fins lucrativos e as principais formas de qualificações de interesse público, segundo a legislação pertinente. Discorreremos também sobre os instrumentos de parceria do terceiro setor com o Poder Público.

Esta obra será concluída com uma crítica ao movimento atual de "re-estatização" das entidades do terceiro setor, o que tem propiciado uma perda considerável de parcerias estratégicas.

Não vislumbramos, aqui, o esgotamento dos temas tratados, mas, sim, na forma de um roteiro, abordar a essência do que é necessário aos operadores de projetos de interesse público para sua execução. Os gestores de recursos públicos, os coordenadores de projetos, os executores e até os juristas necessitam de um suporte teórico e de um conteúdo prático mínimo para o desenvolvimento dos trabalhos. Este livro dará as condições para que não haja questionamentos quanto à forma como se apresenta o projeto básico, seu escopo e demais informações que serão mostradas aos órgãos de controle; isso porque na maioria das vezes, não é questionada a lisura em sua execução, pecando o ordenador meramente em como foi disposta documentalmente.

Por fim, por sua relevância social, o terceiro setor será tratado como uma chave mestra para a produção científica, tecnológica e social, favorecendo a pesquisa e o desenvolvimento, mediante atuação conjunta e coesa de todos os "setores sociais". Nesse contexto, sensível às mudanças assistidas no cenário mundial, as entidades sem fins lucrativos serão capazes de assumir seu papel no desenvolvimento sustentável, caso sua

Olsen Henrique Bocchi

atuação seja conduzida de forma séria e condizente com os anseios da sociedade; somemos a essa seriedade, a austeridade e a transparência.

Não pretendemos advogar na defesa de entidades sem fins lucrativos como substitutos do Estado, mas como aliados na busca de fins afetos à coletividade, segundo os mesmos parâmetros de fiscalização e exigências para execução de projetos e uso de recursos públicos. No ambiente atual, o Poder Público deve compartilhar parcelas de seu ônus para se dedicar, com mais precisão, a sua essência, como a defesa do Estado democrático de direito, a fiscalização do emprego de verbas públicas e a fixação de políticas estratégicas de atuação, deixando a condução de soluções que exijam mais eficiência e agilidade à iniciativa privada e à atuação do terceiro setor, incluindo-se, nessa classe, as universidades. Dessa forma, o desenvolvimento sustentável será não um sonho em um país do futuro, mas, sim, uma realidade de sucesso no presente.

Capítulo 1
Setores sociais

O Estado compõe o setor público junto de suas ramificações e é conceituado como aquela pessoa detentora do poder de império, cuja soberania está definida constitucionalmente. Nesse documento, está definida sua personalidade jurídica, no caso brasileiro, dividida em três esferas: federal, estadual e municipal. Esse poder público, conforme uma classificação social, é denominado *primeiro setor*. Ao Estado, é exigida a provisão dos direitos sociais, entre eles, a saúde, a educação e a pesquisa em tecnologia.

No âmbito privado, encontram-se as pessoas que trabalham de acordo com atividades econômicas, conforme o Código Civil, Lei n. 10.406, de 10 de janeiro de 2002 (Brasil, 2002a). Na legislação anterior, por sua vez, denominavam-se *atividades com fins lucrativos*, mas essa alteração não influi em sua configuração prática para efeitos legais. Nesse setor, encontram-se as empresas comerciais, as sociedades mercantis e as demais pessoas físicas ou jurídicas que almejam atividades lucrativas. Esse é denominado *segundo setor*.

No limiar entre esses dois setores, há aquele que se compõe de pessoas que, sem integrar o Estado, almejam atividades sociais ou solidárias, sem desejar lucro, ou seja, não tendo fins econômicos. Esse é chamado *terceiro setor* e abrange as associações civis e as fundações, ou seja, as organizações não governamentais (ONGs). Sobre o tema, Nanus e Dobbs (2000, p. 41) ensinam:

> *Em seu nível mais básico, toda a nação é composta de três setores que se sobrepõem – econômico, político e social. Esses setores coexistem em um ambiente comum que sustenta as organizações [...]. Cada setor tem suas próprias atividades e responsabilidades, mas também trabalha em uma parceria muito próxima com os outros setores onde tem interesses em comum [sic]. Além disso, cada setor tem suas instituições características que são projetadas para propósitos específicos e,*

uma vez funcionando, agem para restringir e dirigir a atividade humana. As organizações beneficentes geralmente são uma parte do setor social da nação onde atuam para melhorar a vida das pessoas, famílias, bairros e comunidades.

No final da década de 1990, houve o reconhecimento do interesse público de algumas dessas organizações, pois foi editada a Lei n. 9.790, de 23 de março de 1999, que trata das organizações da sociedade civil de interesse público (Oscips) (Brasil, 1999b). Conforme a doutrina, essa legislação regulamenta o terceiro setor de forma "condizente com as necessidades atuais da sociedade, já que rompe com as velhas amarras regulatórias. Pela primeira vez, o Estado reconhece publicamente a existência de uma esfera que é pública, não por sua origem, mas por sua finalidade: é pública, embora não estatal" (Tachizawa, 2002, p. 39).

A posição do terceiro setor pode oferecer a prestação de melhores serviços, pois possibilita a criação de modelos novos para proporcionar importantes transformações sociais. O comando de ações para o bem comum serve de elo para a ação política estatal em áreas sensíveis.

A participação ativa na vida social, opinando e colaborando na consecução do bem comum, supõe o pluralismo de soluções para questões marcadas pela contingência: daí as divergências naturais entre os membros da sociedade, que devem ser superadas pelo estudo dos problemas e pela crítica positiva, que não busca destruir a opinião contrária, mas ofertar alternativas melhores para resolver os problemas sociais (crítica construtiva). (Martins Filho, 2000, p. 2)

As organizações sem fins lucrativos podem, também, financiar diretamente serviços comunitários, bem como conduzir experiências inovadoras e projetos de aplicação prática que poderão ser adotados pelos governos e pelas empresas.

Assim, podemos afirmar que o terceiro setor é um importante laboratório incubador da mudança social. Segundo Nanus e Dobbs (2000), as fundações Ford e Rockfeller, nos Estados Unidos, são exemplos clássicos de organizações do terceiro setor que serviram de suporte para avanços tecnológicos.

É interessante a exposição dos autores ao tratar as organizações do terceiro setor como importantes instrumentos para a infraestrutura institucional de uma nação, como se percebe no excerto a seguir:

> *As organizações do terceiro setor já são parte essencial da infraestrutura institucional da nação. Elas estão destinadas a se tornarem, no futuro, colaboradoras muito fortes e parceiras mais influentes das empresas e dos órgãos do governo, à medida que suas muitas contribuições para o bem social se tornam amplamente compreendidas e são altamente consideradas.* (Nanus; Dobbs, 2000, p. 41)

Traçado esse panorama, trataremos das modalidades institucionais aplicáveis ao terceiro setor.

Capítulo 2
Modalidades institucionais aplicáveis ao terceiro setor

Muitos equívocos pairam sobre as instituições que se enquadram no denominado *terceiro setor*. *Grosso modo*, duas são as modalidades de instituição que podem assumir esse *status*: a associação e a fundação. A compreensão sobre esse instituto será explanada neste capítulo.

2.1 Fundações

Fundação é a pessoa jurídica que pode ser criada por um só indivíduo, por ato *inter vivos* ou *causa mortis*, em que a eventual reunião de pessoas não influi em sua natureza. O que realmente denota a peculiaridade das fundações é a existência de um conjunto de bens, qualificado pela doutrina como "patrimônio personalizado" (Rafael, 1997, p. 128), destinado a uma das finalidades especificadas no Código Civil.

Outra peculiaridade em lei é a função do Ministério Público como curador das fundações, conforme os arts. 66, 67, III e 69, todos igualmente do Código Civil de 2002 (Brasil, 2002a).

Sobre a fiscalização pelo Ministério Público, Maria Helena Diniz (2003, p. 80) ensina:

> *O órgão legítimo para velar pela fundação, impedindo que se desvirtue a finalidade específica a que se destina, é o Ministério Público (Lei nº 6.435/77, art. 86). Consequentemente, o órgão do Ministério Público de cada Estado ou o Ministério Público Federal, se funcionar no Distrito Federal ou em Território, terá o encargo de fiscalizar as fundações que estiverem localizadas em sua circunscrição, aprovar seus estatutos no prazo de quinze dias (CPC, art. 1.201) e as suas eventuais alterações ou reformas, zelando pela boa administração da entidade jurídica e de seus bens (RF, 259:373, 279:428, 295:547; RDA, 129:374 e 131:359; Lei complementar federal n. 75/93, arts. 70 e 178; Enunciado n. 10, aprovado na Jornada de direito civil, promovida, em 2002, Pelo Centro de Estudos Judiciários do Conselho da Justiça Federal. A ação*

da fundação poderá circunscrever-se a um só Estado ou a mais de um. Se sua atividade estender-se a vários Estados, o Ministério Público de cada um terá o ônus de fiscalizá-la, verificando se atende à consecução do seu objetivo específico. Ter-se-á, então, uma multiplicidade de fiscalização, embora dentro dos limites de cada Estado.

As fundações podem ser classificadas como públicas ou privadas, de acordo com a natureza jurídica pública ou privada do instituidor ou se o Poder Público a mantém (Di Pietro, 2002, p. 213). Assim, se, na criação ou na manutenção, direta ou indiretamente, não houver a participação estatal, de regra, a fundação será considerada privada e regulada pelo Código Civil.

Contudo, existe uma corrente doutrinária que admite a criação de fundações privadas pelo Poder Público, fundamentada no sentido de que, se o patrimônio fundacional for suficiente para a consecução dos seus fins, independentemente de o ente criador ser público, sua natureza seria considerada privada (Cavalcanti, 2001). Esse entendimento é parcialmente aceito pelo Tribunal de Contas da União (TCU), no caso das fundações de apoio às universidades federais, no qual se estabeleceu uma distinção no que tange à origem do patrimônio destinado. Se forem utilizados recursos públicos para a instituição da fundação, ela será sempre considerada pública para todos os efeitos, sendo, portanto, integrante da administração indireta, devendo prestar contas e utilizar procedimento licitatório para seus gastos, bem como observar os princípios peculiares à administração pública (Alves, 2000).

No entanto, se os recursos utilizados para a instituição de tal pessoa jurídica forem integralmente privados, ela será considerada privada para todos os fins. A doutrina sobre o tema pode ser resumida como se vê a seguir:

> *Vale insistir que essas fundações, apesar dessa valiosa colaboração, não recebem qualquer tipo de subvenção de órgão público para o custeio de suas despesas. Elas cumprem suas obrigações trabalhistas, previdenciárias, pagam seus fornecedores e os gastos normais para sua*

sobrevivência, com a receita que obtêm de outras fontes, mediante prestação de serviços a terceiros. Por óbvio que, a despeito de serem entidades sem fins lucrativos, não é vedado às fundações de apoio exercerem atividades econômicas e através delas conseguirem recursos para o seu autossustento. O que é de sua obrigação é que todos os recursos obtidos sejam empregados integralmente na consecução dos objetivos estatutários de cada uma dessas fundações. (Diniz, G. S., 2003, p. 185)

Um exemplo dessas fundações privadas instituídas pelo Poder Público são as fundações de apoio às universidades públicas, tendo as seguintes características:

a. inexigibilidade de concurso público para admissão de pessoal, embora possa ser instituído processo seletivo regimental;
b. reconhecimento como instituições de ensino e assistência social;
c. benefício da imunidade tributária do art. 150, VI, "c", da Constituição Federal de 1988 (Brasil, 1988);
d. prestação de serviços reconhecida ao autônomo e inexistência de vínculo empregatício com os bolsistas, conforme o art. 4º, parágrafo 1º, da Lei n. 8.958, de 20 de dezembro de 1994 (Brasil, 1994).

Quanto à obrigatoriedade de as fundações privadas prestarem contas aos tribunais de contas quando receberem "subvenções ou transferências à conta do orçamento da União", a Súmula n. 8, de 4 de dezembro de 1973, do Tribunal de Contas da União (TCU), tem a seguinte posição:

Compete ao Tribunal de Contas o julgamento da regularidade das contas globais das entidades criadas pelo Poder Público, sob a forma de Fundação, com personalidade jurídica de direito privado, quando recebam subvenções ou transferências à conta do Orçamento da União. (Brasil, 2021d, p. 283)

Sobre essa questão, o Supremo Tribunal Federal (STF) já se manifestou no sentido de que a natureza jurídica das fundações será de direito público quando for instituída pelo Poder Público e sua finalidade, seus recursos e seu regime administrativo de tutela forem peculiares da administração pública, sendo, a *contrario sensu*, privada, quando não se apresentarem esses requisitos, conforme o entendimento do STF, em posição transcrita a seguir, Recurso Extraordinário n. 215.741:

> *A Fundação Nacional de Saúde, que é mantida por recursos orçamentários oficiais da União e por ela instituída, é entidade de direito público. Conflito de competência entre a Justiça Comum e a Federal. Art. 109, I da Constituição Federal. Compete à Justiça Federal processar e julgar ação em que figura como parte fundação pública, tendo em vista a sua situação jurídica conceitual assemelhar-se, em sua origem, às autarquias. Ainda que o art. 109, I da Constituição Federal, não se refira expressamente às fundações, o entendimento desta Corte é o de que a finalidade, a origem dos recursos e o regime administrativo de tutela absoluta a que, por lei, estão sujeitas, fazem delas espécie do gênero autarquia. Recurso extraordinário conhecido e provido para declarar a competência da Justiça Federal. Votação unânime.* (Brasil, 1999d)

Enfim, se prevalecer a posição do STF, as características principais, segundo Hely Lopes Meirelles (1997), serão:

a. entidades criadas por lei específica da entidade matriz e estruturadas por decreto, independentemente de qualquer registro;
b. necessidade de licitação para os contratos firmados;
c. orçamento formalmente idêntico ao das entidades paraestatais;
d. dirigentes investidos em seus cargos na forma da lei ou do seu estatuto, equiparando-se a "autoridade" no que concerne à função delegada, bem como pessoal contratado de acordo com o regime próprio da entidade criadora e também equiparado a "funcionário público" para efeitos criminais, podendo ser polo passivo de mandado de segurança e de ação popular;
e. proibição de acumulação remunerada de cargo, emprego ou função.

No entanto, o entendimento do STF evoluiu, como pode ser observado no voto da Ministra Carmen Lúcia, relatora do acórdão da Ação Direta de Inconstitucionalidade n. 191, estabelecendo os seguintes parâmetros, de acordo com a doutrina de Hely Lopes Meirelles:

> *Aquela orientação constitucional alterou-se pela Emenda Constitucional n. 19/98, pela qual se retornou ao entendimento antes adotado, possibilitando-se a existência de fundações de direito privado no âmbito da Administração Pública. Daí o comentário que se tem, agora, na obra de Hely Lopes Meirelles (edições posteriores ao advento daquela Emenda), onde se observa: "A EC 19/98 deu nova redação ao inc. XIX do art. 37 da CF, deixando transparecer ter voltado ao entendimento anterior de que a fundação é entidade com personalidade de direito privado: 'somente por lei específica poderá ser criada autarquia e autorizada a instituição de empresa pública, de sociedade de economia mista e de fundação, cabendo à lei complementar, neste último caso, definir as áreas de sua atuação'. A fundação foi colocada ao lado das empresas governamentais (entidades de Direito Privado): a lei não cria, apenas autoriza a sua criação, devendo o Executivo tomar as providências necessárias para o registro determinante do nascimento da pessoa jurídica de Direito Privado. E mais: lei complementar deverá definir as áreas em que poderá atuar a fundação, não podendo essa figura jurídica servir de panaceia para qualquer atividade que a Administração pretenda efetuar com relativa autonomia (Idem, ibidem)".* (Brasil, 2008e, p. 3-4)

Mais recentemente, o STF se debruçou sobre a questão das fundações públicas em relação às fundações privadas criadas pelo Poder Público no julgamento do Recurso Extraordinário n. 716.378/SP, sob relatoria do Ministro Dias Toffoli, ensejando a Tese de Repercussão Geral n. 545, com o seguinte teor:

1. A qualificação de uma fundação instituída pelo Estado como sujeita ao regime público ou privado depende (i) do estatuto de sua criação ou autorização e (ii) das atividades por ela prestadas. As atividades de conteúdo econômico e as passíveis de delegação, quando definidas como objetos de dada fundação, ainda que essa seja instituída ou mantida pelo Poder público, podem-se submeter ao regime jurídico de direito privado.
2. A estabilidade especial do art. 19 do ADCT não se estende aos empregados das fundações públicas de direito privado, aplicando-se tão somente aos servidores das pessoas jurídicas de direito público. (Brasil, 2020b)

Feitas essas explanações, nos deparamos com uma restrição imposta pelo art. 62, parágrafo único, do Código Civil, Lei n. 10.406/2002 (Brasil, 2002a). No que se refere a suas finalidades, a redação original do Código previa que somente poderia ser constituída uma fundação "para fins religiosos, morais, culturais ou de assistência". Dessa maneira, não poderia contratar com o Poder Público quando o objeto a ser contratado divergir das finalidades destacadas, sob pena das disposições do art. 69 do mesmo código[a], uma vez que se tornará ilícita a finalidade proposta no certame público perante a fundação a ser contratada, inclusive, com a intervenção do Ministério Público, curador das fundações conforme o art. 66 do código transcrito anteriormente. Ocorre que a legislação anterior não limitava, como o novo código, as finalidades sociais das fundações e muitas delas se constituíram para outros objetivos.

Assim, como se resolve esse impasse? Essas fundações, automaticamente, devem ser extintas? A solução dada pelo legislador não foi tão radical, mas estabeleceu a preservação dos princípios atuais concernentes

---

a. "Art. 69. Tornando-se ilícita, impossível ou inútil a finalidade a que visa a fundação, ou vencido o prazo de sua existência, o órgão do Ministério Público, ou qualquer interessado, lhe promoverá a extinção, incorporando-se o seu patrimônio, salvo disposição em contrário no ato constitutivo, ou no estatuto, em outra fundação, designada pelo juiz, que se proponha a fim igual ou semelhante." (Brasil, 2002a).

às fundações. A solução apresentada está prevista no art. 2.032 do Código Civil em estudo, como transcrito a seguir:

> Art. 2.032. As fundações, instituídas segundo a legislação anterior, inclusive as de fins diversos dos previstos no parágrafo único do art. 62, subordinam-se, quanto ao seu funcionamento, ao disposto neste Código. (Brasil, 2002a)

Interpretando esse artigo, a proeminente doutrinadora Maria Helena Diniz (2010, p. 1403), com extrema lucidez e maestria, concluiu: "Todas as fundações existentes, instituídas de conformidade com a lei anterior, mesmo que não tenham fins religiosos, morais, culturais ou assistenciais, subordinar-se-ão no que atinar ao seu funcionamento aos arts. 44, III, 45, 62 a 69 do novo Código Civil".

Assim, mesmo que constituída anteriormente, as fundações deverão obedecer aos ditames do Código Civil de 2002, para continuar funcionando licitamente; e o respeito às finalidades previstas e limitadas pelo art. 62, parágrafo único, não torna nula sua existência, mas obriga seu funcionamento segundo os ditames ali previstos. Em outras palavras, a fundação deverá funcionar somente no que concerne às finalidades religiosas, morais, culturais ou assistenciais; excetuando-se essas hipóteses, seu funcionamento será ilícito.

Portanto, contratar uma fundação por meio de licitação ou por dispensa desse certame, mesmo que instituída pelo Poder Público, sob o regime privado e sob a legislação anterior à Lei n. 10.046/2002 (que institui o Código Civil), excluídas as finalidades religiosas, morais, culturais ou assistenciais, tornará a contratação nula no que concerne à qualificação jurídica da contratada, uma vez que essa fundação estará funcionando ilicitamente, exercendo o objeto do contrato a ser firmado.

Em sede da Lei n. 9.790/1999, conhecida como Lei das Oscips, a questão referente às fundações merece um estudo mais cuidadoso. Além de serem válidos os comentários referentes ao Código Civil, impedindo qualquer vínculo de cooperação se a entidade fundacional estiver irregular, seja como parceiro público, seja como parceiro privado, deve ser obedecido o disposto nos incisos XI e XII do art. 2º da Lei das Oscips (Brasil, 1999b).

Nesses incisos, a qualificação de fundações públicas como Oscips está vedada, bem como às fundações privadas criadas por órgão público ou por fundações públicas. Nesse rol, encontram-se as fundações de apoio às universidades públicas, que, por vedação legal expressa, não poderão ser qualificadas na referida categoria.

Destacamos também o entendimento da Jornada de Direito Civil de 2002, promovida pelo Centro de Estudos Judiciários do Conselho da Justiça Federal, estampado nos Enunciados n. 8 e n. 9, a saber:

> "Enunciado 8 – constituição de fundação para fins científicos, educacionais ou de promoção do meio ambiente esta compreendida no CC, art. 62, parágrafo único;
> Enunciado 9 – o art. 62, parágrafo único, deve ser interpretado de modo a excluir apenas as fundações de fins lucrativos" (Diniz, 2003, p. 78).

O Enunciado n. 8 interpretou satisfatoriamente a lei porque as finalidades descritas estão inseridas nas finalidades culturais expressas no art. 62, do Código Civil de 2002. Já o Enunciado n. 9 pecou na conceituação de fundação, uma vez que alarga sua noção de tal maneira que somente exclui as atividades empresariais de seu bojo.

Não foi o intuito do legislador de 2002 estender os termos do conceito de fundação, uma vez que, ao contrário do legislador de 1916, que não estabeleceu limites para a criação de fundações, almejou que elas fossem uma entidade eminentemente filantrópica e de forma alguma profissional. Tanto é verdade que o Código Civil foi modificado pela Lei n. 13.151, de 28 de julho de 2015 (Brasil, 2015b), alterando o parágrafo único do art. 62 e estabelecendo os seguintes limites à constituição das fundações:

Art. 62. Para criar uma fundação, o seu instituidor fará, por escritura pública ou testamento, dotação especial de bens livres, especificando o fim a que se destina, e declarando, se quiser, a maneira de administrá-la. Parágrafo Único. A fundação somente poderá constituir-se para fins de: (Redação dada pela Lei n. 13.151, de 2015)
I – assistência social; (Incluído pela Lei n. 13.151, de 2015)
II – cultura, defesa e conservação do patrimônio histórico e artístico; (Incluído pela Lei nº 13.151, de 2015)
III – educação; (Incluído pela Lei n. 13.151, de 2015)
IV – saúde;(Incluído pela Lei n. 13.151, de 2015)
V – segurança alimentar e nutricional; (Incluído pela Lei n. 13.151, de 2015)
VI – defesa, preservação e conservação do meio ambiente e promoção do desenvolvimento sustentável; (Incluído pela Lei n. 13.151, de 2015)
VII – pesquisa científica, desenvolvimento de tecnologias alternativas, modernização de sistemas de gestão, produção e divulgação de informações e conhecimentos técnicos e científicos; (Incluído pela Lei n. 13.151, de 2015)
VIII – promoção da ética, da cidadania, da democracia e dos direitos humanos; (Incluído pela Lei n. 13.151, de 2015)
IX – atividades religiosas; e (Incluído pela Lei n. 13.151, de 2015)
X – (VETADO). (Incluído pela Lei n. 13.151, de 2015). (Brasil, 2002a)

A doutrina (Peluso, 2018, p. 64), citando Maria Helena Diniz, comenta a disposição acima da seguinte forma:

Circunscreveu o legislador o objeto da fundação. Na redação primitiva, o CC contemplava os fins religiosos, morais, culturais ou de assistência. A Lei n. 13.151, de 28.07.2015, estendeu o rol dispondo-os em nove incisos deste dispositivo. Percebe-se a diferença de tratamento em relação às associações, pois, quanto à estas, apenas assinalou que não terão fins econômicos (art. 53).

> *Essa restrição não estava expressa no CC anterior, e a inovação é salutar, pois, conforme aduz Maria Helena Diniz, as fundações não podem ter fins 'econômicos, nem fúteis' e, sobretudo, não se podem desvirtuar 'os fins fundacionais para atender a interesses particulares do instituidor' (Curso de direito civil brasileiro, 18. ed. São Paulo, Saraiva, 2002, v. 1, p. 211). Essa delimitação de objeto aplica-se, porém, exclusivamente às fundações instituídas por particulares, urna vez que, quando instituídas pelo Poder Público, incide o disposto no art. 37, XIX, da CF, pelo que caberá a lei complementar 'definir as áreas de sua atuação'.*

A criação das Oscips admite duas modalidades de entidades do terceiro setor: uma eminentemente filantrópica e outra profissional, que exerce, de fato, uma atuação paralela à atividade empresarial. Apesar de não lucrativa em sua estrutura institucional, ela poderá atuar com finalidades econômicas, sem distribuir lucros a partícipes e parceiros, apesar de poder apresentar superávits de caixa.

Dessa forma, as fundações somente poderão ter como finalidade aquelas descritas como filantrópicas. As demais finalidades excluídas, sem prejuízo das atividades filantrópicas, poderão ser exercidas pelas associações civis a seguir tratadas.

Feitas as considerações sobre a noção de fundação, temos de tratar sobre as formalidades institucionais para sua constituição. O Código Civil prevê que o instituidor poderá constituir uma fundação por ato *inter vivos*, mediante escritura pública ou testamento (Brasil, 2002a). No mesmo ato, deverá o instituidor transferir-lhe a propriedade dos bens ou outro direito real, sob pena de mandado judicial. Contudo, caso os bens dotados sejam insuficientes para a execução das finalidades propostas, seu patrimônio será destinado a outra fundação cujas finalidades sejam iguais ou semelhantes, salvo se o instituidor estipular de outro modo.

Uma vez constituída a fundação, seu mantenedor, assim que tiver ciência do encargo, elaborará o estatuto da fundação, se o instituidor não o tiver elaborado, de acordo com as bases fixadas e limitações do art. 62

e seu parágrafo único do Código Civil. Se o instituidor não fixar o prazo para a elaboração dos estatutos e o mantenedor não o fizer em 180 dias, o Ministério Público terá a incumbência de produzi-lo.

Elaborados os estatutos da fundação, sua minuta deverá ser encaminhada ao Ministério Público para a aprovação de seus termos. Dessa aprovação ou desaprovação caberá recurso ao juiz competente.

A Lei n. 13.151/2015 alterou o art. 66, parágrafo 1º, do Código Civil para contemplar o entendimento da jurisprudência em sede de controle concentrado de constitucionalidade[b], indicando a atribuição do

---

b. EMENTA: I. ADIn: legitimidade ativa: "entidade de classe de âmbito nacional" (art. 103, IX, CF): Associação Nacional dos Membros do Ministério Público – CONAMP 1. Ao julgar, a ADIn 3153-AgR, 12.08.04, Pertence, Inf STF 356, o plenário do Supremo Tribunal abandonou o entendimento que excluía as entidades de classe de segundo grau – as chamadas "associações de associações" – do rol dos legitimados à ação direta. 2. De qualquer sorte, no novo estatuto da CONAMP – agora Associação Nacional dos Membros do Ministério Público – a qualidade de "associados efetivos" ficou adstrita às pessoas físicas integrantes da categoria, – o que bastaria a satisfazer a antiga jurisprudência restritiva. II. ADIn: pertinência temática. Presença da relação de pertinência temática entre a finalidade institucional da entidade requerente e a questão constitucional objeto da ação direta, que diz com a demarcação entre as atribuições de segmentos do Ministério Público da União – o Federal e o do Distrito Federal. III. ADIn: possibilidade jurídica, dado que a organização e as funções institucionais do Ministério Público têm assento constitucional. IV. Atribuições do Ministério Público: matéria não sujeita à reserva absoluta de lei complementar: improcedência da alegação de inconstitucionalidade formal do art. 66, caput e § 1º, do Código Civil (L. 10.406, de 10.1.2002). 1. O art. 128, § 5º, da Constituição, não substantiva reserva absoluta à lei complementar para conferir atribuições ao Ministério Público ou a cada um dos seus ramos, na União ou nos Estados-membros. 2. A tese restritiva é elidida pelo art. 129 da Constituição, que, depois de enumerar uma série de "funções institucionais do Ministério Público", admite que a elas se acresçam a de "exercer outras funções que lhe forem conferidas, desde que compatíveis com sua finalidade, sendo-lhe vedada a representação judicial e a consultoria jurídica de entidades públicas". 3. Trata-se, como acentua a doutrina, de uma "norma de encerramento", que, à falta de reclamo explícito de legislação complementar, admite que leis ordinárias – qual acontece, de há muito, com as e cunho processual – possam aditar novas funções às diretamente outorgadas ao Ministério Público pela Constituição, desde que compatíveis com as finalidades da instituição e às vedações de que nelas se incluam "a representação judicial e a consultoria jurídica das entidades públicas". V – Demarcação entre

Ministério Público do Distrito Federal e territórios para velar pelas fundações que funcionarem no Distrito Federal.

O estatuto elaborado e aprovado pelo Ministério Público poderá ser alterado; contudo, alguns pressupostos deverão ser observados. O art. 67 do Código Civil estabelece que a reforma dos estatutos:

|||||||||||||||||||||||||||
as atribuições de segmentos do Ministério Público – o Federal e o do Distrito Federal. Tutela das fundações. Inconstitucionalidade da regra questionada (§1º do art. 66 do Código Civil) –, quando encarrega o Ministério Público Federal de velar pelas fundações, "se funcionarem no Distrito Federal". 1. Não obstante reserve à União organizá-lo e mantê-lo – é do sistema da Constituição mesma que se infere a identidade substancial da esfera de atribuições do Ministério Público do Distrito Federal àquelas confiadas ao MP dos Estados, que, à semelhança do que ocorre com o Poder Judiciário, se apura por exclusão das correspondentes ao Ministério Público Federal, ao do Trabalho e ao Militar. 2. Nesse sistema constitucional de repartição de atribuições de cada corpo do Ministério Público – que corresponde substancialmente à distribuição de competência entre Justiças da União e a dos Estados e do Distrito Federal – a área reservada ao Ministério Público Federal é coextensiva, mutatis mutandis àquela da jurisdição da Justiça Federal comum e dos órgãos judiciários de superposição – o Supremo Tribunal e o Superior Tribunal de Justiça – como, aliás, já o era sob os regimes anteriores. 3. O critério eleito para definir a atribuição discutida – funcionar a fundação no Distrito Federal – peca, a um só tempo, por escassez e por excesso. 4. Por escassez, de um lado, na medida em que há fundações de direito público, instituídas pela União – e, portanto, integrantes da Administração Pública Federal e sujeitas, porque autarquias fundacionais, à jurisdição da Justiça Federal ordinária, mas que não tem sede no Distrito Federal. 5. Por excesso, na medida em que, por outro lado, a circunstância de serem sediadas ou funcionarem no Distrito Federal evidentemente não é bastante nem para incorporá-las à Administração Pública da União – sejam elas fundações de direito privado ou fundações públicas, como as instituídas pelo Distrito Federal –, nem para submetê-las à Justiça Federal. 6. Declarada a inconstitucionalidade do § 1º do art. 66 do Código Civil, sem prejuízo, da atribuição ao Ministério Público Federal da veladura pelas fundações federais de direito público, funcionem, ou não, no Distrito Federal ou nos eventuais Territórios. (ADI n. 2794, Relator: Sepúlveda Pertence. Julg.:14/12/2006. Brasil, 2007a)

a. deverá ser deliberada por dois terços dos componentes para gerir e representar a fundação;
b. não contrarie ou desvirtue o fim desta;
c. seja aprovada pelo órgão do Ministério Público no prazo máximo de 45 (quarenta e cinco) dias, findo o qual ou no caso de o Ministério Público a denegar, poderá o juiz supri-la, a requerimento do interessado.

Adiciona-se a esse rol, caso a fundação seja uma Oscip, que os estatutos sejam enviados ao Ministério da Justiça, para fins de fiscalização da qualificação.

Se a alteração estatutária da fundação não for aprovada por unanimidade, o Ministério Público, ao lhe ser submetida a alteração estatutária, deverá dar ciência à minoria vencida para impugná-la no prazo de dez dias.

Sobre a extinção das fundações, o art. 69 do Código Civil estabelece as seguintes formas: quando ela se tornar ilícita, impossível, inútil ou por implemento do prazo de vigência (Brasil, 2002a).

A ilicitude da fundação se opera quando seus administradores desvirtuam sua atuação, aplicando diversamente as suas finalidades ou alterando os estatutos sem as providências legais. A impossibilidade, por sua vez, ocorre quando o objeto ou suas finalidades, por fato ocorrido após sua instituição, torna-se impossível, como no caso da fundação de apoio a uma universidade que for extinta. Uma fundação torna-se inútil quando não existe movimentação por mais de cinco anos.

A extinção da fundação será promovida pelo Ministério Público ou por qualquer interessado e decidida judicialmente. Seu patrimônio será incorporado por outra fundação designada pelo juiz, que se proponha a fim igual ou semelhante, salvo quando o ato constitutivo ou o estatuto dispor contrariamente. O Poder Público será incumbido dessa destinação e, se inexistir qualquer fundação com finalidade idêntica ou semelhante, o patrimônio será incorporado pelo Estado.

2.2 Associações, sociedades civis e institutos

Tanto as associações quanto às sociedades civis são pessoas jurídicas criadas pela união de pessoas voltadas para um mesmo fim. O diferencial está na finalidade lucrativa[c]. Se houver ausência de fim lucrativo, será uma associação; ao contrário, se houver presença dessa finalidade, como nos casos das sociedades de profissões regulamentadas (advogados, arquitetos, contadores etc.), será uma sociedade civil.

Diniz (1993, p. 120) ensina que: configura-se a associação quando não há fim lucrativo ou intenção de dividir um resultado, embora tenha patrimônio, formado por contribuição de seus membros para obtenção de fins culturais, educacionais, esportivos, religiosos, recreativos, morais etc. Não perde a categoria de associação mesmo que realize negócios para manter ou aumentar seu patrimônio, sem, contudo, proporcionar ganhos aos associados. Consideremos o exemplo de associação esportiva que vende aos seus membros uniformes, alimentos, bolas, raquetes etc.: embora isso traga, como consequência, lucro para a entidade, não há lucro para os associados. A sociedade civil, por sua vez, é a que visa fim econômico ou lucrativo, que deve ser repartido entre os sócios, sendo alcançado pelo exercício de certas profissões ou pela prestação de certos serviços técnicos[d].

De acordo com a Lei n. 9.790/1999, as sociedades civis do direito anterior estão vedadas para qualificação como Oscip, uma vez que objetivam fins lucrativos, estando, portanto, excluída da condição de terceiro

---

c. Ou econômica, segundo o Código Civil de 2002, art. 53, com a seguinte redação: "Constituem-se as associações pela união de pessoas que se organizem para fins não econômicos" (Brasil, 2002a).

d. Ana Paula Rodrigues Silvano (2003, p. 30), citando Odete Medauar, estabelece que, para as sociedades e para as associações, "o substrato encontra-se no elemento 'pessoas' ou no elemento 'corporação'. É a vontade comum de seus integrantes, na qualidade de membros, sócios ou associados, que determina os rumos das sociedades e associações". Veja também Szazi, 2000, p. 27.

setor, assumindo posição de segundo setor[e] (Brasil, 1999b). A mesma linha deve ser tomada para as sociedades simples, uma vez que, no direito atual, nada mais são do que as sociedades civis do direito anterior.

A diferença entre as associações civis e as fundações é que, nas primeiras, há uma reunião de pessoas para um fim e, nas fundações, há uma reunião de bens direcionados a um fim. Além disso, não há associados nem assembleia de associados nas fundações, mas, curadores e conselho de curadores, sendo a ingerência da lei muito maior. Por essa razão, a maioria das ONGs assume a configuração de associação, devido à necessidade de mais liberdade de atuação. Nanus e Dobbs (2000, p. 26) ensinam:

> *A maioria das organizações beneficentes também possuem [sic] clientelas diversas e limites imprecisos. Algumas, como os museus, também recebem apoio de várias fontes – subvenções de fundações, doações, rendimentos da venda de ingressos, venda de produtos, dotações, entre outras. Assim, os líderes das organizações sem fins lucrativos devem estar acostumados à complexidade. Ao contrário dos líderes de empresas, que podem prosperar à medida que seus produtos se tornem ideais para seus mercados, os líderes das organizações do terceiro setor não alcançam o êxito sem se tornarem mestres na construção de relações de trabalho íntimas com todos os tipos de pessoas e com muitas outras organizações. Todas as organizações operam sob restrições financeiras, naturalmente, mas as beneficentes sempre parecem estar mais próximas da margem do que as empresas privadas e órgãos públicos. As aspirações e as necessidades de serviço sempre parecem ultrapassar, e muito, seus orçamentos apertados. Em geral, nunca se sabe de onde virão os fundos necessários ou se chegarão na hora certa. Essa incerteza sobre o financiamento aumentou recentemente, devido ao corte feito pelos governos em todos os níveis das verbas destinadas ao serviço social. Isso aumenta o fardo dos líderes das organizações do terceiro*

---

e. Sobre a questão, ver Capítulo 1.

setor que precisam ser engenhosos, ousados e cooperadores. Todas as organizações enfrentam mudanças e desafios provenientes de forças que estão fora do seu controle, mas muitas organizações beneficentes parecem ser peculiarmente sensíveis à mudança [...].

Os institutos, por sua vez, não configuram pessoa jurídica. Podem ser utilizados por uma entidade governamental ou privada, constituída sob a forma de uma fundação (como no caso do Instituto Brasileiro de Geografia e Estatística (IBGE), ou da Fundação Instituto de Pesquisas Econômicas (Fipe) ou de uma associação, exemplo do Instituto Ayrton Senna (Resende, 1999, p. 21). Em regra, o termo *instituto* é correlacionado a entidades que se dedicam a educação, pesquisa ou produção científica.

Reafirmando que a associação civil é uma união de pessoas que se organizam para fins não lucrativos, o Código Civil, em seu art. 53, prevê que as finalidades associativas deverão ser não econômicas (Brasil, 2002a). Ao utilizar essa terminologia, o legislador criou um impasse confundindo a noção de associação com a noção de fundação, ao disciplinar a não economicidade daquelas.

Com efeito, o Código Civil foi impreciso ao mencionar "fins não econômicos", uma vez que as associações, geralmente, operam com fins econômicos em sentido *lato* para o bem comum, mas essa atuação será sem fins lucrativos, vale dizer que não haverá distribuição dos resultados operacionais entre associados ou pessoa ligada[f].

Nesse sentido, o Enunciado 534 do Conselho de Justiça Federal na VI Jornada de Direito Civil dirime a controvérsia com o seguinte teor: "As associações podem desenvolver atividade econômica, desde que não haja finalidade lucrativa" (Brasil, 2013a). Além disso, o art. 53 do Código Civil, parágrafo único, estabelece o princípio da inexistência

f. Inclusive às associações, bem como a qualquer outra entidade do terceiro setor, são aplicáveis as disposições restritivas da distribuição disfarçada de lucros, nos termos do art. 60 do Decreto-Lei n. 1.598, de 26 de dezembro de 1977 (Brasil, 1977a). Ver também Seção 2.3 sobre desvio de finalidade e confusão patrimonial com vistas a considerar a associação com fins ilícitos.

de reciprocidade de direitos e as obrigações entre os associados (Brasil, 2002a).

Sobre esse princípio, a civilista Maria Helena Diniz (2003, p. 72) orienta:

> *Com a personificação da associação, para efeitos jurídicos, ela passará a ter aptidão para ser sujeito de direitos e obrigações. Cada um dos associados constituirá uma individualidade, e a associação uma outra, tendo, cada um, seus direitos, deveres e bens, não havendo, porém, entre os associados direitos e deveres recíprocos.*

Ora, essa disposição nada mais é que do que o reconhecimento da autonomia das pessoas jurídicas segundo a teoria da realidade das instituições segundo a teoria institucional de Maurice Hauriou (1856-1929), sendo que a pessoa jurídica é uma instituição jurídica e sua personalidade é um atributo que a ordem jurídica lhe outorga. Oportunamente, na Seção 2.3, trataremos da autonomia patrimonial das pessoas jurídicas, incluídas as associações.

No que concerne aos estatutos sociais, o Código Civil estabelece algumas disposições imperativas.

Primeiramente, o estatuto deve conter um mínimo de disposições, segundo o art. 54, a saber:

> *I – a denominação, os fins e a sede da associação;*
> *II – os requisitos para admissão, demissão e exclusão dos associados;*
> *III – os direitos e os deveres dos associados;*
> *IV – as fontes de recursos para a sua manutenção;*
> *V – o modo de constituição e o funcionamento dos órgãos deliberativos;*
> *VI – as condições para a alteração das disposições estatutárias e para a dissolução;*
> *VII – a forma de gestão administrativa e de aprovação das respectivas contas.* (Brasil, 2002a)

Quanto à qualidade dos associados, o Código Civil ainda prevê as seguintes disposições:

> a. apesar da obrigatoriedade isonômica dos direitos dos associados, a lei admite a concessão de posições privilegiadas e a outorga de direitos especiais. Implica dizer que os estatutos não poderão menosprezar a participação dos associados, mas podem dar regalias a determinadas classes. Na verdade, um contrassenso;
> b. a qualidade de associado em regra é intransmissível, mas o estatuto poderá conter disposição em contrário. Some-se a isso o fato de que a associação civil não é uma sociedade, então não há direitos a fração do capital social. Apesar de o Código Civil deixar em aberto a admissibilidade ou não da constituição de cotas do capital social, em caso positivo, haverá a possibilidade da ocorrência de direitos e de obrigações recíprocos entre os associados, o que é expressamente vedado pelo art. 53, parágrafo único, do Código Civil;
> c. a exclusão dos associados só será admissível por justa causa, ocorrendo falta grave, mediante deliberação fundamentada pela maioria absoluta da assembleia geral especialmente convocada para esse fim (Brasil, 2002a)

O art. 57 do Código Civil prevê que "a exclusão do associado só é admissível havendo justa causa, assim reconhecida em procedimento que assegure direito de defesa e de recurso, nos termos previstos no estatuto" (Brasil, 2002a).

Notamos a adoção, pelo Código Civil, do princípio da ampla defesa para tais procedimentos, sob pena de nulidade. Existe um conteúdo objetivo para a exclusão, ou seja, a "justa causa". Entendemos por justa causa aquela suficiente para a exclusão do associado; assim, o excluído poderá requerer ao Poder Judiciário a revisão dos motivos determinantes que levaram a assembleia geral a tomar essa atitude.

Dessa forma, mais um detalhe é agregado: a assembleia deve declarar, na ata deliberativa, os motivos que a levaram a retirar de seu corpo social o associado excluído, igualmente sob pena de nulidade.

No que concerne à competência, à convocação, à deliberação e ao voto perante a assembleia geral, o Código Civil estabelece as seguintes disposições, segundo o art. 59 (Brasil, 2002a):

> a. compete privativamente à assembleia geral:
> - destituição dos administradores;
> - alteração do estatuto.
> b. para essas competências, será exigida deliberação da assembleia especialmente convocada para esse fim, cujo quórum será o estabelecido no estatuto, bem como os critérios de eleição dos administradores.
> c. a convocação dos órgãos deliberativos será feita na forma do estatuto, garantido a um quinto dos associados o direito de promovê-la.

Quanto à dissolução das associações, o Código Civil prevê as seguintes disposições, segundo o art. 61:

> a. o remanescente do patrimônio será destinado à entidade de fins não lucrativos designada no estatuto ou, omisso este, por deliberação dos associados, à instituição municipal, estadual ou federal de fins idênticos ou semelhantes;
> b. no parágrafo 1º desse dispositivo, está disciplinada a dissolução das associações, mencionando a precedência de dedução de cotas frações ideais, nos termos do art. 56, parágrafo único, do mesmo Código (Brasil, 2002a).

Sobre o art. 61, parágrafo 1º, do Código Civil, e a restituição das contribuições que tiverem prestado para o patrimônio das associações, a doutrina de Regina Sahm (2017, p. 102) ensina que:

> Trata-se de possibilidade dos associados, caso o estatuto permita ou em razão de sua própria deliberação, no momento da dissolução, mas antes da destinação dos bens remanescentes, receber em restituição, com a devida atualização, o valor das contribuições que tiverem prestado ao patrimônio da associação. A tese, segundo Carlos Roberto Gonçalves, pode ser aplicada nos casos de dissolução de torcida organizada que se desvia de sua ideologia lícita inicial, transformando-se em difusora de pânico nos espetáculos desportivos. De acordo com [a] Súmula n. 289 do STJ, associado que se desvincula de entidade tem direito à devolução integral das contribuições. A relação entre associado e sua associação rege-se por normas de direito civil, pois nem ele é consumidor, tampouco ela é fornecedora (TJSC, AI n. 20120489203, 6ª Câm., rel. Des. Jaime Luiz Vicari, j. 24.07.2013).

Vale para as associações o mesmo critério das fundações, uma vez que, inexistindo associação de finalidade igual ou semelhante, haverá a destinação do patrimônio ao Estado.

2.3 Alterações do Código Civil e o princípio da entidade

O Código Civil foi objeto de recentes alterações para adequar as disposições concernentes ao patrimônio das pessoas jurídicas à noção do princípio da entidade. Tal princípio foi definido pela Resolução n. 750, de 29 de dezembro de 1993, do Conselho Federal de Contabilidade, art. 4º, da seguinte forma:

> Art. 4º. O Princípio da ENTIDADE reconhece o Patrimônio como objeto da Contabilidade e afirma a autonomia patrimonial, a necessidade da diferenciação de um Patrimônio particular no universo dos patrimônios existentes, independentemente de pertencer a uma pessoa, um conjunto de pessoas, uma sociedade ou instituição de qualquer natureza ou finalidade, com ou sem fins lucrativos. Por consequência, nesta acepção, o Patrimônio não se confunde com aqueles dos seus sócios ou proprietários, no caso de sociedade ou instituição. (CFC, 1993a)

As alterações no Código Civil foram feitas pela Lei n. 13.874, de 20 de setembro de 2019 (Brasil, 2019b), como parte do pacote de liberalização econômica, cujos reflexos envolveram a inserção do art. 49-A e a alteração da redação do art. 50, restando os seguintes textos:

> *Art. 49-A. A pessoa jurídica não se confunde com os seus sócios, associados, instituidores ou administradores. (Incluído pela Lei n. 13.874, de 2019)*
>
> *Parágrafo Único. A autonomia patrimonial das pessoas jurídicas é um instrumento lícito de alocação e segregação de riscos, estabelecido pela lei com a finalidade de estimular empreendimentos, para a geração de empregos, tributo, renda e inovação em benefício de todos.*
>
> *Art. 50. Em caso de abuso da personalidade jurídica, caracterizado pelo desvio de finalidade ou pela confusão patrimonial, pode o juiz, a requerimento da parte, ou do Ministério Público quando lhe couber intervir no processo, desconsiderá-la para que os efeitos de certas e determinadas relações de obrigações sejam estendidos aos bens particulares de administradores ou de sócios da pessoa jurídica beneficiados direta ou indiretamente pelo abuso. (Redação dada pela Lei n. 13.874, de 2019)*
>
> *§ 1º Para os fins do disposto neste artigo, desvio de finalidade é a utilização da pessoa jurídica com o propósito de lesar credores e para a prática de atos ilícitos de qualquer natureza. (Incluído pela Lei n. 13.874, de 2019)*
>
> *§ 2º Entende-se por confusão patrimonial a ausência de separação de fato entre os patrimônios, caracterizada por: (Incluído pela Lei n. 13.874, de 2019)*
>
> *I – cumprimento repetitivo pela sociedade de obrigações do sócio ou do administrador ou vice-versa; (Incluído pela Lei n. 13.874, de 2019)*
>
> *II – transferência de ativos ou de passivos sem efetivas contraprestações, exceto os de valor proporcionalmente insignificante; e (Incluído pela Lei nº 13.874, de 2019)*
>
> *III – outros atos de descumprimento da autonomia patrimonial. (Incluído pela Lei n. 13.874, de 2019)*

§ 3º O disposto no caput *e nos §§ 1º e 2º deste artigo também se aplica à extensão das obrigações de sócios ou de administradores à pessoa jurídica. (Incluído pela Lei n. 13.874, de 2019)*

§ 4º A mera existência de grupo econômico sem a presença dos requisitos de que trata o caput *deste artigo não autoriza a desconsideração da personalidade da pessoa jurídica. (Incluído pela Lei n. 13.874, de 2019)*

§ 5º Não constitui desvio de finalidade a mera expansão ou a alteração da finalidade original da atividade econômica específica da pessoa jurídica. (Incluído pela Lei n. 13.874, de 2019). (Brasil, 2002a)

No art. 49-A consta a definição de autonomia patrimonial da pessoa jurídica e sua função "de estimular empreendimentos, para a geração de empregos, tributo, renda e inovação em benefício de todos" (Brasil, 2002a). A doutrina (Tartuce, 2020, p. 269) estabelece a correlação entre a pessoa jurídica e seus sócios meramente quanto à responsabilidade dos sócios/associados frente a terceiros, mas entendo que o legislador foi além: almejou impedir os sócios de utilizarem a entidade para fins pessoais, servindo de respaldo à preocupação dada ao regime de confusão patrimonial verificado no art. 50 a seguir comentado.

O art. 50 do Código Civil, que regulamenta a desconsideração da pessoa jurídica, tentou tratar objetivamente o instituto para restringir essa desconsideração a hipótese de desvio de finalidade e a confusão patrimonial, nos termos da doutrina de Tartuce (2020, p. 271-272), a saber:

Sobre as recentes mudanças do texto do Código Civil pela Lei 13.874/2019, a norma passou a viabilizar a desconsideração da personalidade jurídica – com a ampliação de responsabilidades – tão somente quanto ao sócio ou administrador que, direta ou indiretamente, for beneficiado pelo abuso. Há tempos defendo tal interpretação da norma, assim como outros juristas como Mário Luiz Delgado e na linha do Enunciado n. 7 da I Jornada de Direito Civil, para que o instituto da desconsideração não seja utilizado de forma desproporcional, abusiva e desmedida, atingindo pessoa natural que não tenha praticado o ato tido como abusivo ou ilícito. A título de exemplo, um sócio que não tenha tido qualquer benefício com a fraude praticada por outros membros da pessoa jurídica, seja de forma imediata ou mediata, não poderá ser responsabilizado por dívidas da empresa. Assim, nesse primeiro aspecto, o texto emergente avança, e muito. Anote-se, que já citando a inovação e também texto de minha autoria, julgado do Superior Tribunal de Justiça de novembro de 2019 conclui que "a desconsideração da personalidade jurídica está subordinada a efetiva demonstração do abuso da personalidade jurídica, caracterizado pelo desvio de finalidade ou pela confusão patrimonial, e o benefício direto ou indireto obtido pelo sócio, circunstâncias que não se verificam no presente caso. Precedente" (STJ, REsp 1.838.009/RJ, 3.ª Turma, Rel. Min. Paulo Dias Moura Ribeiro, j. 19.11.2019). Como se retira do acórdão, o teor do novo preceito já era adotado em precedentes da Corte Superior. Os novos parágrafos, que foram incluídos, desde o texto da Medida Provisória 881, trazem critérios objetivos para a incidência da desconsideração nas relações entre civis, em prol de uma suposta certeza e segurança jurídica. Advirta-se que essa norma não se aplica à desconsideração da personalidade jurídica prevista em outros sistemas, como no Código de Defesa do Consumidor, na legislação ambiental (Lei 9.605/1998) e na Lei Anticorrupção (Lei 12.846/2013), que ainda serão aqui estudados. Os dois critérios alternativos previstos no caput do art. 50 do CC/2002 – *precursores da chamada teoria maior da desconsideração – são o desvio de finalidade e a confusão patrimonial.*

A grande contribuição das alterações, a meu ver, transcende tais fundamentos, uma vez que, ao enxergar o instituto sob os enfoques econômico e contábil, e não puramente jurídico como verificado na doutrina destacada, o legislador buscou disciplinar a autonomia patrimonial das pessoas jurídicas também sob o enfoque de evitar que sejam criadas "entidades de fachada", sem o propósito que, ostensivamente, a geraram, dentro de uma definição contábil de "entidade", com o objetivo de coibir práticas de atos ilícitos, como a lavagem de dinheiro por meio da pessoa jurídica.

Essa disciplina é muito importante para o terceiro setor, uma vez que fixa parâmetros para a consideração ou não da ilicitude das instituições sem fins lucrativos, no que concerne ao desvio de finalidade e à confusão patrimonial. A ilicitude aqui mencionada é um desvio devido à atuação contrária ao direito por parte de seus associados e depende de apreciação judicial para fins de suspensão de atividades ou sua dissolução. Sobre a questão, a jurisprudência do STF em controle concentrado é exposta a seguir, oriundo do voto do Ministro Celso de Mello, na Ação Direta de Inconstitucionalidade n. 3.045, julgada em 10 de ago de 2005.

> *Cabe enfatizar, neste ponto, que as normas inscritas no art. 5º, XVII a XXI, da atual CF, protegem as associações, inclusive as sociedades, da atuação eventualmente arbitrária do legislador e do administrador, eis que somente o Poder Judiciário, por meio de processo regular, poderá decretar a suspensão ou a dissolução compulsórias das associações. Mesmo a atuação judicial encontra uma limitação constitucional: apenas as associações que persigam fins ilícitos poderão ser compulsoriamente dissolvidas ou suspensas. Atos emanados do Executivo ou do Legislativo, que provoquem a compulsória suspensão ou dissolução de associações, mesmo as que possuam fins ilícitos, serão inconstitucionais.* (Brasil, 2007b)

Aliadas ao disposto no art. 50 do Código Civil, há também as disposições concernentes à distribuição disfarçada de lucros, nos termos do art. 60 do Decreto-Lei n. 1.598, de 26 de dezembro de 1977, com seguinte teor:

> *Art. 60. Presume-se distribuição disfarçada de lucros no negócio pelo qual a pessoa jurídica:*
> *I – aliena, por valor notoriamente inferior ao de mercado, bem do seu ativo a pessoa ligada;*
> *II – adquire, por valor notoriamente superior ao de mercado, bem de pessoa ligada;*

III – perde, em decorrência do não exercício de direito à aquisição de bem e em benefício de pessoa ligada, sinal, depósito em garantia ou importância paga para obter opção de aquisição;

IV – a parte das variações monetárias ativas (art.18) que exceder as variações monetárias passivas (art. 18, parágrafo único). (Redação dada pelo Decreto-lei n. 2.064, de 1983)

V – empresta dinheiro a pessoa ligada se, na data do empréstimo, possui lucros acumulados ou reservas de lucros;

VI – paga a pessoa ligada aluguéis, royalties ou assistência técnica em montante que excede notoriamente do valor de mercado.

VII – realiza com pessoa ligada qualquer outro negócio em condições de favorecimento, assim entendidas condições mais vantajosas para a pessoa ligada do que as que prevaleçam no mercado ou em que a pessoa jurídica contrataria com terceiros; (Redação dada pelo Decreto-lei n. 2.065, de 1983)

§ 1º O disposto no item V não se aplica às operações de instituições financeiras, companhias de seguro e capitalização e outras pessoas jurídicas, cujo objeto sejam atividades que compreendam operações de mútuo, adiantamento ou concessão de crédito, desde que realizadas nas condições que prevaleçam no mercado, ou em que a pessoa jurídica contrataria com terceiros. (Redação dada pelo Decreto-lei n. 2.065, de 1983)

§ 2º A prova de que o negócio foi realizado no interesse da pessoa jurídica e em condições estritamente comutativas, ou em que a pessoa jurídica contrataria com terceiros,

§ 3º Considera-se pessoa ligada à pessoa jurídica: (Redação dada pelo Decreto-lei n. 2.065, de 1983)

a) o sócio desta, mesmo quando outra pessoa jurídica; (Redação dada pelo Decreto-lei n. 2.065, de 1983)

b) o administrador ou o titular da pessoa jurídica; (Redação dada pelo Decreto-lei n. 2.065, de 1983)

c) o cônjuge e os parentes até terceiros grau, inclusive os afins, do sócio pessoa física de que trata a letra "a" e das demais pessoas mencionadas na letra "b". (Incluída pelo Decreto-lei n. 2.065, de 1983)

§ 4º Valor de mercado é a importância em dinheiro que o vendedor pode obter mediante negociação do bem no mercado.

§ 5º O valor do bem negociado freqüentemente no mercado, ou em bolsa, é o preço das vendas efetuadas em condições normais de mercado, que tenham por objeto bens em quantidade e em qualidade semelhantes.

§ 6º O valor dos bens para os quais não haja mercado ativo poderá ser determinado com base em negociações anteriores e recentes do mesmo bem, ou em negociações contemporâneas de bens semelhantes, entre pessoas não compelidas a comprar ou vender e que tenham conhecimento das circunstâncias que influam de modo relevante na determinação do preço.

§ 7º Se o valor do bem não puder ser determinado nos termos dos §§ 5º e 6º e o valor negociado pela pessoa jurídica basear-se em laudo de avaliação de perito ou empresa especializada, caberá à autoridade tributária a prova de que o negócio serviu de instrumento à distribuição disfarçada de lucros.

§ 8º No caso de lucros ou reservas acumulados após a concessão do empréstimo, o disposto no item V aplicar-se-á a partir da formação do lucro ou da reserva, até o montante do empréstimo. (Redação dada pelo Decreto-lei n. 2.065, de 1983) (Brasil, 1977a)

Assim as disposições sobre a distribuição disfarçada de lucros devem ser interpretadas conjuntamente com as disposições de confusão patrimonial para a sistematização satisfatória do instituto, inclusive, para as entidades do terceiro setor com reflexos, também, para a suspensão da imunidade tributária[g]. Neste ponto, feito o estudo das modalidades institucionais, abordaremos, a seguir, as modalidades de atuação do terceiro setor.

---

g. Sobre a imunidade tributária, consultar Seção 10.1, Capítulo 10 deste livro.

Capítulo 3
Modalidades de atuação do terceiro setor

Durante muitos anos, a atuação do terceiro setor era pouco detalhada, sendo, por muitas vezes, confundida com uma empresa e, em outras, com o setor público. Paulatinamente, houve uma sistematização da sua operacionalização. Tendendo às suas finalidades, as instituições poderão atuar para o atendimento de sua responsabilidade social, segundo alguns modelos que possam facilitar sua função privada, porém de interesse público. Os principais modelos serão tratados a seguir.

3.1 Organizações da sociedade civil de interesse público (Oscips)

Para uma explicação didática sobre o que é considerado o mais importante modelo de atuação do terceiro setor, é necessária a análise setorizada de alguns itens de sua essência.

Primeiramente, estudaremos seu conceito, seu funcionamento e sua qualificação; em seguida, seus concursos de projetos; depois, seu regulamento próprio para contratações e, finalmente, faremos uma análise comparativa com outros modelos de atuação do terceiro setor.

Considerações gerais: conceito, funcionamento e qualificação

Criadas pela Lei n. 9.790, de 23 de março de 1999 (Brasil, 1999b), e regulamentadas pelo Decreto n. 3.100, de 30 de junho de 1999 (Brasil, 1999a), as Oscips são uma das formas de atuação reguladas do terceiro setor cuja criação, na época, foi um modo de estreitamento das relações entre as organizações não governamentais (ONGs) e o Poder Público, favorecendo importante aliança para a condução de parcerias estratégicas.

Sobre essa questão, Tachizawa (2002, p. 39) ensina:

> *Cabe destacar que a nova lei abre às entidades do terceiro setor um caminho institucional moderno, condizente com as necessidades atuais*

da sociedade, já que rompe com as velhas amarras regulatórias. Pela primeira vez, o Estado reconhece publicamente a existência de uma esfera que é pública, não por sua origem, mas por sua finalidade: é pública, embora não estatal.

A tônica da relação advinda da regulamentação das Oscips é o vínculo de cooperação, ou seja, o estabelecimento de um vínculo de parceria qualificado pela comunhão de esforços para a consecução de um mesmo objetivo: o interesse público.

A Lei n. 13.019, de 31 de julho de 2014 (Brasil, 2014b) alterou o *caput* do art. 1º da Lei n. 9.790/1999, passando a exigir que, para sua qualificação, as Oscips "tenham sido constituídas e se encontrem em funcionamento regular há, no mínimo, 3 (três) anos)" (Brasil, 1999b).

Essas organizações são pessoas jurídicas de direito privado, sem fins lucrativos, que contêm, pelo menos, uma das seguintes finalidades, previstas no art. 3º da Lei n. 9.790/1999, a Lei das Oscips, em seu objetivo social:

I – promoção da assistência social;
II – promoção da cultura, defesa e conservação do patrimônio histórico e artístico;
III – promoção gratuita da educação, observando-se a forma complementar de participação das organizações de que trata esta Lei;
IV – promoção gratuita da saúde, observando-se a forma complementar de participação das organizações de que trata esta Lei;
V – promoção da segurança alimentar e nutricional;
VI – defesa, preservação e conservação do meio ambiente e promoção do desenvolvimento sustentável;
VII – promoção do voluntariado;
VIII – promoção do desenvolvimento econômico e social e combate à pobreza;
IX – experimentação, não lucrativa, de novos modelos socioprodutivos e de sistemas alternativos de produção, comércio, emprego e crédito;

X – promoção de direitos estabelecidos, construção de novos direitos e assessoria jurídica gratuita de interesse suplementar;
XI – promoção da ética, da paz, da cidadania, dos direitos humanos, da democracia e de outros valores universais;
XII – estudos e pesquisas, desenvolvimento de tecnologias alternativas, produção e divulgação de informações e conhecimentos técnicos e científicos que digam respeito às atividades mencionadas neste artigo.
XIII – estudos e pesquisas para o desenvolvimento, a disponibilização e a implementação de tecnologias voltadas à mobilidade de pessoas, por qualquer meio de transporte. (Brasil, 1999b)

Devemos entender como promoção gratuita, conforme o art. 6º, inciso II, do Decreto n. 3.100/1999, aquela financiada mediante recursos próprios. Não são considerados recursos próprios, conforme o parágrafo 1º do art. 6º do decreto mencionado, aqueles gerados pela cobrança de serviços de qualquer pessoa física ou jurídica ou obtidos em virtude de repasses ou de arrecadação compulsória (Brasil, 1999a).

Por fim, o art. 6º do Decreto n. 3.100/1999, no parágrafo 2º, dispõe que o condicionamento da prestação de serviços ao recebimento de doação, contrapartida ou equivalente não poderá ser considerado como promoção gratuita de serviços (Brasil, 1999a).

No *caput* do art. 3º da Lei n. 9.790/1999, está estabelecida a observância do princípio da "universalização dos serviços". Por esse princípio, a Oscip não deve restringir seus trabalhos a uma única entidade ou a um único órgão, muito menos a uma única finalidade, pois, se assim o fosse, ela seria meramente uma coligação com benefícios a empresas ou a um departamento governamental, o que foge ao âmbito legal.

O parágrafo único do art. 3º disciplina:

Para os fins deste artigo, a dedicação às atividades nele previstas configura-se mediante a execução direta de projetos, programas, planos de ações correlatas, por meio da doação de recursos físicos, humanos e financeiros, ou ainda pela prestação de serviços intermediários de apoio a outras organizações sem fins lucrativos e a órgãos do setor público que atuem em áreas afins. (Brasil, 1999b)

A amplitude dessa disciplina pode dar um maior campo de atuação para as Oscips, uma vez que admite como legal a execução direta de projetos, programas e planos de ações, além da prestação de serviços intermediários (leia-se intermediação de serviços) de apoio a entidades congêneres e ao Poder Público. Isso significa que a participação das Oscips na prestação de serviços para o Poder Público será significativamente maior e elástica, e aquelas que se dedicarem à pesquisa poderão ser contratadas diretamente, com dispensa de licitação, conforme o art. 24, inciso XIII, da Lei n. 8.666, de 21 de junho de 1993 (Brasil, 1993c).

Contudo, essa dispensa deve ser abalizada com cuidado pelo Poder Público, uma vez que a regra será a licitação. Essa dispensa deverá estar enquadrada nos princípios regentes dos contratos administrativos, com apuração prévia do preço do serviço, correspondendo a uma vantagem ao erário público, seja no quesito preço, seja no quesito serviço diferenciado por sua eficiência, o que significará, indiretamente, vantagem para os cofres públicos.

Outro prisma a ser analisado é uma alternativa às empresas com fins lucrativos, pois, em vez de o eventual superávit proveniente do serviço se reverter somente aos sócios, será revertido à sociedade civil. Apesar disso, a dispensa deve ser suficientemente justificada, conforme a posição de Niebuhr (2003, p. 312) transcrita a seguir:

> *A cada dia é mais frequente a participação da sociedade civil organizada em assuntos relacionados ao bem-estar da coletividade, portanto que dizem respeito ao interesse público. E a sociedade civil costuma atuar mediante a criação de associações, instituições ou fundações, que são entidades dotadas de personalidade jurídica, sem fins lucrativos, que costumam ser denominadas de "terceiro setor". Como tais entidades desenvolvem atividades pertinentes ao interesse público, o legislador reputou dever-se, em alguns casos, estreitar as relações delas*

com a Administração Pública, possibilitando a contratação direta, por dispensa de licitação pública. Nessas hipóteses, a dispensa de licitação pública é um modo concebido para que a Administração fomente as atividades de tais entidades; logo, representa uma espécie de incentivo. Em vez de realizar licitação pública, tratando com igualdade todos os possíveis interessados em contratos administrativos, o legislador resolveu distinguir ditas entidades, oferecendo-lhes tratamento privilegiado, permitindo que a Administração não proceda ao certame, contratando-as diretamente, por meio de dispensa. Convém ressaltar que, nesses casos, a realização de licitação não imporia qualquer espécie de gravame ou prejuízo direto ao interesse público. A utilidade pretendida pela Administração mediante o contrato poderia ser contemplada tanto com esse tipo de contratação direta, quanto com recurso à licitação. Dessa sorte, a dispensa justifica-se na conveniência ou necessidade de fomentar certas atividades vinculadas ao interesse público, mesmo que levadas a cabo por entidades privadas. A ideia é contratar ditas entidades especialmente qualificadas, que, mesmo indiretamente, propiciam retorno ao interesse público, em vez de contratar qualquer outra entidade, cujo retorno, consubstanciado em lucro, é compartilhado apenas entre os seus sócios.

No que concerne à vedação para qualificação como Oscip, o art. 2º da Lei n. 9.790/1999 disciplina o tema estabelecendo o seguinte rol restritivo:

I – as sociedades comerciais;
II – os sindicatos, as associações de classe ou de representação de categoria profissional;
III – as instituições religiosas ou voltadas para a disseminação de credos, cultos, práticas e visões devocionais e confessionais;
IV – as organizações partidárias e assemelhadas, inclusive suas fundações;
V – as entidades de benefício mútuo destinadas a proporcionar bens ou serviços a um círculo restrito de associados ou sócios;

VI – as entidades e empresas que comercializam planos de saúde e assemelhados;

VII – as instituições hospitalares privadas não gratuitas e suas mantenedoras;

VIII – as escolas privadas dedicadas ao ensino formal não gratuito e suas mantenedoras;

IX – as organizações sociais;

X – as cooperativas;

XI as fundações públicas;

XII – as fundações, sociedades civis ou associações de direito privado criadas por órgão público ou por fundações públicas;

XIII – as organizações creditícias que tenham qualquer tipo de vinculação com o sistema financeiro nacional a que se refere o art. 192 da Constituição Federal. (Brasil, 1999b)

A Lei n. 13.999, de 18 de maio de 2020, incluiu um parágrafo único no art. 2º da Lei n. 9.790/1999, disciplinando que "não constituem impedimento à qualificação como Organização da Sociedade Civil de Interesse Público as operações destinadas a microcrédito realizadas com instituições financeiras na forma de recebimento de repasses, venda de operações realizadas ou atuação como mandatárias" (Brasil, 1999b).

Como medida de estímulo ao microcrédito, a Lei n. 9.790/1999 admite às Oscips operarem no setor de microcrédito, sem fins lucrativos. Sobre a questão, Franco (2002, p. 8) disserta:

> A emergência das instituições de microfinanças somente ocorreu após a estabilização macroeconômica de 1994, quando cresceu o interesse dos governos municipais e estaduais em apoiar a criação de ONGs especializadas em microcrédito. Em 1996, o BNDES passou a apoiar o fortalecimento das organizações existentes, através do Programa de Crédito Produtivo Popular e, em 1998, o Banco do Nordeste passou a atuar diretamente com 50 agências especializados do Programa CrediAmigo. Um marco importante nessa trajetória foi a iniciativa de revisão do

marco legal, articulada pelo Conselho da Comunidade Solidária, que culminou com três decisões relevantes: a chamada nova lei do terceiro setor (Lei 9.790/99), que inclui o microcrédito como uma das finalidades das Organizações da Sociedade Civil de Interesse Público – Oscip; a não sujeição das OSCIPs à lei de usura (que limita os juros a 12% ao ano); e a criação, pelo Conselho Monetário Nacional, de uma nova entidade jurídica: a Sociedade de Crédito ao Microempreendedor – SCM, que regulamenta a participação da iniciativa privada na indústria de microfinanças (Resolução 2894). Posteriormente, o Conselho Comunidade Solidaria continuou articulando várias mudanças legais e infralegais que vêm possibilitando o fortalecimento e a expansão do microcrédito no Brasil. Assim, ainda por iniciativa do Conselho da Comunidade Solidária, foi fundada, em outubro de 2001, a Associação Brasileira de Desenvolvimento do Microcrédito – ABDM (Portal do Microcrédito) – nova entidade do terceiro setor, qualificada como OSCIP, que agrega a maior parte das organizações de microcrédito no País.

Antes da inclusão do parágrafo único no art. 2º da Lei n. 9.790/1999, a atividade de microcrédito estava implícita nas finalidades inscritas no art. 3º, inciso IX, "experimentação, não lucrativa, de novos modelos socioprodutivos e de sistemas alternativos de produção, comércio, emprego e crédito" (Brasil, 1999b). Contudo, não eram consideradas instituições financeiras[a].

Com a inclusão do parágrafo único ao art. 2º mencionado, houve a expressa autorização às Oscips para atuarem no setor, independentemente de serem firmados termos de parceria com entidade pública, autorizando essas entidades a operar diretamente "com instituições

---

a. Conforme o Recurso Especial n. 1.311.071/SC do Superior Tribunal de Justiça: "A organização da sociedade civil de interesse público – OSCIP –, mesmo ligada ao Programa Nacional de Microcrédito Produtivo Orientado – PNMPO –, não pode ser classificada ou equiparada à instituição financeira, carecendo, portanto, de legitimidade ativa para requerer busca e apreensão de bens com fulcro no Decreto-Lei n. 911/1969". (Brasil, 2017a)

financeiras na forma de recebimento de repasses, venda de operações realizadas ou atuação como mandatárias" (Brasil, 1999b).

Assim, houve superação da jurisprudência restritiva noticiada, sendo as Oscips que operarem com microcrédito consideradas instituições financeiras, nos limites das normas editadas pelo Conselho Monetário Nacional (CMN) e pelo Banco Central do Brasil (BCB).

O art. 4º da Lei n. 9.790/1999 dispõe que o estatuto social das pessoas jurídicas que pretendam qualificar-se como Oscip deverá prever, expressamente, as seguintes disposições:

> I – *a observância dos princípios de legalidade, impessoalidade, moralidade, publicidade, economicidade e de eficiência.*
>
> II – *a adoção de práticas de gestão administrativa, necessárias e suficientes a coibir a obtenção, de forma individual ou coletiva, de benefícios ou vantagens pessoais, em decorrência da participação no respectivo processo decisório.* (Brasil, 1999b)

Observar esses princípios citados no inciso I da Lei n. 9.790/1999 significa almejar a finalidade legal de interesse coletivo, de maneira honesta e transparente, buscando, por meio de métodos criativos e eficazes, alcançar o maior benefício social com menor dispêndio de recursos.

Essa restrição citada no inciso II da Lei n. 9.790/1999 advém do art. 1º, parágrafo 1º dessa mesma lei, como determinante para a configuração de uma entidade sem fins lucrativos. Não se admite que a Oscip seja sem fins lucrativos não apenas em seus estatutos e documentos legais, mas também que não gere lucros a seus componentes.

Visando a essa premissa, o art. 7º do Decreto n. 3.100/1999 diz que se entende como benefícios ou vantagens pessoais os obtidos pelos dirigentes da entidade e seus cônjuges, companheiros e parentes colaterais ou afins até o terceiro grau, bem como aqueles obtidos pelas pessoas jurídicas das quais os mencionados sejam controladores ou detenham mais de 10% das participações societárias (Brasil, 1999a).

Continuando sobre as disposições do art. 4º da Lei n. 9.790/1999:

III – constituição de conselho fiscal ou órgão equivalente, dotado de competência para opinar sobre os relatórios de desempenho financeiro e contábil e sobre as operações patrimoniais realizadas, emitindo pareceres para os organismos superiores da entidade. (Brasil, 1999b)

Isso somente reforça a atuação dos conselhos fiscais. A Lei n. 6.404, de 15 de dezembro de 1976 (Brasil, 1976), Lei das Sociedades Anônimas, já previa esses conselhos (arts. 161 a 165), que já eram aplicados nas modalidades institucionais do terceiro setor.

IV – a previsão é de que, em caso de dissolução da entidade, o respectivo patrimônio líquido será transferido a outra pessoa jurídica qualificada nos termos dessa lei, de preferência que tenha o mesmo objeto social da extinta. (Brasil, 1999b)

No inciso IV, o legislador preferiu conservar o patrimônio das Oscips no próprio sistema e valorizar o setor com um subsistema distinto dos demais, devido sua importância social.

V – a previsão de que, na hipótese de a pessoa jurídica perder a qualificação instituída por essa lei, o respectivo acervo patrimonial disponível, adquirido com recursos públicos durante o período em que perdurou aquela qualificação, será transferido a outra pessoa jurídica qualificada nos termos dessa lei, preferencialmente que tenha o mesmo objeto social. (Brasil, 1999b)

Mais uma *nuance* da sistemática adotada pelo legislador, valendo aqui o comentário referente ao item anterior, inciso IV.

VI – a possibilidade de instituir remuneração para os dirigentes da entidade que atuem efetivamente na gestão executiva e para aqueles que a ela prestam serviços específicos, respeitados, em ambos os casos, os valores praticados pelo mercado, na região correspondente a sua área de atuação. (Brasil, 1999b)

Para evitar perda de incentivos fiscais, a remuneração dos dirigentes não deve ser superior a dos servidores federais, conforme disciplina o art. 34 da Lei n. 10.637, de 30 de dezembro de 2002 (Brasil, 2002c).

VII – as normas de prestação de contas a serem observadas pela entidade, que determinarão, no mínimo:
a) a observância dos Princípios Fundamentais de Contabilidade e das Normas Brasileiras de Contabilidade. (Brasil, 1999b)

Essas normas básicas são: a Resolução n. 750, de 29 de dezembro de 1993, a Resolução n. 751, de 29 de dezembro de 1993, a Resolução n. 774, de 16 de dezembro de 1994, e a Resolução n. 803, de 16 de outubro de 1996, todas do Conselho Federal de Contabilidade (CFC, 1993a; 1993b; 1995; 1996).

Prosseguindo sobre o inciso VII da Lei 9.790/1999:

b) que se dê publicidade por qualquer meio eficaz, no encerramento do exercício fiscal, ao relatório de atividades e das demonstrações financeiras da entidade, incluindo-se as certidões negativas de débitos junto ao Instituto Nacional do Seguro Social (INSS) e ao Fundo de Garantia do Tempo de Serviço (FGTS), colocando-os à disposição para exame de qualquer cidadão;
c) a realização de auditoria, inclusive por auditores externos independentes se for o caso, da aplicação dos eventuais recursos objeto do termo de parceria, conforme previsto em regulamento;
d) a prestação de contas de todos os recursos e bens de origem pública recebidos pelas Oscip será feita conforme determina o parágrafo único do art. 70 da Constituição Federal. (Brasil, 1999b, art. 4, inciso VII)

Por essa disciplina, as Oscips estão sujeitas à fiscalização contábil e financeira dos Tribunais de Contas no que concerne aos recursos públicos que utilizarem.

O parágrafo único do art. 4º da Lei n. 9.790/1999, com a redação dada pela Lei n. 10.539, de 23 de setembro de 2002, dispõe sobre a possibilidade de participação de servidores públicos no conselho ou na diretoria das Oscips (Brasil, 2002b). Inicialmente, os servidores não poderiam receber remuneração, contudo, a Lei n. 13.019/2014 alterou esse dispositivo, suprimindo a vedação de recebimento de remuneração (Brasil, 2014b).

Farias (2014, p. 20-21) assim disserta sobre a participação dos servidores nas Oscips:

> *Há duas hipóteses em que servidor público pode assumir cargo diretivo de OSCIP: no caso de servidor aposentado ou de servidor licenciado. Nas duas situações, a aposentadoria ou a licença devem ter sido anteriores ao início do exercício do cargo diretivo, e esta informação deve constar na documentação encaminhada no requerimento de qualificação.*

Após tratar dos requisitos e das vedações, a Lei n. 9.790/1999 fixa o procedimento para a qualificação de uma Oscip. Essas disposições encontram-se nos arts. 5º a 8º. Fazendo um roteiro desse procedimento, extraímos as seguintes etapas:

a. formulação de requerimento escrito ao Ministério da Justiça, instruído com cópias dos seguintes documentos: estatuto registrado em cartório, ata de eleição de sua atual diretoria, balanço patrimonial e demonstração do resultado do exercício, declaração de isenção do imposto de renda e inscrição no Cadastro Geral de Contribuintes (art. 5º);

b. decisão de deferimento ou não do requerimento, no prazo de trinta dias (art. 6º, *caput*);

c. no caso de deferimento, o Ministério da Justiça emitirá, no prazo de 15 dias da decisão, certificado de qualificação da requerente como Oscip;
d. no caso de indeferimento do requerimento, no mesmo prazo de 15 dias, dará ciência da decisão, mediante publicação no Diário Oficial da União (art. 6º, parágrafo 2º). Somente será indeferido o pedido quando a requerente:
- enquadrar-se nas hipóteses do art. 2º (entidades que não são passíveis de qualificação);
- não atender aos requisitos da lei (arts. 3º e 4º);
- quando a documentação estiver incompleta (Brasil, 1999b).

Como é possível notarmos dos dispositivos apontados, o ato de deferimento é vinculado, ou seja, uma vez obedecidas as exigências legais, o Ministério da Justiça não poderá indeferir o pedido sob o fundamento de conveniência e de oportunidade ou por interesse público, traços marcantes do ato discricionário.

Nas disposições transitórias, a Lei n. 9.790/1999 cita, ainda, algumas regras a serem obedecidas. No art. 16, é vedado às Oscips participarem de campanhas de interesse político-partidário ou eleitorais, sob quaisquer meios ou formas[b] (Brasil, 1999b). No art. 17, está explícito que o Ministério da Justiça permitirá, mediante requerimento dos interessados, livre acesso a todas as informações pertinentes às Oscips[c] (Brasil, 1999b). Já o art. 18 permite que as pessoas jurídicas de direito privado, qualificadas com base em outros diplomas legais[d], possam ser qualificadas como Oscip, desde que estejam presentes os requisitos autorizadores (Brasil, 1999b).

b. O art. 2º, inciso IV da mesma lei, como já citado, veda a qualificação às "organizações partidárias e assemelhadas, inclusive suas fundações". Se, mesmo assim, ocorrer a participação, a Oscip estará sujeita à desqualificação.
c. Tanto é verdade que está disponibilizado no site do Ministério da Justiça, o serviço de consulta pública sobre as Oscips em funcionamento no país. O endereço do site é: <http://www.mj.gov.br>. Assim sendo, está obedecido o princípio da publicidade.
d. São exemplos de titulações concedidas ao terceiro setor: 1) Título de Utilidade Pública Federal, prevista na Lei n. 91, de 28 de agosto de 1935, e regulamentada pelo Decreto n. 50.517, de 2

A redação original do art. 18 fixava o prazo de dois anos para a opção de manutenção qualificação disciplinada pela lei em exame, contudo, ele foi alterado pela Medida Provisória n. 2.123-29, de 23 de fevereiro de 2001 (Brasil, 2001c), dando nova redação ao art. 18 da Lei n. 9.790/1999, ampliando o prazo de opção para cinco anos[e].

O concurso de projetos

Outra questão relevante é a que concerne ao concurso de projetos, previsto no *caput* do art. 23, do Decreto n. 3.100/1999, sobre ser ou não uma medida facultativa ao parceiro público, uma vez que seu texto diz que:

> *a escolha da Organização da Sociedade Civil de Interesse Público, para a celebração do Termo de Parceria, poderá ser feita por meio de publicação de edital de concurso de projetos pelo órgão estatal parceiro para obtenção de bens e serviços e para a realização de atividades, eventos, consultorias, cooperação técnica e assessoria.* (Brasil, 1999a)

Em uma primeira análise, podemos verificar a faculdade do parceiro público em utilizar o concurso de projetos. A situação deve ser analisada sob um enfoque racional, proposto a seguir.

---

de maio de 1961; 2) Registro no Conselho Nacional de Assistência Social (CNAS), regulado pela Resolução n. 31 do CNAS, de 24 de fevereiro de 1999; 3) Certificado de Entidades de Fins Filantrópicos, prevista no Decreto n. 3.540, de 13 de junho de 2000, e regulado pela Resolução n. 177 do CNAS, de 10 de agosto de 2000. (Brasil, 1935; 1961; 1999c; 2000a; 2000c). Esses títulos serão estudados oportunamente.

e. A redação determinada pelo art. 18 da Medida Provisória n. 2.123-29/2001 é a seguinte: "Art. 18. As pessoas jurídicas de direito privado sem fins lucrativos, qualificadas com base em outros diplomas legais, poderão qualificar-se como Organizações da Sociedade Civil de Interesse Público, desde que atendidos aos requisitos para tanto exigidos, sendo-lhes assegurada a manutenção simultânea dessas qualificações, até cinco anos contados da data de vigência desta Lei. § 1º Findo o prazo de cinco anos, a pessoa jurídica interessada em manter a qualificação prevista nesta Lei deverá por ela optar, fato que implicará a renúncia automática de suas qualificações anteriores" (Brasil, 2001b).

Existem projetos cuja iniciativa é da própria Oscip, que elabora um trabalho favorecendo o bem comum e busca uma parceria com o Poder Público para sua execução. Nessa hipótese, não há razão para a instauração do concurso, uma vez que a Oscip proponente é a autora do projeto e, caso não seja oportuna sua execução, não poderá sê-lo com outra organização.

No entanto, a Oscip é obrigada a desempenhar com o mesmo zelo que a que compete à administração, pois a lei obriga as Oscips a observarem os princípios previstos no art. 4º, inciso I, da Lei n. 9.790/1999 e que deverão, obrigatoriamente, constar em seu estatuto social (Brasil, 1999b). Isso significa que a Oscip está sujeita a uma carga principiológica semelhante à da administração pública, sem, contudo, ter a contrapartida das prerrogativas a esta conferida.

Chegamos à conclusão de que o mesmo sistema de fiscalização aplicado ao Poder Público será aplicável também às Oscips, sem as prerrogativas peculiares, entre elas o foro especial. Assim, é mais simples fiscalizar as Oscips do que a administração pública.

Outra realidade ocorre quando a autoria do projeto é do Poder Público. Não sendo conveniente à administração implementá-lo por razões de falta de estrutura e até por questões de eficiência, resolve estabelecer parceria com alguma Oscip, sendo que existem várias delas que podem executar o projeto com as mesmas eficiência e presteza, o concurso de projetos deverá ser instaurado sob pena de responsabilidade.

Afirmamos isso não pelo caráter competitivo da demanda, pois, se assim o fosse, seria necessário socorrer-se do processo licitatório, mas, sim, pelo princípio da impessoalidade/finalidade, pois a administração pública não poderá favorecer uma instituição em detrimento de outras que poderiam perfeitamente executar o objeto. Agindo assim, o Poder Público estará praticando o ato com desvio de finalidade. Mesmo com a necessidade do concurso de projetos, será igualmente necessária a observância dos princípios mencionados.

Sobre o assunto, é válida a transcrição da posição de Meirelles (2016, p. 123):

> *O desvio de finalidade ou de poder verifica-se quando a autoridade, embora atuando nos limites de sua competência, pratica ato por motivos ou com fins diversos dos objetivados pela lei ou exigidos pelo interesse público. O desvio de finalidade ou de poder é, assim, a violação ideológica da lei, ou, por outras palavras, a violação moral da lei, colimando o administrador público fins não queridos pelo legislador, ou utilizando motivos e meios imorais para a prática de um ato administrativo aparentemente legal. Tais desvios ocorrem, p. ex., quando a autoridade pública decreta uma desapropriação alegando utilidade pública, mas visando, na realidade, a satisfazer interesse pessoal próprio ou favorecer algum particular com a subsequente transferência do bem expropriado; ou quando outorga uma permissão sem interesse público; ou, ainda, quando classifica um concorrente por favoritismo, sem tender aos fins objetivados pela licitação. O ato praticado com desvio de finalidade – como todo ato ilícito ou imoral – ou é consumado às escondidas ou se apresenta disfarçado sob o capuz da legalidade e do interesse público. Diante disso, há que ser surpreendido e identificado por indícios e circunstâncias que revelem a distorção do fim legal, substituído habilidosamente por um fim ilegal ou imoral não desejado pelo legislador. A propósito, já decidiu o STF que: "Indícios vários e concordantes são prova". Dentre os elementos indiciários do desvio de finalidade está a falta de motivo ou a discordância dos motivos com o ato praticado. Tudo isto dificulta a prova do desvio de poder ou de finalidade, mas não a torna impossível se recorrermos aos antecedentes do ato e à sua destinação presente e futura por quem o praticou.*

O legislador adotou essa proposição quando da edição da Lei n. 13.019/2014, ao estabelecer o regime de parcerias, utilizada para as organizações da sociedade civil (OSC), ao diferenciar as modalidades de parceria segundo a autoria do projeto (Brasil, 2014b). Para mais detalhes, na Seção 3.6, abordaremos a legislação das OSCs.

Uma vez instaurado o concurso de projetos, a Administração Pública não poderá estabelecer Termo de Parceria, com mesmo objeto, fora do concurso iniciado, conforme o parágrafo único do art. 23 do Decreto n. 3.100/1999 (Brasil, 1999a).

O procedimento do concurso está disciplinado nos arts. 24 a 31 do decreto citado, compreendendo o seguinte:

> a. Na etapa de preparação do concurso, o Poder Público deverá preparar a especificação técnica do objeto do futuro termo de parceria com clareza, objetividade e detalhamento (art. 24).
> b. O concurso se regerá por um edital que conterá no mínimo informações sobre:
> - prazos, condições e forma de apresentação das propostas;
> - especificações técnicas do objeto do Termo de Parceria;
> - critérios de seleção e julgamento das propostas;
> - datas para apresentação de propostas;
> - local de apresentação de propostas;
> - datas do julgamento e data provável de celebração do Termo de Parceria e valor máximo a ser desembolsado (art. 25).
> c. A Oscip, nos termos e nos prazos fixados no edital, deverá apresentar seu projeto técnico e o detalhamento dos custos para sua implementação ao órgão estatal parceiro, sob a forma de um projeto básico. Essas informações deverão constar do plano de trabalho[f] se a Oscip for selecionada (art. 26).
> d. Na seleção e no julgamento dos projetos, será levado em conta o seguinte:
> - o mérito intrínseco e a adequação ao edital do projeto apresentado;
> - a capacidade técnica e operacional da candidata;
> - a adequação entre os meios sugeridos, seus custos, cronogramas e resultados;

---
f. A forma de apresentação do plano de trabalho e a elaboração do projeto básico serão estudadas na Seção 3.6, no item *Da execução da parceria: as despesas vedadas e as despesas permitidas* e no Capítulo 9.

- o ajustamento da proposta às especificações técnicas;
- a regularidade jurídica e institucional da Oscip;
- a análise dos documentos a seguir enumerados (art. 27): relatório anual de execução de atividades; demonstração de resultados do exercício; balanço patrimonial; demonstração das origens e aplicações de recursos; demonstração das mutações do patrimônio social; notas explicativas das demonstrações contábeis, caso necessário; e, parecer e relatório de auditoria independente da aplicação dos recursos objeto do termo de parceria, nos termos do art. 19 do Decreto n. 3.100/1999, se o montante dos recursos for maior ou igual a 600 mil reais.

e. Tendo em vista os princípios da legalidade, impessoalidade/finalidade, moralidade, publicidade e eficiência, serão vedadas a desqualificação ou critérios de pontuação (art. 28):
   - o local do domicílio da Oscip ou a exigência de experiência de trabalho da organização no local de domicílio do órgão parceiro estatal;
   - a obrigatoriedade de consórcio ou associação com entidades sediadas na localidade onde deverá ser celebrado o termo de parceria;
   - o volume de contrapartida ou qualquer outro benefício oferecido pela Oscip.

f. O julgamento será realizado sobre o conjunto das propostas das Oscips, não sendo aceitos como critérios de julgamento os aspectos jurídicos, administrativos, técnicos ou operacionais não estipulados no edital do concurso (art. 29).

g. O Poder Público designará uma comissão julgadora para o concurso, composta, no mínimo, por um membro do Poder Executivo, um especialista no tema do concurso e um membro do Conselho de Política Pública da área de competência, quando houver. O trabalho dessa comissão não será remunerado. O Poder Público deverá instruir a comissão julgadora sobre a pontuação pertinente a cada item da proposta ou projeto e zelará para que a identificação da organização proponente seja omitida. A comissão pode solicitar ao órgão estatal parceiro informações adicionais sobre os projetos. A comissão classificará as propostas das Oscips que obedeçam aos critérios estabelecidos no Decreto n. 3.100/1999 e no edital que regerá o concurso (art. 30).

h. Após o julgamento definitivo das propostas, a comissão apresentará, na presença dos concorrentes, os resultados de seu trabalho, indicando os aprovados. O órgão estatal parceiro:
- não examinará recursos administrativos contra as decisões da comissão julgadora;
- não poderá anular ou suspender administrativamente o resultado do concurso nem celebrar outros termos de parceria com o mesmo objeto sem antes finalizar o processo iniciado pelo concurso (art. 31, *caput* e parágrafo 1º).

i. Após o anúncio público do resultado do concurso, o órgão estatal parceiro o homologará, sendo imediata a celebração dos termos de parceria pela ordem de classificação dos aprovados (art. 31, parágrafo 2º) (Brasil, 1999a).

Estudada a generalidade do concurso de projetos, passaremos para o regulamento próprio para contratações.

O regulamento próprio para contratações

O art. 14 da Lei n. 9.790/1999, a Lei das Oscips, prevê a obrigatoriedade de a Oscip elaborar um regulamento próprio para a contratação de obras e de serviços e para compras com recursos públicos (Brasil, 1999b). Esse artigo é regulamentado pelo art. 21 do Decreto n. 3.100/1999, contudo não explicita muito mais do que já estava previsto na lei.

Em face dessa não regulamentação suficiente, muitas especulações pairam sobre tal regulamento próprio. Nada mais resta senão propor uma interpretação do art. 14 da Lei das Oscips. Dessa forma, são feitas as seguintes propostas:

a. o regulamento próprio deve estabelecer regras suficientes para a seleção da melhor proposta, uma vez que deve obedecer aos princípios de legalidade, impessoalidade, moralidade, publicidade, economicidade e eficiência. Em virtude desses princípios, deve garantir o julgamento objetivo das propostas, publicar suas conclusões em jornal de grande circulação, impresso ou digital, e ter a finalidade de alcançar o melhor custo-benefício;

b. a Oscip está obrigada a utilizar esse regulamento nos projetos oriundos de termos de parceria financiados com recursos públicos, mesmo que parciais;

c. o prazo de 30 dias a que se refere a lei deve ser contado do início da vigência do termo de parceria;

d. a remessa da cópia do regulamento próprio ao parceiro público deve ser efetuada no mesmo prazo de 30 dias que vigora para a publicação.

Por fim, a Lei n. 9.790/1999 também criou uma instrumentação peculiar de pactuação das Oscips com o Poder Público: os termos de parceria, previsto nos arts. 9º a 15. Esses termos serão estudados no Capítulo 9 deste livro.

Títulos previstos em outros diplomas legais

A Lei n. 9.790/1999, no seu art. 18, estabeleceu a possibilidade de entidades qualificadas com base em outros diplomas legais poderem se qualificar como Oscip e manterem a simultaneidade com os outros títulos pelo prazo de cinco anos, em virtude da Medida Provisória n. 2.123-29, de 23 de fevereiro de 2001, que alterou a redação do art. 18 da lei em exame (Brasil, 1999b; 2001a).

Esses títulos são o de Utilidade Pública Federal, o Registro no Conselho Nacional de Assistência Social (CNAS) e o Certificado de Entidades de Fins Filantrópicos, concedidos a associações civis e fundações que se enquadram em seus dispositivos. Eles serão estudados em separado para a compreensão e a comparação com a qualificação como Oscip.

Título de Utilidade Pública Federal

O título de Utilidade Pública Federal era previsto na Lei n. 91, de 28 de agosto de 1935 (Brasil, 1935), revogada pela Lei n. 13.204, de 14 de dezembro de 2015 (Brasil, 2015c), pois ele era meramente honorífico e discricionário, não atendendo ao escopo da atual Constituição de 1988.

Em publicação na seção Notícias do *site* do Ministério da Justiça, constam as seguintes razões para essa revogação:

> *Foi publicada no Diário Oficial da União desta terça-feira (15) a Lei nº 13.204 de 2015, que altera o Marco Regulatório das Organizações da Sociedade Civil (MROSC). Dentre as inovações trazidas pela nova lei está a revogação da Lei nº 91 de 1935, que tratava dos títulos de Utilidade Pública Federal (UPF). Tal medida visa estender a todas as organizações sem fins lucrativos os benefícios previstos em lei, independentemente da exigência de cumprir requisitos formais e burocráticos para certificação e titulação de UPF.*
>
> *A nova lei universalizará o acesso aos benefícios previstos em lei a todas as entidades que cumpram alguns requisitos, independentemente de certificação. Isso vai desburocratizar o processo e contribuir para uma nova lógica de interações entre Estado e sociedade civil.*
>
> *A revogação da lei das UPF foi originalmente proposta pelo Grupo de Trabalho de Entidades Sociais do Ministério da Justiça, instituído em 2011. O GT concluiu que um título honorífico e discricionário não atendia aos princípios republicanos e aos valores da participação previstos na Constituição de 1988. A proposta também foi debatida pelo governo no âmbito do Programa Bem Mais Simples, que trata de medidas de desburocratização do Estado, e discutida ainda junto com representantes da sociedade civil da Plataforma do MROSC.* (Brasil, 2015e)

Assim, o regime das UPF foi absorvido pelo regime das OSCs, sobre o qual comentaremos na Seção 3.6 deste livro.

Registro no Conselho Nacional de Assistência Social (CNAS)

O procedimento de registro no Conselho Nacional de Assistência Social estava regulado pela Resolução n. 31, de 24 de fevereiro de 1999, desse órgão, contudo ela foi revogada e, atualmente, está vigente a Resolução n. 14, de 15 maio de 2014, do CNAS[g]. Segundo o art. 2º dessa resolução, as organizações de assistência social podem ser isolada ou cumuladamente:

> *I – de atendimento: aquelas que, de forma continuada, permanente e planejada, prestam serviços, executam programas ou projetos e concedem benefícios de proteção social básica ou especial, dirigidos às famílias e indivíduos em situações de vulnerabilidades ou risco social e pessoal, nos termos das normas vigentes;*
>
> *II – de assessoramento: aquelas que, de forma continuada, permanente e planejada, prestam serviços e executam programas ou projetos voltados prioritariamente para o fortalecimento dos movimentos sociais e das organizações de usuários, formação e capacitação de lideranças, dirigidos ao público da política de assistência social, nos termos das normas vigentes;*
>
> *III – de defesa e garantia de direitos: aquelas que, de forma continuada, permanente e planejada, prestam serviços e executam programas ou projetos voltados prioritariamente para a defesa e efetivação dos direitos socioassistenciais, construção de novos direitos, promoção da cidadania, enfrentamento das desigualdades sociais e articulação com órgãos públicos de defesa de direitos, dirigidos ao público da política de assistência social, nos termos das normas vigentes.* (Brasil, 2014c)

---

g. Até 2003, o CNAS era vinculado ao Ministério da Previdência e Assistência Social, atualmente, está vinculado ao Ministério do Desenvolvimento Social e Combate à Fome, criado em 2004.

A norma legal, em seu art. 3º, exige que as organizações de assistência social demonstrem:

I - ser pessoa jurídica de direito privado, devidamente constituída;
II - aplicar suas rendas, seus recursos e eventual resultado integralmente no território nacional e na manutenção e no desenvolvimento de seus objetivos institucionais;
III - elaborar plano de ação anual contendo:
a) finalidades estatutárias;
b) objetivos;
c) origem dos recursos;
d) infraestrutura;
e) identificação de cada serviços, programas, projetos, e benefícios socioassistenciais, informando respectivamente:
e.1) público alvo;
e.2). capacidade de atendimento;
e.3) recursos financeiros a serem utilizados;
e.4) recursos humanos envolvidos;
e.5) abrangência territorial;
e.6) demonstração da forma de como a entidade ou organização de Assistência Social fomentará, incentivará e qualificará a participação dos usuários e/ou estratégias que serão utilizadas em todas as etapas do seu plano: elaboração, execução, monitoramento e avaliação.
IV - ter expresso em seu relatório de atividades:
a) finalidades estatutárias;
b) objetivos;
c) origem dos recursos;
d) infraestrutura;
e) identificação de cada serviços, programas, projetos e benefícios socioassistenciais executado, informando respectivamente:
e.1) público alvo;
e.2) capacidade de atendimento;
e.3) recurso financeiro utilizado;

e.4) recursos humanos envolvidos;
e.5) abrangência territorial;
e.6) demonstração da forma de como a entidade ou organização de Assistência Social fomentou, incentivou e qualificou a participação dos usuários e/ou estratégias que foram utilizadas em todas as etapas de execução de suas atividades, monitoramento e avaliação. (Brasil, 2014c)

São documentos necessários ao encaminhamento do pedido de registro ao CNAS, conforme o art. 8º da resolução:

I – requerimento, conforme Anexo I;
II – cópia do estatuto social (atos constitutivos) registrado em cartório;
III – cópia da ata de eleição e posse da atual diretoria, registrada em cartório;
IV – plano de ação;
V – cópia do Comprovante de Inscrição no Cadastro Nacional de Pessoas Jurídicas – CNPJ. (Brasil, 2014c)

Se a organização atuar em mais de um município, deverá fazer inscrição nos respectivos conselhos municipais, apresentando os seguintes documentos, nos termos do art. 9º da resolução:

I – requerimento, conforme o modelo constante do Anexo II;
II – plano de ação;
III – comprovante de inscrição no Conselho de sua sede ou onde desenvolva o maior número de atividades. (Brasil, 2014c)

Se a atuação da organização não for preponderante na assistência social, mas ocorrer também nessa área, o art. 10 da resolução determina que ela deve se inscrever mediante apresentação dos seguintes documentos:

I – requerimento, na forma do modelo Anexo III da resolução 14/2014;
II – cópia do Estatuto Social (atos constitutivos) registrado em cartório;
III – cópia da ata de eleição e posse da atual diretoria, registrada em cartório;
V – plano de ação. (Brasil, 2014c)

As organizações de assistência social deverão demonstrar que cumprem os requisitos do art. 5º e 6º da resolução, a saber:

Art. 5º. A inscrição das entidades ou organizações de Assistência Social e/ou dos serviços, programas, projetos e benefícios socioassistenciais nos Conselhos de Assistência Social é a autorização de funcionamento no âmbito da Política Nacional de Assistência Social.

Parágrafo único – A oferta de atendimento, assessoramento e defesa e garantia de direitos deverão estar em conformidade com as normativas nacionais.

Art. 6º. Os critérios para a inscrição das entidades ou organizações de Assistência Social, bem como dos serviços, programas, projetos e benefícios socioassistenciais são, cumulativamente:
I – executar ações de caráter continuado, permanente e planejado;
II – assegurar que os serviços, programas, projetos e benefícios socioassistenciais sejam ofertados na perspectiva da autonomia e garantia de direitos dos usuários;
III – garantir a gratuidade e a universalidade em todos os serviços, programas, projetos e benefícios socioassistenciais;
IV – garantir a existência de processos participativos dos usuários na busca do cumprimento da efetividade na execução de seus serviços, programas, projetos e benefícios socioassistenciais. (Brasil, 2014c)

As organizações de assistência social deverão apresentar anualmente, até 30 de abril, ao CNAS:

- plano de ação do corrente ano;
- relatório de atividades do ano anterior que evidencie o cumprimento do Plano de Ação, destacando informações sobre o público atendido e os recursos utilizados

Certificado de Entidades de Fins Filantrópicos

O STF fixou tese ao Tema de Repercussão Geral n. 32 no seguinte sentido:

> *A lei complementar é forma exigível para a definição do modo beneficente de atuação das entidades de assistência social contempladas pelo art. 195, § 7º, da CF, especialmente no que se refere à instituição de contrapartidas a serem por elas observadas.* (Brasil, 2017m)

Tal decisão da Suprema Corte nada mais foi que a aplicação do art. 146, inciso II da Constituição Federal (CF), que exige lei complementar para regular limitações constitucionais ao poder de tributar.

Atendendo a essa orientação jurisprudencial vinculativa, foi editada a Lei Complementar n. 184, de 16 de dezembro de 2021 (Brasil, 2021a), revogando a Lei n. 12.101, de 27 de novembro de 2009, e disciplinado integralmente a matéria. Percebe-se, da leitura da nova lei complementar, que seu texto é bem semelhante ao da lei anterior, o que, à primeira análise, almeja atender ao requisito formal requerido pela Suprema Corte e pela Constituição, salvo questões pontuais que mereceriam um estudo específico.

No entanto, a Lei Complementar n. 184/2021, até o fechamento dessa edição, está pendente de regulamentação. Devido a isso, bem como para não fugir do escopo deste livro ao se realizar a análise perfunctória da novel lei, prefere-se reservar o comentário respectivo para um trabalho direcionado às entidades beneficentes.

3.2 Organizações sociais

Na mesma linha de raciocínio das Oscips – uma forma de parceria entre o Estado e o terceiro setor –, existe outra forma jurídica de apoio ao Poder Público para vencer os problemas de flexibilização gerencial: a organização social (OS). Os requisitos para sua qualificação estão definidos no art. 2º da Lei n. 9.637/1998, conhecida como Lei das Organizações Sociais (Brasil, 1998f).

É oportuna a definição de Szklarowsky (1998), ao afirmar que as organizações sociais:

> são entidades privadas – pessoas jurídicas de direito privado – sem fins lucrativos, destinadas ao exercício de atividades dirigidas ao ensino, à pesquisa científica, ao desenvolvimento tecnológico, à proteção e preservação do meio ambiente, à cultura e à saúde. Integram, segundo a doutrina, um terceiro gênero, uma novidade alvissareira, submetidas a princípios privados e publicistas, mas não fazem parte da administração pública indireta. Este entendimento recebeu o aval de Paulo Modesto, que propõe ser uma atividade privada prestadora de serviço privado de interesse público. No entanto, a lei forneceu ao Poder Executivo exagerados poderes. Esses organismos são declarados, de interesse social e utilidade pública, podendo-lhes ser destinados recursos orçamentários e bens públicos necessários aos contratos de gestão, que deverão prever o cronograma de desembolso e as liberações financeiras.

Esse é um modelo de instituição finalisticamente pública, porém não integrante do corpo estatal, destinada a se dedicar a atividades não exclusivas do Estado, mediante qualificação específica. A OS é outro modelo de parceria entre o Estado e a sociedade civil. O Estado continua a incentivar atividades públicas e exerce sua fiscalização para o alcance dos resultados necessários com escopo nos objetivos das políticas públicas. O instrumento jurídico de controle é o contrato de gestão, previsto nos arts. de 5º a 7º da Lei das Organizações Sociais (Brasil, 1998f). Contudo, esse modelo de organização não poderá se qualificar como Oscip, conforme vedação expressa da Lei n. 9.790/1999, art. 2º, inciso IX (Brasil, 1999b).

Esse contrato de gestão exige uma contrapartida para o recebimento dos recursos financeiros e para a administração de bens e de equipamentos do Estado. São acordadas metas de desempenho que assegurem a qualidade e a efetividade dos serviços prestados ao público. Pela natureza que traduzimos da lei, sua atuação pode ser confundida com uma privatização de entidades da administração. Segundo entendimento minoritário, as OS não são negócio privado, mas instituições públicas que atuam fora da administração para o melhor desempenho das atividades, aprimorando seus serviços e utilizando recursos públicos com mais responsabilidade e economicidade.

As vantagens das OS estão arroladas a seguir:

a. não estão sujeitas às normas que regulam a gestão de recursos humanos, orçamentos e finanças, compras e contratos na administração pública;
b. há um ganho de agilidade e de qualidade na seleção, na contratação, na manutenção e no desligamento de funcionários, que, sob regime celetista, estarão sujeitos a plano de cargos e salários a regulamentos próprios de cada OS;
c. há um expressivo ganho de agilidade e qualidade nas aquisições de bens e serviços, pois seu regulamento de compras e contratos não se sujeita à Lei nº 8.666/1993;
d. as vantagens de gestão orçamentária e financeira, em que os recursos consignados no Orçamento Geral da União para a execução do contrato de gestão constituem receita própria da OS, cuja alocação e execução não se sujeitam aos ditames da execução orçamentária, financeira e contábil governamentais operados no âmbito do Sidor, Siafi e sua legislação pertinente, sujeitam-se a regulamento e procedimento próprios;

e. estabelecimento de mecanismos de controle finalísticos, em vez de meramente processualísticos, como no caso da administração pública; e,

f. avaliação da gestão de uma OS acontecerá mediante avaliação do cumprimento das metas estabelecidas no contrato de gestão, ao passo que nas entidades estatais o que predomina é o controle dos meios, sujeitos a auditorias e a inspeções dos órgãos de controle e fiscalização.

Feita a exposição sobre as organizações sociais, precisamos fazer um alerta: a maioria da doutrina administrativista defende a inconstitucionalidade da Lei n. 9.637/1998, tanto que o Supremo Tribunal Federal (STF), mediante Ação Direta de Inconstitucionalidade (ADI) n. 1.923, acolheu parcialmente a inconstitucionalidade da lei em exame, sem redução de texto, bem como do art. 24, inciso XXIV da Lei n. 8.666/1993, estabelecendo a seguinte interpretação conforme a Constituição:

Ação direta de inconstitucionalidade cujo pedido é julgado parcialmente procedente, para conferir interpretação conforme à Constituição à Lei nº 9.637/98 e ao art. 24, XXIV, da Lei nº 8666/93, incluído pela Lei nº 9.648/98, para que: (i) o procedimento de qualificação seja conduzido de forma pública, objetiva e impessoal, com observância dos princípios do caput *do art. 37 da CF, e de acordo com parâmetros fixados em abstrato segundo o que prega o art. 20 da Lei nº 9.637/98; (ii) a celebração do contrato de gestão seja conduzida de forma pública, objetiva e impessoal, com observância dos princípios do* caput *do art. 37 da CF; (iii) as hipóteses de dispensa de licitação para contratações (Lei nº 8.666/93, art. 24, XXIV) e outorga de permissão de uso de bem público (Lei nº 9.637/98, art. 12, §3º) sejam conduzidas de forma pública, objetiva e impessoal, com observância dos princípios do* caput *do art. 37 da CF; (iv) os contratos a serem celebrados pela Organização Social com terceiros, com recursos públicos, sejam conduzidos de forma pública, objetiva e impessoal, com observância dos princípios do* caput *do art. 37 da CF, e nos termos do regulamento próprio a ser editado por cada entidade; (v) a seleção de pessoal pelas Organizações Sociais seja conduzida de forma pública, objetiva e impessoal, com observância dos princípios do* caput *do art. 37 da CF, e nos termos do regulamento próprio a ser editado por cada entidade; e (vi) para afastar qualquer interpretação que restrinja o controle, pelo Ministério Público e pelo TCU, da aplicação de verbas públicas.* (Brasil, 2015g)

Assim, verificamos que, mesmo considerada institucionalmente como uma entidade privada, a atuação de uma organização social é imbuída de publicização, devendo fazer as vezes do Estado no alcance de suas metas.

3.3 *Serviços sociais autônomos*

Servindo de inspiração para as organizações sociais, os serviços sociais autônomos, segundo a doutrina, são definidos como entes paraestatais, de cooperação com o Poder Público, criados por lei, com personalidade de direito privado, sem fins lucrativos, podendo ser mantidos por dotação orçamentária ou por contribuições parafiscais.

Sua administração e seu patrimônio são próprios e a forma de instituição, em regra, reveste-se de modalidades privadas como fundações, sociedades civis ou associações, podendo assumir formas peculiares, tendo em vista o desempenho de suas incumbências estatutárias. Exemplos de serviços sociais autônomos podem ser verificados pelo Sistema S, composto pelo Serviço Nacional de Aprendizagem Industrial (Senai), pelo Serviço Social do Comércio (Sesc) e pelo Serviço Social da Indústria (Sesi). Essas organizações têm estruturas peculiares e "genuinamente brasileiras" (Meirelles, 1997, p. 339).

Essas entidades, mesmo com criação oficial estatal, "não integram a administração pública"; elas trabalham paralelamente ao Estado "sob seu amparo, cooperando nos setores, atividades e serviços que lhes são atribuídos, por serem considerados de interesse específico de determinados beneficiários" (Meirelles, 1997, p. 339). Por isso, recebem do Poder Público oficialização e autorização legal para arrecadarem contribuições parafiscais, podendo, ainda, ser subsidiadas por recursos públicos orçamentários.

As vantagens do regime dos serviços sociais autônomos são apontadas da seguinte forma:

Com relação aos recursos humanos:

a. adoção do regime da Consolidação das Leis Trabalhistas (CLT), e não o estatutário;
b. definição própria de quadro de pessoal, sem a necessidade de previsão legislativa estrita (quantitativo e cargos);
c. definição própria de critérios, regras e processos de admissão e de demissão de pessoal;
d. definição própria de níveis de remuneração, benefícios e vantagens;
e. definição própria de critérios para progressão e capacitação.
f. sistema informatizado próprio de recursos humanos (RH), inclusive folha de pagamento.

Com relação a compras e contratação:

a. livre definição de procedimentos, limites, modalidades e prazos de aquisição;
b. definição de critérios próprios de apresentação e de julgamento de propostas;
c. definição própria de regras de gestão e de negociação de contratos;
d. sistema informatizado próprio de gestão de compras, materiais e contratos.

Com relação ao orçamento e finanças:

a. orçamento global, sem restrição de programas, de grupos e de elementos de despesas;
b. disponibilização de recursos repassados segundo cronograma predefinido;

c. plano de contas próprio;
d. contabilidade gerencial baseada em controle de custos;
e. privilégios tributários (entidade filantrópica e de utilidade pública);
f. sistema informatizado próprio de execução financeira e contábil.

3.4 Agências reguladoras

O sistema de agências é proveniente do direito americano, identificando-se como qualquer autoridade pública, com competência para editar normas jurídicas e atos administrativos, mediante autorização do Poder Legislativo.

A ingerência sobre as agências pelo Poder Executivo é apenas política no sentido de coordenação de ações públicas. Com efeito, o Legislativo as cria e lhes entrega as competências que entende serem adequadas. O motivo principal da criação das agências pelos americanos liga-se à alta especialização nos vários campos de atuação administrativa e ao entendimento de que a eficiência deve nortear o trato da coisa pública.

Inicialmente, a Suprema Corte dos Estados Unidos entendia ser inconstitucional às delegações de competência normativa e às agências, uma vez que o Congresso não havia assinalado os parâmetros em que o Executivo fundamentaria as suas decisões. Assim, obrigava as agências ao controle do Legislativo, estando estas obrigadas a remeter todos os documentos necessários ao controle. No entanto, esse sistema de controle mediante "veto legislativo" feriria o princípio da separação de poderes.

À medida que a sistemática das agências evoluiu nas últimas décadas, foi aumentando progressivamente a ingerência do Poder Executivo, culminando na edição da Lei de Procedimentos Administrativos, *Administrative Procedure Act* (APA), estabelecendo-se o seguinte conceito de agência: "Agência é qualquer autoridade do Governo dos Estados Unidos, esteja ou não sujeita ao controle de outra agência, com exclusão do Congresso e dos Tribunais" (Di Pietro, 2002, p. 158).

No Brasil, a inserção do regime de agências se deu com a Emenda Constitucional n. 8, de 15 de agosto de 1995, ao estabelecer a criação de um órgão regulador no setor de telecomunicações, bem como pela Emenda Constitucional n. 9, de 9 de novembro de 1995, prevendo a estruturação do órgão regulador do monopólio da União sobre o petróleo, o gás natural e outros hidrocarbonetos fluidos (Brasil, 1995a; 1995b).

A regulação dos setores mediante normas abstratas, contudo, deve se limitar a aspectos estritamente técnicos. Sobre a competência reguladora das agências, cabe assinalar a lição de Di Pietro (2002, p. 158), conforme transcrito a seguir:

> *Repita-se, contudo, que a função reguladora só tem validade constitucional para as agências previstas na Constituição. Para as demais, ela não existe nos termos em que foi definida. E mesmo para as que têm fundamento constitucional, a competência reguladora tem que se limitar aos chamados "regulamentos administrativos ou de organização", [...] só podendo dizer respeito às relações entre os particulares que estão em situação de sujeição especial ao Estado. No caso da Anatel e da ANP as matérias que podem ser por ela reguladas são exclusivamente as que dizem respeito aos respectivos contratos de concessão, observados os parâmetros e princípios estabelecidos em lei.*

Assim, o texto das emendas assinaladas deve ser restrito para traçar os parâmetros dos contratos de concessão nos moldes da lei. Essa questão foi abordada pelo STF na ADI 1.668-DF (Brasil, 2021b), com fundamento na Lei Geral de Telecomunicações, sendo que, em liminar concedida, só prevaleceria na medida em que fosse adotada a interpretação conforme a Constituição, no sentido de que o "objeto de fixar a exegese segundo a qual a competência da Agência Nacional de Telecomunicações para expedir normas subordina-se aos preceitos legais e regulamentares que regem a outorga, prestação e fruição dos serviços de telecomunicações no regime público e no regime privado" (Brasil, 2021b).

Justen Filho (2002, p. 538), ao comentar essa decisão, salienta:

> *Ainda que por maioria, foi adotada interpretação conforme à Constituição para dispositivos que reconheciam competência normativa à Anatel, impondo-se reconhecer que tal poder apresentava natureza regulamentar e deveria observar os limites legais. Esse precedente apresenta relevância marcante, eis que a lei da Anatel é mais completa e exaustiva dentre as que introduziram as agências modernas no Brasil. Fez referência explícita as competências regulatórias. O STF teve oportunidade de examinar, ainda que com a sumariedade inerente ao julgamento de liminares, o tema da competência normativa abstrata reconhecida a uma agência reguladora. A conclusão do julgamento, por apertada maioria, indica a complexidade do tema. Mas se pode assinalar que a orientação consagrada foi a de que a Constituição empoe [sic] limitações à competência normativa abstrata das agências, que se pode desenvolver apenas como manifestação de cunho regulamentar não autônoma.*

Nesta altura, podem ser conceituadas as agências reguladoras do direito brasileiro como autarquias em regime especial, imbuídas com poder/dever regulador, sendo que esse poder/dever deve encontrar consonância com o princípio da legalidade, no sentido de que o regulamento expedido pela agência deve estar calcado em lei estrita.

As vantagens das agências reguladoras são a seguir indicadas:

Com relação aos recursos humanos:

a. adoção do regime da CLT, e não o estatutário;
b. definição própria de quadro de pessoal sem a necessidade de previsão legislativa estrita (quantitativo e cargos);
c. definição própria de critérios, regras e processos de admissão e demissão de pessoal;
d. definição própria de níveis de remuneração, benefícios e vantagens;
e. definição própria de critérios para progressão e capacitação;
f. sistema informatizado próprio de RH (inclusive folha de pagamento).

Com relação a compras e contratação:

a. restrita definição de procedimentos, limites, modalidades e prazos de aquisição;
b. restrita definição de critérios próprios de apresentação e julgamento de propostas;
c. sistema informatizado próprio de gestão de compras, materiais e contratos, com restrições definidas em lei.

3.5 Agências executivas

As agências executivas surgiram por força do Decreto n. 2.487, de 2 de fevereiro de 1998, como uma qualificação direcionada a autarquias e a fundações integrantes da Administração Federal, por iniciativa do ministério supervisor, que hajam celebrado contrato de gestão com o respectivo Ministério e disponham de um plano estratégico de reestruturação. O Decreto n. 2.488, de 2 de fevereiro de 1998, por sua vez, delega competência ao ministério supervisor para aprovar ou adaptar estruturas regimentais e estatutos das agências (Brasil, 1998c; 1998d).

A qualificação, conforme os arts. 51 e 52 da Lei n. 9.649, de 27 de maio de 1998, embora discricionária, é ato discricionário, condicionado ao cumprimento de dois requisitos expressos na lei, que são: a) ter a entidade apresentado plano estratégico de reestruturação e de desenvolvimento institucional em andamento; e b) ter a entidade celebrado contrato de gestão com o respectivo ministério supervisor (Brasil, 1998g).

Firmado o contrato de gestão, a qualificação como agência executiva será feita por decreto. Se houver descumprimento do plano estratégico de reestruturação e de desenvolvimento institucional, a entidade (autarquia ou fundação pública) perderá a qualificação como agência executiva (Figueiredo, 2003, p. 149).

Em tempo, a qualificação aqui tratada não cria pessoas, elas permanecem como autarquia ou fundações públicas que, em face dessa qualificação, passam a se a submeter a regime especial (Figueiredo,

2003, p. 149). Exemplo de agência executiva é o Instituto Nacional de Metrologia, Normatização e Qualidade Industrial (Inmetro), qualificado pelo Decreto de 29 de julho de 1998 (Brasil, 1998b)[h].

São vantagens conferidas às agências executivas:

Com relação aos recursos humanos:

> a. adoção do regime da CLT, e não o estatutário.

Com relação a compras e contratos:

> a. definição, com restrições, de procedimentos próprios, limites, modalidades e prazos de aquisição;
> b. aplicação do dobro do valor de dispensa de licitação expresso no art. 24, incisos I e II da Lei n. 8.666/1993 (Brasil, 1993c).

Para fornecermos uma visão global dos vários modelos de autonomia gerencial tratados, no Quadro 3.1, mostramos os principais sistemas vigentes.

Quadro 3.1 – *Grau de autonomia gerencial em modelos institucionais*

Autonomia gerencial	Modelos[i]						
S = sim N = não R = com restrições	1	2	3	4	5	6	7
Regime celetista	S	S	S	S	S	S	S
Definição de quadro de pessoal (quantitativo e cargos)	N	S	N	S	S	S	S
Definição de critérios, regras e processos de admissão e demissão de pessoal	N	S	N	S	S	S	S
Definição de níveis de remuneração, benefícios e vantagens	N	S	N	S	S	S	S
Definição de critérios para progressão e capacitação	N	S	N	S	S	S	S

(continua)

h. Esse decreto foi publicado sem numeração.

i. Números correspondentes aos modelos: 1) Padrão da administração pública; 2) Organização Militar Prestadora de Serviços; 3) Agência Executiva; 4) Agência Reguladora; 5) OS; 6) Serviço Social Autônomo; 7) Oscip.

(Quadro 3.1 - conclusão)

Autonomia gerencial	Modelos[i]						
S = sim N = não R = com restrições	1	2	3	4	5	6	7
Sistema informatizado próprio de RH, inclusive folha de pagamento	N	S	N	S	S	S	S
Definição de procedimentos, limites, modalidades e prazos de aquisição	N	N	R	R	S	S	S
Definição de critérios próprios de apresentação e julgamento de propostas	N	N	N	R	S	S	S
Definição de regras de gestão e negociação de contratos	N	N	N	N	S	S	S
Sistema informatizado próprio de gestão de compras, materiais e contratos	N	S	N	R	S	S	S
Orçamento global, sem restrição de programas, grupos e elementos de despesas	N	N	N	N	S	R	S
Disponibilização de recursos repassados segundo cronograma predefinido	N	S	N	N	N	N	N
Plano de contas próprio	N	S	N	N	S	S	S
Contabilidade gerencial baseado em controle de custos	N	S	N	N	S	S	S
Privilégios tributários (entidade filantrópica e de utilidade pública)	N	N	N	N	S	S	S
Sistema informatizado próprio de execução financeira e contábil	N	N	N	N	S	S	S

Fonte: CGEE, 2002, p. 207.

3.6 Organizações da sociedade civil (OSC)

A Lei n. 13.019/2014 foi editada com o intuito de unificação do marco legal do terceiro setor no Brasil, mas alterações legislativas posteriores afetaram esse intuito e promoveram substancial mudança do regime. Primeiramente, cabe estabelecer os aspectos conceituais.

Aspectos conceituais

A Lei n. 13.019/2014, nos termos do seu art. 1º, constitui

> *normas gerais para as parcerias entre a administração pública e organizações da sociedade civil, em regime de mútua cooperação, para a consecução de finalidades de interesse público e recíproco, mediante*

a execução de atividades ou de projetos previamente estabelecidos em planos de trabalho inseridos em termos de colaboração, em termos de fomento ou em acordos de cooperação. (Brasil, 2014b)

Sobre a característica de "normas gerais", é válida a posição de Di Pietro (2019, p. 419, grifo do original):

> *Conforme consta do art. 1º, já transcrito, a Lei nº 13.019/2014 contém normas gerais e, como tais, aplicáveis às três esferas de governo (União, Estados, Distrito Federal, Municípios), bem como às respectivas entidades da administração indireta (autarquias, fundações, empresas públicas e sociedades de economia mista prestadoras de serviço público, e suas subsidiárias), quando façam parcerias com organizações da sociedade civil.*
>
> *A referência a* normas gerais *justifica-se por tratar-se de matéria de contratação e licitação, inserida na competência privativa da União, pelo art. 22, inciso XXVII, da Constituição Federal. Como a competência privativa, no caso, é apenas para o estabelecimento de normas gerais, não ficam os Estados, Distrito Federal e Municípios impedidos de estabelecer normas próprias, desde que observem as normas gerais contidas na lei.*

As organizações da sociedade civil (OSC) foram definidas no art. 2º, inciso I, originalmente, assim:

> *Art. 2º Para os fins desta Lei, considera-se:*
> *I – organização da sociedade civil: pessoa jurídica de direito privado sem fins lucrativos que não distribui, entre os seus sócios ou associados, conselheiros, diretores, empregados ou doadores, eventuais resultados, sobras, excedentes operacionais, brutos ou líquidos, dividendos, bonificações, participações ou parcelas do seu patrimônio, auferidos mediante o exercício de suas atividades, e que os aplica integralmente na consecução do respectivo objeto social, de forma imediata ou por meio da constituição de fundo patrimonial ou fundo de reserva.* (Brasil, 2014b)

No entanto, o art. 2º, inciso I, da Lei n. 13.019/2014, posteriormente, foi alterado pela Lei n. 13.204/2015, ficando com a seguinte redação:

> *Art. 2º Para os fins desta Lei, considera-se:*
> *I – organização da sociedade civil:*
> *a) entidade privada sem fins lucrativos que não distribua entre os seus sócios ou associados, conselheiros, diretores, empregados, doadores ou terceiros eventuais resultados, sobras, excedentes operacionais, brutos ou líquidos, dividendos, isenções de qualquer natureza, participações ou parcelas do seu patrimônio, auferidos mediante o exercício de suas atividades, e que os aplique integralmente na consecução do respectivo objeto social, de forma imediata ou por meio da constituição de fundo patrimonial ou fundo de reserva;*
> *b) as sociedades cooperativas previstas na Lei nº 9.867, de 10 de novembro de 1999; as integradas por pessoas em situação de risco ou vulnerabilidade pessoal ou social; as alcançadas por programas e ações de combate à pobreza e de geração de trabalho e renda; as voltadas para fomento, educação e capacitação de trabalhadores rurais ou capacitação de agentes de assistência técnica e extensão rural; e as capacitadas para execução de atividades ou de projetos de interesse público e de cunho social.*
> *c) as organizações religiosas que se dediquem a atividades ou a projetos de interesse público e de cunho social distintas das destinadas a fins exclusivamente religiosos;* (Brasil, 2014b)

A redação dada pela Lei n. 13.204/2015 foi um lamentável retrocesso para a unificação do marco legal do terceiro setor, esvaziando o alcance da Lei n. 13.019/2014 sem qualquer razão aparente.

Di Pietro (2019, p. 419) comenta a definição de OSC dada pela redação da Lei n. 13.204/2015 da seguinte forma:

> *Quanto às entidades incluídas no conceito de organizações da sociedade civil, houve considerável redução pela Lei nº 13.204/2015, tirando grande parte do objetivo original de imprimir um regime jurídico*

uniforme para todas as entidades do terceiro setor que façam parceria com o Poder Público, e tirando também grande parte do objetivo moralizador que inspirou a Lei nº 13.019/2014. Foram tantas as entidades excluídas pelo art. 3º, que se chega a pensar que a lei perdeu grande parte do seu objeto. As organizações da sociedade civil de interesse público (Oscips) e as organizações sociais (OS), que seriam o principal alvo da lei, somente são por ela alcançadas se não cumprirem os requisitos das Leis nº 9.790/1999 e 9.637/1998, respectivamente, conforme analisado nos itens pertinentes a essas entidades. Os serviços sociais autônomos também foram excluídos.

A única justificativa de alteração da definição de OSC é encontrada no Parecer n. 89, de 27 de novembro de 2015, da comissão Mista do Congresso Nacional, que examinou e emitiu parecer sobre essa alteração, com o seguinte teor:

Um dos entraves à correta aplicação do marco legal a que se alude reside na inadvertida imprecisão dos conceitos a partir dos quais seu arcabouço normativo se viu estruturado. Já se verifica um primeiro empecilho na própria definição das relações jurídicas disciplinados pelo diploma, uma vez que a lei não delimita a questão que enfrenta do modo mais adequado. (Brasil, 2015d, p. 27)

Assim, como notamos, não há razão aparente para a restrição da definição de OSC, uma vez que a Lei n. 13.019/2014, em sua redação original, pretendia justamente a unificação do marco legal do terceiro setor. Assim, sem motivo suficiente, o legislador manteve a multiplicidade regulatória do setor, causando insegurança jurídica.

A Lei n. 13.019/2014 estabelece outras definições, a saber:
II – administração pública: União, Estados, Distrito Federal, Municípios e respectivas autarquias, fundações, empresas públicas e sociedades de economia mista prestadoras de serviço público, e suas subsidiárias, alcançadas pelo disposto no § 9º do art. 37 da Constituição Federal;

III – parceria: conjunto de direitos, responsabilidades e obrigações decorrentes de relação jurídica estabelecida formalmente entre a administração pública e organizações da sociedade civil, em regime de mútua cooperação, para a consecução de finalidades de interesse público e recíproco, mediante a execução de atividade ou de projeto expressos em termos de colaboração, em termos de fomento ou em acordos de cooperação;

IV – atividade: conjunto de operações que se realizam de modo contínuo ou permanente, das quais resulta um produto ou serviço necessário à satisfação de interesses compartilhados pela administração pública e pela organização da sociedade civil;

V – projeto: conjunto de operações, limitadas no tempo, das quais resulta um produto destinado à satisfação de interesses compartilhados pela administração pública e pela organização da sociedade civil;

VI – dirigente: pessoa que detenha poderes de administração, gestão ou controle da organização da sociedade civil, habilitada a assinar termo de colaboração, termo de fomento ou acordo de cooperação com a administração pública para a consecução de finalidades de interesse público e recíproco, ainda que delegue essa competência a terceiros;

VII – administrador público: agente público revestido de competência para assinar termo de colaboração, termo de fomento ou acordo de cooperação com organização da sociedade civil para a consecução de finalidades de interesse público e recíproco, ainda que delegue essa competência a terceiros;

VIII – gestor: agente público responsável pela gestão de parceria celebrada por meio de termo de colaboração ou termo de fomento, designado por ato publicado em meio oficial de comunicação, com poderes de controle e fiscalização;

IX – termo de colaboração: instrumento por meio do qual são formalizadas as parcerias estabelecidas pela administração pública com organizações da sociedade civil para a consecução de finalidades de interesse público e recíproco propostas pela administração pública que envolvam a transferência de recursos financeiros;

X – termo de fomento: instrumento por meio do qual são formalizadas as parcerias estabelecidas pela administração pública com organizações da sociedade civil para a consecução de finalidades de interesse público e recíproco propostas pelas organizações da sociedade civil, que envolvam a transferência de recursos financeiros;

XI – acordo de cooperação: instrumento por meio do qual são formalizadas as parcerias estabelecidas pela administração pública com organizações da sociedade civil para a consecução de finalidades de interesse público e recíproco que não envolvam a transferência de recursos financeiros;

XII – conselho de política pública: órgão criado pelo Poder Público para atuar como instância consultiva, na respectiva área de atuação, na formulação, implementação, acompanhamento, monitoramento e avaliação de políticas públicas;

XIII – comissão de seleção: órgão colegiado destinado a processar e julgar chamamentos públicos, constituído por ato publicado em meio oficial de comunicação, assegurada a participação de pelo menos um servidor ocupante de cargo efetivo ou emprego permanente do quadro de pessoal da administração pública;

XIV – comissão de monitoramento e avaliação: órgão colegiado destinado a monitorar e avaliar as parcerias celebradas com organizações da sociedade civil mediante termo de colaboração ou termo de fomento, constituído por ato publicado em meio oficial de comunicação, assegurada a participação de pelo menos um servidor ocupante de cargo efetivo ou emprego permanente do quadro de pessoal da administração pública;

XV – chamamento público: procedimento destinado a selecionar organização da sociedade civil para firmar parceria por meio de termo de colaboração ou de fomento, no qual se garanta a observância dos princípios da isonomia, da legalidade, da impessoalidade, da moralidade, da igualdade, da publicidade, da probidade administrativa, da vinculação ao instrumento convocatório, do julgamento objetivo e dos que lhes são correlatos;

XVI – bens remanescentes: os de natureza permanente adquiridos com recursos financeiros envolvidos na parceria, necessários à consecução do objeto, mas que a ele não se incorporam;
XIV – prestação de contas: procedimento em que se analisa e se avalia a execução da parceria, pelo qual seja possível verificar o cumprimento do objeto da parceria e o alcance das metas e dos resultados previstos, compreendendo duas fases:
a) apresentação das contas, de responsabilidade da organização da sociedade civil;
b) análise e manifestação conclusiva das contas, de responsabilidade da administração pública, sem prejuízo da atuação dos órgãos de controle. (Brasil, 2014b)

Percebemos alguns equívocos conceituais previstos na lei. Os principais são a definição de atividade e de projeto. A definição legal de "atividade" corresponde à definição de "escopo" e a definição de "projeto" se correlaciona à definição de "meta". A definição correta de "atividade" envolve a noção de ações isoladas que, em seu desenvolvimento previsto no cronograma físico, estabelece o modo de alcance das metas parciais correspondentes a cada uma das atividades. O conjunto das atividades e das correspondentes metas parciais enseja o conceito de escopo do projeto.

A melhor definição de projeto é a prevista no art. 6º, inciso IX, da Lei n. 8.666/1993, com as adaptações cabíveis para harmonizar o conceito para as mais variadas formas de parceria:

Art. 6º Para os fins desta Lei, considera-se:
IX – Projeto Básico – o conjunto de elementos necessários e suficientes, com nível de precisão adequado, para caracterizar a obra ou serviço, ou complexo de obras ou serviços objeto da licitação, elaborado com base nas indicações dos estudos técnicos preliminares, que assegurem a viabilidade técnica e o adequado tratamento do impacto ambiental do empreendimento, e que possibilite a avaliação do custo da obra e a definição dos métodos e do prazo de execução. (Brasil, 1993c)

Passaremos ao estudo dos instrumentos de parceria previstos na lei.

Instrumentos de parceria das OSC:
termos de colaboração, termos de fomento
e acordos de cooperação

A Lei n. 13.019/2014 também criou os instrumentos de parceria envolvendo as OSC, quais sejam: os termos de colaboração e os termos de fomento, cujos escopos também foram alterados pela Lei n. 13.204/2015, sendo previstos nos arts. 16 e 17 daquela lei:

> *Art. 16. O termo de colaboração deve ser adotado pela administração pública para consecução de planos de trabalho de sua iniciativa, para celebração de parcerias com organizações da sociedade civil que envolvam a transferência de recursos financeiros.*
> *Parágrafo Único. Os conselhos de políticas públicas poderão apresentar propostas à administração pública para celebração de termo de colaboração com organizações da sociedade civil.*
> *Art. 17. O termo de fomento deve ser adotado pela administração pública para consecução de planos de trabalho propostos por organizações da sociedade civil que envolvam a transferência de recursos financeiros.*
> (Brasil, 2014b)

Essa forma diferenciadora entre os termos de colaboração e de fomento foi proposta neste livro quando abordamos a sistematização dos concursos de projetos aplicáveis às Oscips, uma vez que é essencial investigar a autoria do plano de trabalho para estabelecer a forma de instrumentalização da parceria.

Di Pietro (2019, p. 422) disserta sobre o tema da seguinte forma:

> *As duas definições são praticamente iguais nos seguintes aspectos: (a) ambos os termos são instrumentos de parcerias entre a Administração Pública e as organizações da sociedade civil; (b) os dois instrumentos têm por finalidade a consecução de atividades de interesse público e recíproco; (c) as duas envolvem a transferência de recursos financeiros.*

A diferença é apenas uma: enquanto o termo de colaboração é proposto pela Administração Pública, o termo de fomento é proposto pela organização da sociedade civil.

O novo instrumento de parceria (acordo de cooperação), incluído pela Lei nº 13.204/2015, define-se como o 'instrumento por meio do qual são formalizadas as parcerias estabelecidas pela administração pública com organizações da sociedade civil para a consecução de finalidades de interesse público e recíproco que não envolvam a transferência de recursos financeiros' (art. 2º, VIII-A). Como se vê, distingue-se dos dois outros por não envolver transferência de recursos financeiros.

O art. 42 da Lei n. 13.019/2014 estabelece as cláusulas essenciais das parcerias, estabelecendo as seguintes obrigações:

I – a descrição do objeto pactuado;
II – as obrigações das partes;
III – quando for o caso, o valor total e o cronograma de desembolso;
[...]
V – a contrapartida, quando for o caso, sendo facultada a exigência de contrapartida em bens e serviços cuja expressão monetária será obrigatoriamente identificada no termo de colaboração ou de fomento
VI – a vigência e as hipóteses de prorrogação;
VII – a obrigação de prestar contas com definição de forma, metodologia e prazos;
VIII – a forma de monitoramento e avaliação, com a indicação dos recursos humanos e tecnológicos que serão empregados na atividade ou, se for o caso, a indicação da participação de apoio técnico de terceiros, nos termos da lei;
IX – a obrigatoriedade de restituição de recursos, nos casos previstos na Lei;
X – a definição, se for o caso, da titularidade dos bens e direitos remanescentes na data da conclusão ou extinção da parceria e que, em razão de sua execução, tenham sido adquiridos, produzidos ou transformados com recursos repassados pela administração pública;

[...]
XII – a prerrogativa atribuída à administração pública para assumir ou transferir a responsabilidade pela execução do objeto, no caso de paralisação, de modo a evitar sua descontinuidade;
[...]
XIV – quando for o caso, a obrigação de a organização da sociedade civil manter e movimentar os recursos em conta bancária específica. Os recursos recebidos em decorrência da parceria serão depositados em conta corrente específica isenta de tarifa bancária na instituição financeira pública determinada pela administração pública. Os rendimentos de ativos financeiros serão aplicados no objeto da parceria, estando sujeitos às mesmas condições de prestação de contas exigidas para os recursos transferidos
XV – o livre acesso dos agentes da administração pública, do controle interno e do Tribunal de Contas correspondente aos processos, aos documentos e às informações relacionadas a termos de colaboração ou a termos de fomento, bem como aos locais de execução do respectivo objeto;
XVI – a faculdade dos partícipes rescindirem o instrumento, a qualquer tempo, com as respectivas condições, sanções e delimitações claras de responsabilidades, além da estipulação de prazo mínimo de antecedência para a publicidade dessa intenção, que não poderá ser inferior a 60 (sessenta) dias;
XVII – a indicação do foro para dirimir as dúvidas decorrentes da execução da parceria, estabelecendo a obrigatoriedade da prévia tentativa de solução administrativa, com a participação de órgão encarregado de assessoramento jurídico integrante da estrutura da administração pública;
[...]
XIX – a responsabilidade exclusiva da organização da sociedade civil pelo gerenciamento administrativo e financeiro dos recursos recebidos, inclusive no que diz respeito às despesas de custeio, de investimento e de pessoal;

XX - a responsabilidade exclusiva da organização da sociedade civil pelo pagamento dos encargos trabalhistas, previdenciários, fiscais e comerciais relacionados à execução do objeto previsto no termo de colaboração ou de fomento, não implicando responsabilidade solidária ou subsidiária da administração pública a inadimplência da organização da sociedade civil em relação ao referido pagamento, os ônus incidentes sobre o objeto da parceria ou os danos decorrentes de restrição à sua execução;

Parágrafo Único. Constará como anexo do termo de colaboração, do termo de fomento ou do acordo de cooperação o plano de trabalho, que deles será parte integrante e indissociável. (Brasil, 2014b)

Sobre os instrumentos a serem firmados pelas OSC, Di Pietro (2019, p. 420-421) disserta:

O art. 3º indica as parcerias que escapam ao regime da lei, dentre elas, "os contratos de gestão celebrados com organizações sociais, desde que cumpridos os requisitos previstos na Lei nº 9.637, de 15 de maio de 1998" (inciso III), os "convênios e contratos celebrados com entidades filantrópicas e sem fins lucrativos nos termos do § 1º do art. 199 da Constituição Federal" (inciso IV), os "termos de parceria celebrados com organizações da sociedade civil de interesse público, desde que cumpridos os requisitos previstos na Lei nº 9.790, de 23 de março de 1999"(inciso VI), as "parcerias entre a administração pública e os serviços sociais autônomos" (inciso X). Não há dúvida de que a Lei nº 13.204/2015 restringiu consideravelmente o âmbito de aplicação da Lei nº 13.019/2014, o que é lamentável, especialmente no que diz respeito às organizações da sociedade civil de interesse público, que são as que mais apresentam desvirtuamentos, inclusive de recursos públicos. Com relação aos convênios, não mais se aplica a norma do art. 116 da Lei n. 8.666/1993, salvo em duas hipóteses: I - quando celebrados entre entes federados ou pessoas jurídicas a eles vinculadas; II - quando decorrentes da aplicação do disposto no inciso IV do art. 3º (os firmados com entidades filantrópicas e sem fins lucrativos, na área da saúde, com fundamento no art. 199, § 1º, da Constituição). Na realidade, a figura do convênio ficou reduzida às duas hipóteses referidas nesse dispositivo. Todos os demais ajustes têm que obedecer às normas da Lei n. 13.019/2014, consoante decorre do art. 84, caput *e parágrafo único. A conclusão é reforçada pela norma do art. 84-A, pelo qual, "a partir da vigência desta lei, somente serão celebrados convênios nas hipóteses do parágrafo único do art. 84". As parcerias celebradas com entidades privadas que se enquadrem no conceito de organização da sociedade civil terão que ser formalizadas por meio do termo de colaboração, termo de fomento ou acordo de cooperação, firmados com observância das normas da Lei n. 13.019/2014.*

Feitas essas considerações, estudaremos o procedimento de manifestação de interesse social.

Procedimento de manifestação de interesse social

A Lei n. 13.019/2014 estabelece um procedimento de manifestação de interesse social, estabelecendo as seguintes diretrizes:

Art. 18. É instituído o Procedimento de Manifestação de Interesse Social como instrumento por meio do qual as organizações da sociedade civil, movimentos sociais e cidadãos poderão apresentar propostas ao Poder Público para que este avalie a possibilidade de realização de um chamamento público objetivando a celebração de parceria;
Art. 19. A proposta a ser encaminhada à administração pública deverá atender aos seguintes requisitos:
I – identificação do subscritor da proposta;
II – indicação do interesse público envolvido;
III – diagnóstico da realidade que se quer modificar, aprimorar ou desenvolver e, quando possível, indicação da viabilidade, dos custos, dos benefícios e dos prazos de execução da ação pretendida.
Art. 20. Preenchidos os requisitos do art. 19, a administração pública deverá tornar pública a proposta em seu sítio eletrônico e, verificada a conveniência e oportunidade para realização do Procedimento de

Manifestação de Interesse Social, o instaurará para oitiva da sociedade sobre o tema.

Parágrafo Único. Os prazos e regras do procedimento de que trata esta Seção observarão regulamento próprio de cada ente federado, a ser aprovado após a publicação desta Lei.

Art. 21. A realização do Procedimento de Manifestação de Interesse Social não implicará necessariamente na execução do chamamento público, que acontecerá de acordo com os interesses da administração;

§ 1º A realização do Procedimento de Manifestação de Interesse Social não dispensa a convocação por meio de chamamento público para a celebração de parceria;

§ 2º A proposição ou a participação no Procedimento de Manifestação de Interesse Social não impede a organização da sociedade civil de participar no eventual chamamento público subsequente;

§ 3º É vedado condicionar a realização de chamamento público ou a celebração de parceria à prévia realização de Procedimento de Manifestação de Interesse Social. (Brasil, 2014b)

Feitas as menções a esse procedimento, estudaremos o chamamento público.

Chamamento público

O instituto do "chamamento público" foi criado pela Lei n. 13.019/2014 com as seguintes regras:

Art. 23. A administração pública deverá adotar procedimentos claros, objetivos e simplificados que orientem os interessados e facilitem o acesso direto aos seus órgãos e instâncias decisórias, independentemente da modalidade de parceria prevista nesta Lei;

Parágrafo Único. Sempre que possível, a administração pública estabelecerá critérios a serem seguidos, especialmente quanto às seguintes características:

I – objetos;

II – metas;

[...]
IV – custos;
[...]
VI – indicadores, quantitativos ou qualitativos, de avaliação de resultados
Art. 24. Exceto nas hipóteses previstas nesta Lei, a celebração de termo de colaboração ou de fomento será precedida de chamamento público voltado a selecionar organizações da sociedade civil que tornem mais eficaz a execução do objeto;
§ 1º O edital do chamamento público especificará, no mínimo:
I – a programação orçamentária que autoriza e viabiliza a celebração da parceria;
[...]
III – o objeto da parceria;
IV – as datas, os prazos, as condições, o local e a forma de apresentação das propostas;
V – as datas e os critérios de seleção e julgamento das propostas, inclusive no que se refere à metodologia de pontuação e ao peso atribuído a cada um dos critérios estabelecidos, se for o caso;
VI – o valor previsto para a realização do objeto;
[...]
IX – a minuta do instrumento por meio do qual será celebrada a parceria;
X – de acordo com as características do objeto da parceria, medidas de acessibilidade para pessoas com deficiência ou mobilidade reduzida e idosos
§ 2º É vedado admitir, prever, incluir ou tolerar, nos atos de convocação, cláusulas ou condições que comprometam, restrinjam ou frustrem o seu caráter competitivo em decorrência de qualquer circunstância impertinente ou irrelevante para o específico objeto da parceria, admitidos:
I – a seleção de propostas apresentadas exclusivamente por concorrentes sediados ou com representação atuante e reconhecida na unidade da Federação onde será executado o objeto da parceria;

II - o estabelecimento de cláusula que delimite o território ou a abrangência da prestação de atividades ou da execução de projetos, conforme estabelecido nas políticas setoriais.
[...]
Art. 26. O edital deverá ser amplamente divulgado em página do sítio oficial da administração pública na internet, com antecedência mínima de trinta dias.
Art. 27. O grau de adequação da proposta aos objetivos específicos do programa ou da ação em que se insere o objeto da parceria e, quando for o caso, ao valor de referência constante do chamamento constitui critério obrigatório de julgamento.
§ 1º As propostas serão julgadas por uma comissão de seleção previamente designada, nos termos desta Lei, ou constituída pelo respectivo conselho gestor, se o projeto for financiado com recursos de fundos específicos;
§ 2º Será impedida de participar da comissão de seleção pessoa que, nos últimos cinco anos, tenha mantido relação jurídica com, ao menos, uma das entidades participantes do chamamento público.
§ 3º Configurado o impedimento previsto no § 2º, deverá ser designado membro substituto que possua qualificação equivalente à do substituído;
§ 4º A administração pública homologará e divulgará o resultado do julgamento em página do sítio previsto no art. 26;
§ 5º Será obrigatoriamente justificada a seleção de proposta que não for a mais adequada ao valor de referência constante do chamamento público;
§ 6º A homologação não gera direito para a organização da sociedade civil à celebração da parceria;
Art. 28. Somente depois de encerrada a etapa competitiva e ordenadas as propostas, a administração pública procederá à verificação dos documentos que comprovem o atendimento pela organização da sociedade civil selecionada dos requisitos previstos nos arts. 33 e 34.

§ 1º Na hipótese de a organização da sociedade civil selecionada não atender aos requisitos exigidos nos arts. 33 e 34, aquela imediatamente mais bem classificada poderá ser convidada a aceitar a celebração de parceria nos termos da proposta por ela apresentada.

§ 2º Caso a organização da sociedade civil convidada nos termos do § 1º aceite celebrar a parceria, proceder-se-á à verificação dos documentos que comprovem o atendimento aos requisitos previstos nos arts. 33 e 34.

Art. 29. Os termos de colaboração ou de fomento que envolvam recursos decorrentes de emendas parlamentares às leis orçamentárias anuais e os acordos de cooperação serão celebrados sem chamamento público, exceto, em relação aos acordos de cooperação, quando o objeto envolver a celebração de comodato, doação de bens ou outra forma de compartilhamento de recurso patrimonial, hipótese em que o respectivo chamamento público observará o disposto nesta Lei.

Art. 30. A administração pública poderá dispensar a realização do chamamento público:

I – no caso de urgência decorrente de paralisação ou iminência de paralisação de atividades de relevante interesse público, pelo prazo de até cento e oitenta dias;

II – nos casos de guerra, calamidade pública, grave perturbação da ordem pública ou ameaça à paz social;

III – quando se tratar da realização de programa de proteção a pessoas ameaçadas ou em situação que possa comprometer a sua segurança;

[...]

VI – no caso de atividades voltadas ou vinculadas a serviços de educação, saúde e assistência social, desde que executadas por organizações da sociedade civil previamente credenciadas pelo órgão gestor da respectiva política.

Art. 31. Será considerado inexigível o chamamento público na hipótese de inviabilidade de competição entre as organizações da sociedade civil, em razão da natureza singular do objeto da parceria ou se as metas somente puderem ser atingidas por uma entidade específica, especialmente quando:

I – o objeto da parceria constituir incumbência prevista em acordo, ato ou compromisso internacional, no qual sejam indicadas as instituições que utilizarão os recursos; (Incluído pela Lei nº 13.204, de 2015)

II – a parceria decorrer de transferência para organização da sociedade civil que esteja autorizada em lei na qual seja identificada expressamente a entidade beneficiária, inclusive quando se tratar da subvenção prevista no inciso I do § 3º do art. 12 da Lei nº 4.320, de 17 de março de 1964, observado o disposto no art. 26 da Lei Complementar nº 101, de 4 de maio de 2000.

Art. 32. Nas hipóteses de dispensa e inexigibilidade, a ausência de realização de chamamento público será justificada pelo administrador público.

§ 1º Sob pena de nulidade do ato de formalização de parceria prevista nesta Lei, o extrato da justificativa previsto no caput *deverá ser publicado, na mesma data em que for efetivado, no sítio oficial da administração pública na internet e, eventualmente, a critério do administrador público, também no meio oficial de publicidade da administração pública.*

§ 2º Admite-se a impugnação à justificativa, apresentada no prazo de cinco dias a contar de sua publicação, cujo teor deve ser analisado pelo administrador público responsável em até cinco dias da data do respectivo protocolo.

§ 3º Havendo fundamento na impugnação, será revogado o ato que declarou a dispensa ou considerou inexigível o chamamento público, e será imediatamente iniciado o procedimento para a realização do chamamento público, conforme o caso.

§ 4º A dispensa e a inexigibilidade de chamamento público, bem como a não exigência de chamamento público na hipótese de emenda parlamentar, não afastam a aplicação dos demais dispositivos desta Lei.
(Brasil, 2014b)

A seguir, trataremos sobre o plano de trabalho.

Plano de trabalho

Uma importante previsão da Lei n. 13.019/2014 é a dos elementos mínimos do plano de trabalho. Contudo, ela foi completamente desfigurada pela Lei n. 13.204/2015, que revogou os incisos V a X e o parágrafo único, como vemos a seguir:

> Art. 22. *Deverá constar do plano de trabalho de parcerias celebradas mediante termo de colaboração ou de fomento: (Redação dada pela Lei n. 13.204, de 2015)*
> *I – descrição da realidade que será objeto da parceria, devendo ser demonstrado o nexo entre essa realidade e as atividades ou projetos e metas a serem atingidas; (Redação dada pela Lei n. 13.204, de 2015)*
> *II – descrição de metas a serem atingidas e de atividades ou projetos a serem executados; (Redação dada pela Lei n. 13.204, de 2015)*
> *II-A – previsão de receitas e de despesas a serem realizadas na execução das atividades ou dos projetos abrangidos pela parceria; (Incluído pela Lei n. 13.204, de 2015)*
> *III – forma de execução das atividades ou dos projetos e de cumprimento das metas a eles atreladas; (Redação dada pela Lei n. 13.204, de 2015)*
> *IV – definição dos parâmetros a serem utilizados para a aferição do cumprimento das metas. (Redação dada pela Lei n. 13.204, de 2015).*
> (Brasil, 2014b)

O Parecer da Comissão Mista n. 89/2015 justificou as revogações da seguinte forma:

> *Ao se reportar a elaboração de planos de trabalho que nortearão as parcerias disciplinadas pelo regime jurídico de que se cuida, o legislador parece ter ignorado a diretriz que ele próprio traçou. Dedica-se a estabelecer minucias e a oferecer entraves a indispensável autonomia que deve ser assegurada ao parceiro privado.* (Brasil, 2015a, p. 32)

Infelizmente o legislador pecou novamente, uma vez que regulamentar suficientemente não significa um obstáculo à autonomia do parceiro privado, mas, sim, uma garantia de que não haverá questionamentos futuros em face de insuficiência de informações. Percebemos que foram revogadas, pela Lei n. 13.204/2015, importantes previsões que, inicialmente, deveriam fazer parte do plano de trabalho, esvaziando seu conteúdo pragmático, crucial à execução física da parceria, a saber:

> V – elementos que demonstrem a compatibilidade dos custos com os preços praticados no mercado ou com outras parcerias da mesma natureza, devendo existir elementos indicativos da mensuração desses custos, tais como: cotações, tabelas de preços de associações profissionais, publicações especializadas ou quaisquer outras fontes de informação disponíveis ao público;
> VI – plano de aplicação dos recursos a serem desembolsados pela administração pública;
> VII – estimativa de valores a serem recolhidos para pagamento de encargos previdenciários e trabalhistas das pessoas envolvidas diretamente na consecução do objeto, durante o período de vigência proposto;
> VIII – valores a serem repassados, mediante cronograma de desembolso compatível com os gastos das etapas vinculadas às metas do cronograma físico;
> IX – modo e periodicidade das prestações de contas, compatíveis com o período de realização das etapas vinculadas às metas e com o período de vigência da parceria, não se admitindo periodicidade superior a 1 (um) ano ou que dificulte a verificação física do cumprimento do objeto;
> X – prazos de análise da prestação de contas pela administração pública responsável pela parceria.
> Parágrafo Único. Cada ente federado estabelecerá, de acordo com a sua realidade, o valor máximo que poderá ser repassado em parcela única para a execução da parceria, o que deverá ser justificado pelo administrador público no plano de trabalho. (Brasil, 2014b, incisos revogados)

Na condição de norma geral, a Lei n. 13.019/2014 presta-se a unificar o sistema. Ao esvaziar o conteúdo das informações básicas do plano de trabalho, autoriza os entes federados a disciplinar a matéria. Assim, haverá multiplicidade de regulamentos tratando dessa diretriz essencial em virtude da omissão da norma nacional. Mais uma vez, a Lei n. 13.204/2015 promoveu a insegurança jurídica.

A justificativa constante do Parecer da Comissão Mista destoa das orientações do Tribunal de Contas da União (TCU), uma vez que, segundo esse tribunal de contas, encabeça a lista de erros mais comuns nas parcerias: o plano de trabalho pouco detalhado (Brasil, 2016b, p. 37).

Dessa forma, orientamos ao operador de parcerias das OSCs a seguir o roteiro de elaboração de planos de trabalho constante do Capítulo 9, Seção 9.2, que será tratado oportunamente, pois segue a diretriz traçada pelo Tribunal de Contas da União.

Da execução da parceria: as despesas vedadas e as despesas permitidas

O cerne da Lei n. 13.019/2014 está previsto nos arts. 45 e 46. No art. 45, estão previstas as despesas vedadas nas parcerias, quais sejam:

a. utilizar recursos para fins indevidos ao objeto da parceria;
b. pagar qualquer quantia a servidor ou empregado público com recursos vinculados à parceria, com exceção do que esteja previsto em lei específica e na lei de diretrizes orçamentárias (Brasil, 2014b).

Com relação às despesas vedadas, a lei não inovou sistematicamente, uma vez que essas conclusões poderiam ser extraídas de outros dispositivos normativos, entre os quais a Instrução Normativa n. 1/1997, da Secretaria do Tesouro Nacional, em especial, seu art. 8º, incisos II e IV, a saber:

Art. 8º. É vedada a inclusão, tolerância ou admissão, nos convênios, sob pena de nulidade do ato e responsabilidade do agente, de cláusulas ou condições que prevejam ou permitam:
[...]
II – pagamento, a qualquer título, a servidor ou empregado público, integrante de quadro de pessoal de órgão ou entidade pública da administração direta ou indireta, por serviços de consultoria ou assistência técnica.
[...]
IV – utilização, mesmo em caráter emergencial, dos recursos em finalidade diversa da estabelecida no Termo de Convênio, ressalvado o custeio da implementação das medidas de preservação ambiental inerentes às obras constantes do Plano de Trabalho, de que tratam o "caput" e os §§ 1º e 7º do art. 2º desta Instrução Normativa, apresentado ao concedente pelo convenente; (Brasil, 1997a)

No art. 46 da Lei n. 13.019/2014, por sua vez, estão previstas as despesas permitidas, que demonstram importantes inovações, a saber:

[...]
I – remuneração da equipe encarregada da execução do plano de trabalho, inclusive de pessoal próprio da organização da sociedade civil, durante a vigência da parceria, compreendendo as despesas com pagamentos de impostos, contribuições sociais, Fundo de Garantia do Tempo de Serviço – FGTS, férias, décimo terceiro salário, salários proporcionais, verbas rescisórias e demais encargos sociais e trabalhistas;
II – diárias referentes a deslocamento, hospedagem e alimentação nos casos em que a execução do objeto da parceria assim o exija;
III – custos indiretos necessários à execução do objeto, seja qual for a proporção em relação ao valor total da parceria;
IV – aquisição de equipamentos e materiais permanentes essenciais à consecução do objeto e serviços de adequação de espaço físico, desde que necessários à instalação dos referidos equipamentos e materiais.
(Brasil, 2014b)

A inovação que merece destaque se refere à admissão da cobertura dos custos indiretos para o desenvolvimento das parcerias. Já houve muita discussão sobre o tema, uma vez que a Instrução Normativa n. 1/1997, em seu art. 8º, inciso I, veda a "realização de despesas a título de taxa de administração, de gerência ou similar" (Brasil, 1997a). A inclusão de despesas a título de custos indiretos era entendida como uma forma de burlar o dispositivo da instrução normativa apontada. A Lei n. 13.019/2014 pôs um fim, portanto, nessa celeuma, admitindo essa despesa nos projetos.

É importante notarmos que a redação original da lei, em seu art. 47, *caput*, limitava em 15% a proporção desses custos indiretos em face do valor global da parceria. A Lei n. 13.204/2015, por sua vez, conforme a redação dada ao art. 46, inciso III, da Lei n. 13.019/2014 excluiu esse limitador de 15%, não fixando proporção, dando maior liberdade para a composição desses custos.

O Decreto n. 8.726, de 27 de abril de 2016, regulamentou o art. 46, inciso III da Lei n. 13.019/2014, da seguinte forma:

> *Art. 39. Os custos indiretos necessários à execução do objeto, de que trata o inciso III do* caput *do art. 46 da Lei nº 13.019, de 2014, poderão incluir, entre outras despesas, aquelas com internet, transporte, aluguel, telefone, consumo de água e luz e remuneração de serviços contábeis e de assessoria jurídica.* (Brasil, 2016a)

Percebemos que as despesas elencadas no decreto não são exaustivas, podendo ocorrer outras, de acordo com a natureza da parceria.

Comentando esses dispositivos, Teixeira (2018, grifo do original) leciona:

> *A Lei n. 13.019/14 avançou na desmistificação da mágica administrativa que as entidades têm que fazer, e que assim continua a ser imaginada pelos governos e órgãos de controle, quando previu que elas deveriam identificar nos planos de trabalho os custos com despesas indiretas vinculados à realização do objeto da parceria, tais como os*

acima mencionados, e que constavam do seu artigo 47, § 1º. Tal dispositivo foi revogado pela Lei n. 13.204/15 que, no lugar daquela previsão expressa de despesas, estabeleceu de forma mais genérica e ampla a possibilidade de pagamento de "custos indiretos necessários à execução do objeto, seja qual for a proporção em relação ao valor total da parceria" (art. 46, III) "com recursos vinculados à parceria" (caput do art. 46), ou seja, repassados pelos entes políticos às entidades sem fins lucrativos.

[...]

Houve avanço nessa mudança legislativa, pois o revogado art. 47 restringia a 15% (quinze por cento) do valor total do instrumento de parceria "o pagamento dos custos indiretos necessários à execução do objeto" do seu objeto. Tal limite deixou de existir, com a revogação do artigo que o previra.

O Decreto federal n. 8.726/16, que regulamentou a Lei n. 13.019/14, tratou de ressuscitar, consolidar e positivar exemplos de despesas operacionais, ao estabelecer o abaixo transcrito, sem limitação àquele percentual (de quinze por cento).

O Parecer da Comissão Mista n. 89/2015, ao tratar do tema, concluiu que:

> *Sem dúvida o principal obstáculo à efetiva implementação do marco legal de que cuida repousa no conjunto de normas extremamente rígidas por meio das quais se pretende disciplinar a materialização e a execução de parcerias. Talvez pela origem da lei em comento, como se viu derivada até mesmo da realização de comissão parlamentar de inquérito, parte-se do pressuposto de que controle eficaz é aquele em que se exige do controlado a observância de parâmetros pré-determinados e inteiramente flexíveis.* (Brasil, 2015a)

Nesse ponto, houve precisão pelo legislador, pois analisou, criteriosamente, as formas de controle eficaz, sendo a flexibilidade uma necessidade para a execução de parcerias.

Cabe uma questão: A permissão da despesa com custos indiretos necessários para a execução do objeto se aplica somente às OSCs no âmbito da Lei n. 13.019/2014? Por óbvio que não. Independentemente da modalidade de parceria, os custos indiretos ocorrerão e uma entidade, pela infelicidade de ser excluída pela modalidade institucional optada, irá arcar com custos que, nas mesmas condições, uma OSC não arcaria?

Assim, deve ser aplicada a teoria do diálogo das fontes para o alcance da cobertura dos custos indiretos, quaisquer que sejam as modalidades de parceria.

A teoria do diálogo das fontes é uma doutrina criada por Erick Jayme e incorporada, no Brasil, pela autora Cláudia Lima Marques, que defende uma interpretação sistematizadora do direito em promoção de um diálogo (uma comunicação) entre suas fontes, valendo a seguinte transcrição do manuscrito de Cláudia Lima Marques, citada por Flávio Tartuce:

> *Segundo Erik Jayme, as características da cultura pós-moderna no direito seriam o pluralismo, a comunicação, a narração, o que Jayme denomina de "le retour des sentiments", sendo o Leitmotiv da pósmodernidade a valorização dos direitos humanos. Para Jayme, o direito como parte da cultura dos povos muda com a crise da pós-modernidade. O pluralismo manifesta-se na multiplicidade de fontes legislativas a regular o mesmo fato, com a descodificação ou a implosão dos sistemas genéricos normativos ("Zersplieterung"), manifesta-se no pluralismo de sujeitos a proteger, por vezes difusos, como o grupo de consumidores ou os que se beneficiam da proteção do meio ambiente, na pluralidade de agentes ativos de uma mesma relação, como os fornecedores que se organizam em cadeia e em relações extremamente despersonalizadas. Pluralismo também na filosofia aceita atualmente, onde o diálogo é que legitima o consenso, onde os valores e princípios têm sempre uma dupla função, o "double coding", e onde os valores são muitas vezes antinômicos. Pluralismo nos direitos assegurados, nos direitos à diferença*

e ao tratamento diferenciado aos privilégios dos "espaços de excelência" (Marques, citada por Tartuce, 2017, p. 100)[j]

Essa teoria é reconhecida pela jurisprudência do Superior Tribunal de Justiça (STJ), no Recurso Especial n. 1.184.765/PA, Relator Ministro Luiz Fux, julgado em 24 de novembro de 2010, em sede de recursos repetitivos, a seguir:

> 9. **A antinomia aparente entre o artigo 185-A**, *do CTN (que cuida da decretação de Indisponibilidade de bens e direitos do devedor executado) e* **os artigos 655 e 655-A**, *do CPC (penhora de dinheiro em depósito ou aplicação financeira)* **é superada com a aplicação da Teoria pós-moderna do Diálogo das Fontes**, *idealizada pelo alemão Erik Jayme e aplicada, no Brasil, pela primeira vez, por Cláudia Lima Marques, a fim de preservar a coexistência entre o Código de Defesa do Consumidor e o novo Código Civil.*
> 10. *Com efeito,* **consoante a Teoria do Diálogo das Fontes, as normas gerais mais benéficas supervenientes preferem à norma especial** *(concebida para conferir tratamento privilegiado a determinada categoria),* **a fim de preservar a coerência do sistema normativo**. (Brasil, 2010a, p. 3, grifo do original)

O STJ, em outra oportunidade, no Agravo Regimental no Recurso Especial n. 1.483.780/PE, de relatoria do Ministro Napoleão Nunes Maia Filho, julgado em 23 de junho de 2015, abordou a teoria do diálogo das fontes da seguinte forma:

> *O Direito deve ser compreendido, em metáfora às ciências da natureza, como um sistema de vasos comunicantes, ou de diálogo das fontes (Erik Jayme), que permita a sua interpretação de forma holística. Deve-se*

---
j. O trecho citado por Tartuce (2017) está na introdução à obra de Marques, C. L.; Benjamin, A. H. V.; Miragem, B. Comentários ao Código de Defesa do Consumidor... São Paulo: Revista dos Tribunais, 2004, p. 24.

buscar, sempre, evitar antinomias, ofensivas que são aos princípios da isonomia e da segurança jurídica, bem como ao próprio ideal humano de Justiça. (Brasil, 2015f)

Assim, de acordo com a jurisprudência apontada, as normas fazem parte de um todo, vale dizer, de forma que o sistema normativo seja autocomplementado. Segue-se a noção de aplicabilidade do direito defendido por Maximiliano (1957, p. 210): "o Direito deve ser interpretado inteligentemente: não de modo que a ordem legal envolva um *absurdo*, prescreva inconveniências, vá ter a conclusões inconsistentes ou impossíveis".

A jurisprudência do STF, em sede de repercussão geral, no Recurso Extraordinário n. 636.331, Rel. Ministro Gilmar Mendes, também reconhece a teoria do diálogo das fontes como necessária à melhor concretude de um comando constitucional, valendo transcrição: "A teoria do diálogo das fontes, superando modelos tradicionais de resolução de conflito de normas, volta-se à melhor concretização possível de um comando constitucional" (Brasil, 2017l).

Portanto, a admissão de despesas a título de custos indiretos deve transcender, analogicamente, seus efeitos a outras modalidades de parceria, entre as quais o termo de parceria das Oscips e os contratos de gestão das OS, sob um critério de isonomia e de acordo com uma interpretação sistemática para preservar a coerência do sistema normativo e para dar mais concretude aos comandos constitucionais que norteiam a atuação do terceiro setor, citando, em especial, o Art. 71, inciso VIII da Constituição Federal[k].

Assim, para dar concretude à norma constitucional mencionada, a cobertura de custos indiretos, sem a utilização da teoria do diálogo das fontes para alcançar todas as modalidades de parceria, implicaria

---

k. Art. 71. O controle externo, a cargo do Congresso Nacional, será exercido com o auxílio do Tribunal de Contas da União, ao qual compete: [...] VIII – aplicar aos responsáveis, em caso de ilegalidade de despesa ou irregularidade de contas, as sanções previstas em lei, que estabelecerá, entre outras cominações, multa proporcional ao dano causado ao erário; (Brasil, 1988).

a aplicação da irregularidade meramente em relação da modalidade institucional a que estiver reconhecida a entidade. Em outras palavras, isso configura uma penalidade *intuito personae*, o que é manifestamente inconstitucional, nos termos do art. 5º, inciso XLI, da Carta Maior: "a lei punirá qualquer discriminação atentatória dos direitos e liberdades fundamentais" (Brasil, 1988); obrigando instituições a cobrirem custos, sendo que outras de natureza similar não ostentariam essa obrigação.

O princípio constitucional da isonomia, como todo preceito constitucional, admite discriminações quando encontrar substrato no princípio da isonomia[l, m]. Portanto, necessita de verificação de critérios de fator de *discrímen*, como leciona Celso Antônio Bandeira de Mello (2003, p. 21-22):

> *Parece-nos que o reconhecimento das diferenciações que não podem ser feitas sem quebra da isonomia se divide em três questões:*
> *a) a primeira diz com o elemento tomado como fator de desigualação (fator de discrímen);*
> *b) a segunda reporta-se a correlação lógica abstrata existente entre o fator erigido em critério de discrímen e a disparidade estabelecida no tratamento jurídico diversificado;*

||||||||||||||||||||||||||
l. Conforme STF, na ADI n. 3.305: "3. A alegação de que o artigo impugnado violaria o princípio da isonomia improcede. A concreção do princípio da igualdade reclama a prévia determinação de quais sejam os iguais e quais os desiguais. O direito deve distinguir pessoas e situações distintas entre si, a fim de conferir tratamentos normativos diversos a pessoas e a situações que não sejam iguais. 4. Os atos normativos podem, sem violação do princípio da igualdade, distinguir situações a fim de conferir a uma tratamento diverso do que atribui a outra. É necessário que a discriminação guarde compatibilidade com o conteúdo do princípio". (Brasil, 2006c)

m. O Exmo. Ministro Eros Grau, citando Robert Alexy, disserta sobre a discriminação arbitrária da seguinte forma na ADI n. 2.716: "Dir-se-á, pois, que uma discriminação será arbitrária quando 'não seja possível encontrar, para a diferenciação legal, alguma razão adequada que surja da natureza das coisas ou que, de alguma forma, seja concretamente compreensível'". (Brasil, 2008f)

c) a terceira atina à consonância desta correlação lógica com os interesses absorvidos no sistema constitucional e destarte juridicizados.

Esclarecendo melhor: tem-se que investigar, de um lado, aquilo que adotado como critério discriminatório; de outro lado, cumpre verificar se há justificativa racional, isto é, fundamento lógico, para, à vista do traço desigualador acolhido, atribuir o específico tratamento jurídico construído em função da desigualdade proclamada. Finalmente, impende analisar se a correlação ou fundamento racional abstratamente existe é, in concreto, *afinado com valores prestigiados no sistema normativo constitucional. A dizer: se guarda ou não harmonia com eles.*

Na esteira desse pensamento, segue a doutrina de Fernanda Duarte Lopes Lucas da Silva (2001, p. 100): "o *discrimen* adotado deve se revelar em harmonia com a totalidade da ordem constitucional. Estabeleceu-se que a constitucionalidade da distinção deve ser aferida através de um juízo de proporcionalidade que caracterizará o *discrimen* eleito como justificado (ou não)".

Portanto, não há elementos suficientes para se criar um *fator de discrímen* para autorizar a cobertura de custos indiretos às OSCs e vedá-lo a outras parcerias similares, uma vez que:

> a. não há justificativa racional ou fundamento lógico para o *fator de discrimen*, visto que as áreas de atuação das entidades do terceiro setor se comunicam, sendo que todas elas atuam em projetos de interesse público;
> b. esse *fator de discrimen* não está prestigiado no sistema normativo constitucional, uma vez que inexiste preceito constitucional que autorize o tratamento privilegiado às OSCs;
> c. não há harmonia com a ordem constitucional em sua totalidade qualquer *fator de discrimen*, uma vez que, mesmo diante de uma interpretação sistemática dos preceitos da Constituição, não há como dar amparo a qualquer discriminação;

d. não há como sustentar um juízo de proporcionalidade para o *fator de discrimen*, uma vez que não se pode justificar que a natureza das OSCs, ou os projetos em que elas atuam, contenham maior ou menor conteúdo estratégico para o amparo ao interesse público.

Assim, a cobertura de custos indiretos autorizados pelo art. 46, inciso III, da Lei 13.019/2014 deve ser estendida às demais formas de parceria envolvendo entidades do terceiro setor, aplicando-se a teoria do diálogo das fontes. Essa conclusão, por sua vez, não alcança os convênios, diante de sua precariedade. Sobre os convênios, conferir o Capítulo 6, a ser estudado oportunamente.

Explanado sobre o regime das OSCs, abordaremos os contratos e sua teoria explicativa no próximo capítulo.

Capítulo 4
Contratos e sua teoria explicativa

O trato da noção de contratos, muitas vezes, é displicente quando visto fora da doutrina puramente jurídica. Até mesmo entre os juristas o tema contratual é adotado como um fim em si mesmo. Na realidade, se abordada a questão com esse enfoque, a conclusão poderá ser errônea. Para tanto, será discorrido sobre o tema dos contratos com uma metodologia condizente com a importância do tema.

4.1 Ato negocial e autonomia privada: uma explanação sobre a teoria positivista do direito

Hans Kelsen, ao discorrer sobre a "pureza" do direito, propõe que este seja estudado exclusivamente como ciência jurídica desprovida de todas as feições que não investiguem o caráter positivo de seu objeto, quer relacionados com a teoria política do direito, quer com a psicologia, quer com a sociologia, quer com a ética. Ele concentra o estudo dirigido à elementar única do direito – a norma –, desprovida de todas as valorações periféricas que possam ou poderiam resultar em alteração de seu conteúdo científico[a].

Notamos, claramente, que Kelsen, defendendo o direito como ciência jurídica, tira o substrato essencial de ciência da disciplina jurídica[b], pois não admite a quebra de sua "pureza" por eventuais variantes

---

a. Logo no primeiro parágrafo de sua obra, Hans Kelsen defende: "A teoria pura do direito é uma teoria do direito positivo – do direito positivo em geral, não de uma ordem jurídica especial. É teoria geral do direito, não interpretação de particulares normas jurídicas, nacionais ou internacionais. Contudo, fornece uma teoria da interpretação" (Kelsen, 1998, n. 1, p. 1).

b. Betioli, citando Hermann Post, sintetiza com clareza a ciência jurídica, ensinando: "É o Direito um conjunto sistematizado de princípios, que constituem a chamada *Ciência do Direito*. Esta

externas^c. Tira de seu bojo a humanização do direito. Assim, defende que o direito é a norma em si, não necessariamente sendo a norma legal, mas normas de conduta imbuídas de sanção que lhe deem coercibilidade para a consecução de seus fins, ou seja, garantir o que é posto.

A teoria pura, por assim ser, exige a existência de um escalonamento cujo ponto de partida deve ser uma norma fundamental (Betioli, 1995, p. 215), a qual dará substrato às demais normas positivadas para o regramento geral. Ela prevê, ainda, a existência de "normas individuais", que nada mais são do que formas de execução das referidas normas gerais erigidas segundo a previsão da norma fundamental. Essas normas individuais podem ser: "Resoluções administrativas, sentença judicial ou também os atos negociais" (Betioli, 1995, p. 261). O primeiro ato é erigido segundo atos de império vinculados a parâmetros normativos; o segundo ato deve ser o exercício da jurisdição, e o último, consequência da vontade das partes no entender da autonomia privada, resultantes de transações jurídicas^d, todas tendo condão de atividade criadora do direito por serem consideradas normas segundo a ciência deste.

|||||||||||||||||||||||||

definição enfoca o Direito como setor do conhecimento humano que investiga e sistematiza os fenômenos jurídicos. Hermann Post assim definiu a realidade jurídica: 'Direito é a exposição sistematizada de todos os fenômenos da vida jurídica e a determinação de suas causas'" (Betioli, 1995, n. 33.1, p. 84).

c. Kelsen continua: "De um modo inteiramente acrítico, a jurisprudência tem-se confundido com a psicologia, com a ética e a teoria política. Esta confusão podem porventura explicar-se pelo fato de estas ciência se referirem a objetos que indubitavelmente têm estreita conexão com o Direito" (Betioli, 1995, p. 84).

d. "As condições da sanção, cuja presença o tribunal tem de averiguar, são diferentes conforme o direito criminal ou o direito civil que tenha de ser aplicado pelo tribunal. Já assinalamos que o tribunal tem de ordenar uma sanção concreta no processo de direito criminal por moção de órgão da comunidade, o promotor público, e, no processo de direito civil, pela ação de uma parte privada, o queixoso. É característico especialmente do direito civil o fato de uma transação jurídica poder surgir entre as condições da sanção. O delito consiste no fato de uma das partes deixar de cumprir uma obrigação a ela imposta pela transação jurídica. A transação jurídica é um ato pelo qual os indivíduos autorizados pela ordem jurídica regulam juridicamente certas relações. É um fato criador de direito, pois produz os deveres e direitos jurídicos das partes que

O ato negocial deve ser considerado norma jurídica concreta. *Concreta* porque não visa disciplinar atos jurídicos em geral, fora da relação entre as partes, mas dentro da prestação obrigacional que se funda. Dessa forma, o ato negocial, norma secundária concreta, deve ser implementado segundo os preceitos fixados em norma primária abstrata, a lei. Essa é a noção de autonomia privada, uma vez que a autonomia da vontade é mitigada pelos princípios de ordem pública. Tais princípios podem ser verificados em várias normas legais dos diferentes sistemas jurídicos: as relações jurídicas laborais segundo as normas legais trabalhistas, as relações de consumo segundo as normas de defesa do consumidor e assim por diante.

Contudo, existe um mínimo legal a ser obedecido por todos os sistemas sem distinções. Esses princípios norteadores gerais podem ser extraídos do Código Civil – Lei n. 10.406, de 10 de janeiro de 2002 – e são: o princípio da função social do contrato e o princípio da probidade e da boa-fé (Brasil, 2002a).

Esses princípios, juntamente com o da supremacia da ordem pública, devem ser sempre obedecidos, mitigando a vontade das partes, quaisquer que sejam os sistemas a que se refiram. Aqui, também se incluem as relações jurídicas contratuais em que se verifica a participação da administração pública. Sob o fundamento da previsão de cláusulas exorbitantes, que oportunamente serão estudadas, em hipótese alguma deverá ser afastada a observância desses comandos gerais.

Em virtude de sua máxima importância, passaremos a estudar cada um dos princípios contratuais gerais enumerados.

||||||||||||||||||||||||

participam da transação. Mas, ao mesmo tempo, é um ato de aplicação de direito, e, desse modo, tanto cria quanto àplica direito. As partes fazem uso das normas gerais que tornam as transações jurídicas possíveis. Ao firmarem uma transação jurídica, elas aplicam essas normas jurídicas gerais. Ao dar aos indivíduos a possibilidade de regular a sua conduta recíproca por meio de transações jurídicas, a ordem jurídica garante aos indivíduos certa autonomia jurídica. É na função criadora de direito da transação jurídica que se manifesta a chamada 'autonomia privada' das partes. Por meio de uma transação jurídica são criadas normas individuais e, às vezes, até mesmo gerais, que regulam a conduta recíproca das partes". (Kelsen, 2000, p. 199-201)

4.2 Princípios gerais dos contratos: função social e boa-fé

Princípio é uma forma de integração das normas jurídicas, conforme o art. 4º do Decreto-Lei n. 4.657e, de 4 de setembro de 1942 (Lei de introdução ao Código Civil), no qual, no caso de sua omissão, o juiz poderá utilizar os princípios para julgar uma lide (Brasil, 1942).

Os princípios jurídicos, conforme a doutrina de Luiz Antônio Rizzatto Nunes, são aqueles "que aspiram e dão embasamento à criação de toda e qualquer norma, inclusive e especialmente a Constituição, bem como os valores sociais que afetam o sistema e dirigem finalidade" (Nunes, 1999, p. 242).

Como bem salientado pelo doutrinador mencionado, os princípios jurídicos influem na elaboração da norma, podendo até fulminar a edição de uma lei quando o Supremo Tribunal reconhecer que ela esteja em descompasso com algum princípio previsto na Constituição. Essa lei máxima, quando de sua edição, deve respeitar os preceitos constituídos em princípios jurídicos. Isso ocorreu, por exemplo, quando a Constituição Brasileira optou pelo sistema de Estado democrático de direito, o que trouxe consigo uma enorme gama de princípios jurídicos que deverão ser observados tanto na elaboração do restante do texto constitucional quanto em sua ulterior interpretação.

Em sede dos princípios constitucionais, vale dizer que todas as normas estarão limitadas, implícita ou explicitamente, aos preceitos ali contidos, uma vez que a Constituição é suprema. Sobre a supremacia constitucional, Silva (2004, p. 46) ensina:

> *Nossa Constituição é rígida. Em consequência, é a lei fundamental e suprema do Estado brasileiro. Toda autoridade só nela encontra fundamento e só ela confere poderes e competências governamentais. Nem o governo federal, nem os governos dos Estados, nem dos Municípios ou*

---
e. Para conhecer o decreto na íntegra, acesse: <http://www.planalto.gov.br/ccivil_03/Decreto-Lei/De/4657.htm>.

do Distrito Federal são soberanos, porque todos são limitados, expressa ou implicitamente, pelas normas positivas daquela lei fundamental. Exercem suas atribuições nos termos nela estabelecidos. Por outro lado, todas as normas que integram a ordenação jurídica nacional só serão válidas se se conformarem com as normas da Constituição Federal.

Assim, existe uma verticalização de todas as normas perante a Constituição; contudo, existem princípios que não constam expressamente de seu bojo, mas é indiscutível sua aplicação nos mesmos moldes daqueles expressamente resguardados em seu texto. Quando do estudo dos contratos administrativos, serão vistos os princípios previstos no art. 37 da lei constitucional. Sua observância é clara e contundente para todos os integrantes da administração pública; entretanto, existem princípios gerais que precedem a existência daqueles, dando um parâmetro de aplicabilidade a todo o sistema público.

A técnica jurídica, no âmbito da interpretação da norma jurídica, deve ser abalizada sempre paralelamente à função integradora das normas perante o ordenamento jurídico, pois, na primeira, podem ocorrer lacunas. Todavia, quanto ao ordenamento jurídico, "ainda que latente e inexpressa", deverá haver "uma regra para disciplinar cada possível situação ou conflito entre pessoas" (Cintra; Grinover; Dinamarco, 1995, p. 100).

Quando trata da função interpretativa em relação à função integradora, a doutrina de Cintra, Grinover e Dinamarco (1995, p. 101) compõe um perfeito paralelo para a aplicação perante a técnica jurídica:

> *No desempenho de sua função interpretativa, o intérprete frequentemente desliza de maneira quase imperceptível para a atividade própria da integração, comunicam-se funcionalmente e se completam mutuamente para os fins de revelação do direito. Ambas têm caráter criador, no campo jurídico, pondo em contato direto as regras de direito e a vida social e assim extraindo das fontes a norma com que regem os casos submetidos a exame.*

Um exemplo de princípio implícito com obrigatoriedade de observação é o princípio da supremacia do interesse público sobre o privado. Por intermédio desse princípio, foi construída toda a sistemática da administração pública, a qual fornece um conteúdo jurídico material para a interpretação e a fundamentação de todos os atos jurídicos administrativos, bem como aos atos jurídicos privados em face do ordenamento jurídico e pelo seu fundamento social.

Sobre esse princípio, Mello (2004, p. 87) ensina:

O princípio da supremacia do interesse público sobre o privado é princípio geral de direito inerente a qualquer sociedade. É a própria condição de sua existência. Assim, não se radica em dispositivo algum da Constituição, ainda que inúmeros aludam ou impliquem manifestações concretas dele, como, por exemplo, os princípios da função social da propriedade, da defesa do consumidor ou do meio ambiente (art. 170, III, V e VI), ou tantos outros. Afinal, o princípio em causa é um pressuposto lógico do convívio social. Para o direito administrativo interessam apenas os aspectos de sua expressão na esfera administrativa. Para não deixar sem referência constitucional algumas aplicações concretas especificamente dispostas na Lei Maior e pertinentes ao direito administrativo, basta referir os institutos da desapropriação e da requisição (art. 5º, XXIV e XXV), nos quais é evidente a supremacia do interesse público sobre o interesse privado.

Com extrema maestria, o autor em epígrafe foi feliz em qualificar o princípio da supremacia do interesse público como "pressuposto lógico do convívio social", uma vez que a própria qualificação geral de princípio resulta dessa noção. Assim como tal princípio não precisou de previsão expressa, outros tantos não precisam e têm existência e aplicabilidade.

Essa situação é explicada pelo fato de que, antes da própria Constituição jurídico-positiva, existem normas que nortearão sua feitura. Essa porção lógica e transcendental é a norma fundamental hipotética.

Kelsen (2000, p. 194) explica essa situação como a função criadora de direito, conforme o transcrito a seguir:

Como assinalamos, a criação de uma norma jurídica tende a ser determinada em duas direções deferentes. A norma superior pode determinar: 1) o órgão e o processo pelo qual [sic] uma norma superior [há] de ser criada, e 2) o conteúdo da norma inferior. A norma superior é "aplicada" na criação da norma inferior mesmo [que] a norma superior determine apenas o órgão, isto é, o indivíduo pela [sic] [qual a] norma inferior deve ser criada, e isso, novamente, quer dizer que ela autoriza esse órgão a determinar, de acordo com a sua própria vontade, o processo de criação da norma inferior e o conteúdo dessa norma. A norma superior deve, pelo menos, determinar o órgão pelo qual a norma inferior deve ser criada. Porque uma norma cuja criação não é determinada, de modo algum, por outra norma não pode pertencer a ordem jurídica alguma. O indivíduo que cria uma norma pode ser considerado o órgão de uma comunidade jurídica, e a sua função criadora de norma não pode ser imputada à comunidade, a menos que, ao executar a função, ele aplique uma norma da ordem jurídica que constitui a comunidade. Para ser ato da ordem jurídica ou da comunidade por ela constituída, todo ato criador de direito deve ser um ato aplicador de direito, i.e., ele deve aplicar uma norma que precede o ato. Portanto, a função criadora de norma tem de ser concebida como uma função aplicadora de norma, mesmo se o seu elemento pessoal, o indivíduo que tem de criar a norma inferior, for determinado pela norma superior. Esta norma superior determinando o órgão é aplicada por todos os atos desse órgão. Que a criação de direito seja, ao mesmo tempo, aplicação de direito é uma consequência imediata do fato de que todo ato criador de direito deve ser determinado pela ordem jurídica. Essa determinação pode ser de diferentes níveis. Não pode ser tão fraca a ponto de o ato deixar de ser uma aplicação. Nem pode ser tão forte a ponto de o ato deixar de ser uma criação de direito. Na medida em que uma norma é estabelecida através do ato, ela é um ato criador de direito, mesmo se a função do órgão criador de direito for determinada em alto grau por uma norma superior. Contudo, também nesse caso existe um ato criador de direito. A questão de saber se um ato é criação ou aplicação de direito é, na verdade, de todo independente da questão de saber em que grau o órgão atuante é obrigado pelo [sic] ordem jurídica. Apenas os atos pelos quais não se estabelece norma alguma podem ser mera aplicação. De tal natureza é a execução de uma sanção num caso concreto. Esse é um dos casos limítrofes mencionados acima. O outro é o da norma fundamental. Ela determina a criação da primeira constituição; mas, sendo pressuposta pelo pensamento jurídico, a sua pressuposição não é, ela própria, determinada por nenhuma norma superior e, portanto, não é aplicação de direito.

Dessa forma, como norma primária, a norma fundamental, além de um comando geral de competência, carrega consigo um conjunto de outros comandos gerais, denominados *princípios*, como o princípio da democracia, o princípio da federação, o princípio do presidencialismo, o princípio da supremacia do interesse público, o princípio do Estado de direito e outros tantos.

Esses comandos gerais são frutos de séculos de evolução da humanidade e do próprio direito. São noções que constituem a sociedade e, apartar-se delas, seria como separar o ser humano de sua consciência coletiva, seria retornar ao período pré-tribal.

Reale (1998, p. 61) analisa essa questão com lucidez, conforme transcrito a seguir:

> *O direito se funda em princípios, uns de alcance universal nos domínios da lógica jurídica, outros que se situam no âmbito de seu "campo" de pesquisa, princípios estes que são de importância, não apenas no plano da lógica normativa, mas também para a prática da advocacia. Lembremo-nos de que, na Lei de Introdução ao Código Civil, encontramos um art. mandando aplicar os princípios gerais de Direito, quando haja lacuna na lei por falta de previsão específica do legislador.*

> Naqueles casos em que o magistrado não encontra lei correspondente à hipótese "sub judice", não só pode recorrer à analogia, operando de caso particular para caso particular semelhante, ou ao direito revelado através dos usos e costumes, como deve procurar resposta nos princípios gerais de direito. Isto quer dizer que o legislador solenemente reconhece que o direito possui seus princípios fundamentais. Na realidade, não precisava dizê-lo, porque é uma verdade implícita e necessária. O jurista não precisaria estar autorizado pelo legislador a invocar princípios gerais, aos quais deve recorrer sempre, até mesmo quando encontra a lei própria ou adequada ao caso. Não há ciência sem princípios, que são verdades válidas para um determinado campo do saber, ou para um sistema de enunciados lógicos. Prive-se uma ciência de seus princípios, e tê-la-emos privado de sua substância lógica, pois o direito não se funda sobre normas, mas sobre os princípios que as condicionam e as tornam significantes.

Feitas essas considerações, trataremos sobre o princípio da função social dos contratos.

Princípio da função social dos contratos e teoria tridimensional do direito

O direito, em sua "pureza", pode gerar dicotomias que, atualmente, devem ser cuidadosamente abalizadas. A norma, muitas vezes, não corresponde ao justo se não for entendida segundo valores exteriores à própria norma.

Na primeira metade do século XX, época em que a teoria pura do direito encontrava-se em pleno sucesso, houve um questionamento a seus postulados. Reale, em prefácio à primeira edição da obra *Teoria tridimensional do direito* (2000, p. 17), afirma:

> Nenhuma teoria jurídica é válida se não apresenta pelo menos dois requisitos essenciais, entre si intimamente relacionados: o primeiro consiste em atender à exigência da sociedade atual, fornecendo-lhe categorias lógicas adequadas à concreta solução de seus problemas;

o segundo refere-se à sua inserção no desenvolvimento geral das ideias, ainda que os conceitos formulados possam constituir profunda inovação em confronto com as convicções dominantes.

Desse questionamento, surgiu a teoria tridimensional do direito. Tridimensional porque abrange três elementos fundamentais: 1) o fato, 2) o valor e 3) a norma. Segundo o autor, para o direito existir, urge a coexistência desses três elementos, de maneira que um complete o outro reciprocamente, sendo que da forma e da ordem a serem tomadas possam surgir três vetores de estudos direcionais (Reale, 2000).

O primeiro vetor – o direito como ciência jurídica – é verificado quando, por meio do fato, utilizando-se um juízo de valor (axioma), culmina-se no conhecimento da norma e de sua realização como conclusão lógica.

O direito encontra sua segunda feição vetorial quando é tomado como fato social, o que pressupõe a norma valorada juridicamente para descobrir os fins sociais a que se destina tal norma.

O terceiro e último vetor é o direito como filosofia (jusnaturalismo), o que pressupõe o fato em comunhão com a norma valorada.

Conforme as linhas de Nader (1992, p. 156) sobre o jusnaturalismo, ou seja, direito natural, em relação à moral, são fixados alguns pontos, quais sejam:

> *O direito natural é referência para o legislador e para consciências individuais [...]. O sentimento de respeito aos ditames jusnaturalistas e morais é imanente à pessoa humana e se revela a partir dos primeiros anos de existência. Embora afins, as duas ordens não se confundem. Mais abrangente, a moral visa a realização do bem, enquanto o direito natural se coloca em função de um segmento daquele valor: o resguardo das condições fundamentais da convivência. O homem isolado mantém-se portador de deveres morais sem sujeitar-se aos emanados do direito natural, pois estes pressupõem vida coletiva.*

Explica ainda a teoria tridimensional que a produção da norma jurídica, em vez de simples escalonamento, em que seu fundamento único e restrito é a norma fundamental, inicia-se por meio de valorações sucessivas sobre o fato (complexo axiológico), produzindo proposições normativas que, filtradas e abalizadas por um poder, culminam, aí sim, no surgimento da norma jurídica.

Dessa forma, o direito como um fato social, segundo um juízo de valor, deve ser aplicado aos contratos para o estabelecimento de uma interpretação mais justa de seus preceitos. Significa dizer que a aplicação dessa cláusula geral implica a redução da autonomia da vontade, visando obter maior justiça na aplicação do direito mediante uma maior adequação de seus preceitos a uma otimização social. Assim, a autonomia da vontade é limitada duplamente: 1) em razão da ordem pública, conforme o princípio da autonomia privada, estudada anteriormente e 2) em razão da ordem social. Diniz (2003, p. 322) assim leciona:

> *A função social do contrato prevista no art. 421 do novo Código Civil constitui cláusula geral, que impõe a revisão do princípio da relatividade dos efeitos do contrato em relação a terceiros, implicando a tutela externa do crédito; reforça o princípio de conservação do contrato, assegura trocas úteis e justas e não elimina o princípio da autonomia contratual, mas atenua ou reduz o alcance desse princípio, quando presentes interesses metaindividuais ou interesses individual relativo à dignidade da pessoa humana (Enunciados nº 21, 22 e 23, aprovados na Jornada de Direito Civil, promovida, em setembro de 2002, pelo Centro de Estudos Judiciários do Conselho da Justiça Federal).*

Em última análise, o princípio da função social do contrato é o reconhecimento da aplicabilidade aos contratos puramente privados, de princípios de direito público, mais especificamente o princípio da supremacia do interesse coletivo sobre o interesse privado. Na cisão antes defendida da separação do direito público do privado, com o advento do Código Civil de 2002, houve uma considerável atenuação. Todos os ajustes, entendidos estes em sentido amplo, ou seja, como norma jurídica concreta intrapartes, haja interesses antagônicos ou não, devem obedecer ao princípio geral da supremacia do interesse coletivo sobre o privado.

A função social aqui defendida nada mais é do que a adequação de todas as relações jurídicas ao bem comum[f]. Significa não somente aplicar a norma em sua fria "pureza", mas também aplicá-la segundo seu espírito. A sociedade almeja que, na interpretação da lei, haja um conteúdo ético mínimo e não que, em uma sincronia que não deve prosperar em um Estado democrático de direito, existam pactos imorais que não atendam a sua finalidade social[g].

IIIIIIIIIIIIIIIIIIIIIIIIII

f. "A bilateralidade atributiva distingue sempre o direito, porque a relação jurídica não toca um sujeito isoladamente, nem ao outro, mesmo quando se trata do Estado, mas sim ao nexo de polaridade e de implicação dos dois sujeitos. Existe conduta jurídica, porque existe medida de comportamento que não se reduz nem se resolve na posição de um sujeito ou na de outro, mas implica concomitantemente e complementarmente a ambos. Diríamos então que, assim como na teoria do conhecimento sujeito e objeto se exigem reciprocamente, também na teoria do direito dois ou mais sujeitos se exigem, constituindo, por meio dessa exigência, a experiência jurídica propriamente dita. Como já descrevemos alhures, o direito é, em última análise, o espírito como intersubjetividade objetiva". "Se dizemos que uma conduta jurídica não se caracteriza, nem se qualifica somente pela perspectiva ou pelo ângulo deste ou daquele outro sujeito, mas pela implicação de ambos, compreende-se a possibilidade daquilo que chamamos de *exigibilidade*. Tratando-se de uma conduta que pertence a duas ou mais pessoas, quando uma falha (voluntariamente ou não), à outra é facultado exigir. Da atributividade é um elemento resultante da bilateralidade, um seu corolário imediato. *Em suma, o direito é coercível, porque é exigível, e é exigível porque bilateral atributivo*".
"O conceito de BILATERALIDADE ATRIBUTIVA põe em realce o duplo aspecto ou os dois momentos inscindíveis do direito, o SUBJETIVO e o OBJETIVO, sendo aquele a expressão necessária do comando jurídico, o qual, no dizer preciso de Miceli, 'não pode disciplinar as atividades, acordando a cada qual uma esfera autônoma, senão impondo, ao mesmo tempo, implícita ou explicitamente, a cada um o respeito da esfera autônoma dos demais'. É lição aliás tradicional serem o Direito e o dever jurídico conceitos que se pressupõe e se completam, embora desse ensinamento fundamental não raro se olvide ao determinar-se conceitualmente o direito". (Reale, 1998, p. 691-692, grifo do original)

g. "É inegável que o homem não segue apenas o que deseja ou quer; ao contrário, subordiem sua conduta, em muitas e muitas ocasiões, a algo que contraria suas tendências naturais

O princípio da boa-fé

Ainda abordando o conteúdo ético do direito, o princípio da boa-fé prega uma forma moralista no trato da situação jurídica. Para a compreensão desse princípio, é necessária a compreensão do valor moral do direito que fundamentará a revisão de qualquer pacto. Agir de má-fé significa agir de maneira reprovável, sendo que, mesmo se a pretensão do sujeito for garantida, este sofrerá sanções. Isso se verifica, por exemplo, na responsabilidade do possuidor de má-fé.

Uma das funções conceituais do direito é garantir ao homem justo o que é seu e ao injusto a adoção de medidas para que sua conduta seja corrigida e pautada pela justiça, mediante aplicação de sanções. É a função reeducadora do Estado para deixar o indivíduo em harmonia consigo e com o próximo. A penalização, em sua primeira análise, não visa à reparação de danos; esta é somente uma das consequências de sua atribuição e não sua causa. O escopo principal do Estado-sancionador é a pacificação social, e não a própria sanção, como bem salienta Reale (1998, p. 708), transcrito a seguir:

> *A coercibilidade não assinala simples conformidade lógica entre direito e coação, mas também uma exigência axiológica: a coação liga-se ao dever ser do direito, pois, quando a norma jurídica primária, que contém o preceito de conduta, não, não é espontaneamente cumprida, impõe-se o advento de dadas consequências, as quais podem consistir no cumprimento forçado da regra cuja reintegração se haja tornado impossível. É errôneo pensar que a coação tenha sempre por fim*

---

ou espontâneas. O valor de um ato resulta, bastas vezes, da não satisfação de um desejo, do superamento daquilo que seria inclinação imediata de nosso ser. Certos valores brilham como uma luz dominadora em dadas conjunturas, levando indivíduos e povos a vencer algo que, no fundo, seria a sua tendência 'natural'. O homem eleva-se ao mundo do valioso graças a seu autodomínio, à sua capacidade única de superar, não só as inclinações naturais dos instintos, como estímulos rudimentares da vida afetiva. Sob esse prisma, O MUNDO DO VALIOSO É O DO SUPERAMENTO ÉTICO". (Reale, 1998, p. 200, grifo do original)

realizar o direito violado, ou, em sentido contrário, que a sua função normal consista, como pretende Soler, em dispor que se faça outra coisa quando não tenha sido feito o que se devia fazer. Ambos os resultados, em verdade, podem ser alcançados pela coação, segundo a natureza daquilo que se tutela e se atribui. Compreendida como exigência axiológica do Direito, a coação pulsa de força ética, quer ao tornar efetivos, graças a processos vários, os resultados que normalmente derivariam da conduta espontânea do obrigado (pela penhora e a hasta pública obriga-se, por exemplo, o devedor a pagar o débito), quer ao se impor ao transgressor uma pena retributiva do mal irremediavelmente praticado (a condenação do homicida não restitui, por certo, o bem da vida, mas normativamente faz valer o valor atingido). Em ambos os casos, a eticidade objetiva do Direito coloca o violador das normas jurídicas em consonância consigo mesmo, não com seu eu empírico, mas como o eu harmonizável com o alter e o nós, base da juridicidade.

Nesse ponto, extrai-se uma das funções do direito: a manutenção da ética e da harmonia social por meio da aplicação da norma. Esse Estado social obriga todos os indivíduos a agirem com boa-fé. Essa boa-fé não pode estar meramente no campo das intenções, mas, sim, ser verificável concretamente. Significa dizer que a boa-fé deve ser identificada e provada quando da prática do ato negocial e não que exista uma presunção, mesmo que relativa, da honestidade. O homem honesto não apenas fala, mas também age com honestidade e prove sua atitude. Essa é a proposta do princípio da boa-fé objetiva, em face de ensinamentos de Diniz (2003, p. 323):

A cláusula geral contida no art. 422 do novo Código Civil impõe ao juiz interpretar e, quando necessário, suprir e corrigir o contrato segundo a boa-fé objetiva, entendida como a exigência de comportamento leal dos contratantes. E, na interpretação da cláusula geral, deve-se levar em conta o sistema do Código Civil e as conexões sistemáticas com outros estatutos normativos e fatores metajurídicos (Enunciados nº 24,

25, 26 e 27, aprovados na Jornada de direito civil, promovida em setembro de 2002, pelo Centro de Estudos Judiciários do Conselho da Justiça Federal).

Essa porção ética do direito é mais latente quando se trata do direito administrativo. Houve o reconhecimento expresso pelo legislador constituinte do apelo moral no trato da "coisa" pública[h]. Não basta perseguir a legalidade como outrora. É necessário, atualmente, perseguir a finalidade legal de interesse coletivo com honestidade, transparência e eficiência[i].

Nesse ponto, verificamos a noção cíclica do princípio da boa-fé com o princípio da função social: ambos se somam e, ao mesmo tempo, mutuamente, se justificam.

O direito vive atualmente uma revolução conceitual. Na era positivista, a moral era totalmente distinta do direito. Agora, ambos caminham lado a lado. Não há mais espaço para artifícios antiéticos com respaldo jurídico. Todos, particulares ou gestores da coisa pública, em seus atos negociais, devem **agir com ética**: o sujeito deve ser ético consigo e com a sociedade, vale dizer, ser honestos antes, durante e depois do negócio jurídico a ser implementado.

É uma situação de grande complexidade atender ao espírito da norma. Se antes era possível sobreviver no mundo jurídico valendo-se de brechas normativas dirigidas a condutas imorais, hoje é necessário

---

h. "De acordo com ele [o princípio da moralidade], a Administração e seus agentes têm de atuar na conformidade de princípios éticos. Violá-los implica violação ao próprio Direito, configurando ilicitude que assujeita a conduta viciada a invalidação, porquanto tal princípio assumiu foros de pauta jurídica, na conformidade do art. 37 da Constituição". (Mello, 2004, p. 109)

i. "Realmente, não cabe à Administração decidir por critério leigo quando há critério técnico solucionando o assunto. O que pode haver é a opção da Administração por uma alternativa técnica quando várias lhe são apresentadas pelos técnicos como aptas para solucionar o caso em exame. Assim, o princípio da eficiência, de alto significado para o serviço público em geral, deve ser aplicado em todos os níveis da Administração brasileira". (Meirelles, 1997, p. 91)

provar a moralidade do ato em qualquer de suas circunstâncias em que a boa-fé exigida deve ser objetiva.

Feitas essas considerações, discorreremos, brevemente, sobre os contratos administrativos. Não é o intuito deste trabalho tecer comentários e abordar temas específicos sobre contratos, uma vez que o regime jurídico destes é uniforme para entidades do terceiro setor e para pessoas privadas em geral. Em vez disso, compararemos o sistema aplicável aos convênios e aos termos de parceria com o sistema dos contratos administrativos para uma melhor didática.

Peculiaridades do contrato administrativo

A administração pública deve pautar suas condutas pelos princípios constitucionais previstos no art. 37, *caput* da Constituição Federal. Nesse artigo constitucional está previsto o princípio da legalidade, da impessoalidade, da moralidade, da publicidade e da eficiência. Esses princípios são válidos e necessários não somente aos contratos administrativos, mas também a todo ato jurídico administrativo, nele inseridos todos os ajustes em que haja financiamento com recursos públicos, mesmo que parciais, como convênios e termos de parceria.

Tendo em vista a importância da matéria e pelo fato de que o contrato administrativo pressupõe a aplicação de cada um desses princípios, vale sua menção particularizada, porém sucinta.

Princípio da legalidade

Conforme o entendimento incontestável de Meirelles (1997, p. 82), o sentido do princípio da legalidade é:

> *A legalidade, como princípio de administração (art. 37,* caput*), significa que o administrador público está, em toda a sua atividade funcional, sujeito aos mandamentos da lei e às exigências do bem comum, e deles não se pode afastar ou desviar, sob pena de praticar ato inválido e expor-se a responsabilidade disciplinar, civil e criminal, conforme o caso.*

Perseguir o princípio da legalidade significa aplicar o fundamento do Estado de direito, uma vez que é conferida uma competência administrativa ao administrador e os limites dessa competência estão definidos em lei. A lei também disciplina como serão executados os atos administrativos de maneira lícita, de forma vinculada ou discricionária, mas nunca sem amparo legal.

Assim, enquanto é lícito ao particular praticar tudo o que a lei não o proíbe, somente é lícito ao administrador público praticar o que a lei permite.

É errôneo interpretar, contudo, que o administrador está vinculado somente ao texto literal da lei. O sentido mais exato é que o princípio seja interpretado em conjunto com o princípio da impessoalidade/finalidade e com o princípio da moralidade, a seguir tratados. Essa acepção é destacada por Bugarin (2001, p. 49), valendo transcrição:

> *Cabe destacar que a moderna doutrina administrativista tem incorporado novas acepções ao conceito de legalidade, o que, **sem descaracterizá-lo**, permite uma interpretação mais consentânea com a complexa realidade decisional e operacional dos atos administrativos de gestão. Neste novo cenário, um conjunto de elementos principiológicos, todos com inegável densidade normativa, passam a exercer um papel de maior relevância, tanto na doutrina quanto na jurisprudência* lato sensu, *com destaque para a boa-fé, a segurança jurídica, a proporcionalidade e a razoabilidade. Tal aspecto se manifesta, também e notadamente, no universo da tríplice dimensão do conceito de regularidade para os fins de atuação do controle externo, a qual enseja um exame profundo e integrado de três vetores normativos interdependentes e complementares: **legalidade, legitimidade e economicidade.*** (CF, art. 70, caput, grifo do original)

Assim, vista uma breve noção do princípio da legalidade, para a compreensão de seu conteúdo finalístico, é necessário sua aplicação conjunta com o princípio da impessoalidade, o que é feito a seguir.

Princípio da impessoalidade/finalidade

Ainda segundo Meirelles (1997, p. 85), entende-se o princípio da impessoalidade conforme transcrito a seguir:

> *O princípio da impessoalidade, referido na Constituição de 1988 (art. 37, "caput"), nada mais é que o clássico princípio da finalidade, o qual impõe ao administrador público que só pratique o ato para o seu fim legal. E o fim legal é unicamente aquele que a norma de direito indica expressa ou virtualmente como objetivo do ato, de forma impessoal.*

Ser impessoal é buscar a finalidade legal de interesse público. O conceito de interesse público, segundo a doutrina administrativa brasileira, muitas vezes, é confuso, pois alguns autores buscam o máximo de distância do conceito de direito particular. É válida certa diferenciação, mas, em sua essência, é o interesse que beneficia a coletividade, ou uma boa parte dela, mas a coletividade nada mais é do que uma soma de interesses particulares almejados licitamente. Uma definição coesa e clara, sem se dissociar da lógica em que deve se pautar a disciplina jurídica, é a ventilada por Meirelles (1997, p. 81), a seguir transcrita:

> *Em última análise, os fins da administração consubstanciam-se na defesa do interesse público, assim entendidas aquelas aspirações ou vantagens licitamente almejadas por toda a comunidade administrada, ou por uma parte expressiva de seus membros. O ato ou contrato administrativo realizado sem interesse público configura desvio de finalidade.*

Sobre o desvio de finalidade, é válida a transcrição da posição de Meirelles (1997, p. 96):

> *O desvio de finalidade ou de poder verifica-se quando a autoridade, embora atuando nos limites de sua competência, pratica ato por motivos ou com fins diversos dos objetivados pela lei ou exigidos pelo*

interesse público. O desvio de finalidade ou de poder é, assim, a violação ideológica da lei, ou, por outras palavras, a violação moral da lei, colimando o administrador público fins não queridos pelo legislador, ou utilizando motivos e meios imorais para a prática de um ato administrativo aparentemente legal. Tais desvios ocorrem, p. ex., quando a autoridade pública decreta uma desapropriação alegando utilidade pública, mas visando, na realidade, a satisfazer interesse pessoal próprio ou favorecer algum particular com a subsequente transferência do bem expropriado; ou quando outorga uma permissão sem interesse público; ou, ainda, quando classifica um concorrente por favoritismo, sem tender aos fins objetivados pela licitação. O ato praticado com desvio de finalidade – como todo ato ilícito ou imoral – ou é consumado às escondidas ou se apresenta disfarçado sob o capuz da legalidade e do interesse público. Diante disso, há que ser surpreendido e identificado por indícios e circunstâncias que revelem a distorção do fim legal, substituído habilidosamente por um fim ilegal ou imoral não desejado pelo legislador. A propósito, já decidiu o STF que: "indícios vários e concordantes são prova". Dentre os elementos indiciários do desvio de finalidade está a falta de motivo ou a discordância dos motivos com o ato praticado. Tudo isto dificulta a prova do desvio de poder ou de finalidade, mas não a torna impossível se recorrermos aos antecedentes do ato e à sua destinação presente e futura por quem o praticou.

A noção de interesse público é simples, pois é um interesse da coletividade. Por exemplo, a vida é um direito de todos e o interesse em sua provisão é da coletividade, é um interesse público. Se um particular quer resguardar seu direito à vida (interesse particular) e o Estado não concede esse direito, ferirá o interesse afeto à coletividade (interesse de proteção à vida); agindo assim, o Estado não garantirá uma finalidade legal de interesse público.

Dessa forma, o interesse público é um interesse difuso, uma vez que é transindividual, indivisível e a titularidade é indeterminada, mas sua provisão é incumbência do Estado. *Transindividual* porque é um interesse de todos, e não de uma só pessoa. *Indivisível* porque não se pode quantificar de plano a parcela cabível a cada particular. Assim, em face dessas qualidades, é que existe a incumbência do Ministério Público no resguardo dos interesses públicos.

Mas a finalidade legal de interesse público ainda não está com seu ciclo completo, falta a definição do princípio da moralidade para completar o conceito de legalidade, como faremos a seguir.

Princípio da moralidade

No que tange à moralidade administrativa, sua compreensão deve ser unida com o conceito de ética, conforme bem demonstra a doutrina de Celso Antônio Bandeira de Mello (2004, p. 109), na lição transcrita a seguir:

> *De acordo com ele, a administração e seus agentes têm de atuar na conformidade de princípios éticos. Violá-los implica violação ao próprio Direito, configurando ilicitude que assujeita a conduta viciada a invalidação, porquanto tal princípio assumiu foros de pauta jurídica, na conformidade do art. 37 da Constituição.*

Para a compreensão dessa ética administrativa, deve estar claro na conduta do administrador o bem comum no sentido de interesse público de seu agir, como se explicita a seguir: "A moral comum, remata Hauriou, é imposta ao homem para sua conduta externa; a moral administrativa é imposta ao agente público para sua conduta interna, segundo as exigências da instituição a que serve e a finalidade de sua ação: o bem comum" (Meirelles, 1997, p. 83).

Para pautar-se no princípio da moralidade, é necessário ao administrador agir com honestidade. É necessário que o administrador trate a "coisa" pública como se fosse sua, uma vez que ser desonesto consigo é motivo de ruína pessoal.

Cícero, em uma lição sobre os deveres, conceitua a honestidade como a necessária reunião de quatro elementos: busca da verdade; dar a cada um o que é seu; observar fielmente as convenções; e, pautar-se nas palavras e nas ações com moderação e comedimento. Essa lição merece transcrição:

> *Ainda que esses quatro elementos da honestidade sejam confundidos e unidos, cada um deles produz certa natureza de deveres: assim, ao primeiro, que não é senão a sabedoria e a prevenção, pertence a procura e descoberta da verdade, sendo mesmo função particular dessa virtude. Aquele que descobre melhor e mais depressa o que há de verdadeiro em cada coisa, sabendo explicar-lhe a razão, é avaliado, com razão, criterioso e sábio. A verdade própria dessa virtude é, de qualquer maneira, a forma pela qual é desempenhada. A finalidade das outras é a aquisição e a conservação de tudo o que é imprescindível à vida, a harmonia da sociedade humana, a grandeza d'alma que mais se destaca desprezando os bens e as honras que se satisfazem com a especulação pura, determina ação. Observando a medida e inserindo ordem em todas as coisas da vida, ficaremos fiéis à honestidade e à dignidade. Dos quatro princípios que abordamos, o primeiro, que trata do conhecimento da verdade, é o mais natural no homem. Com certeza, sustenta-nos abrasador desejo de saber e de conhecer; encanta-nos ser notáveis na ciência; ignorar, errar, enganar-se, iludir-se, nos parece desgraça e vergonha. Mas, nessa tendência natural e honesta, é preciso evitar duas distorções: uma, dar por conhecidas as coisas desconhecidas, fazendo afirmativa arriscada; quem quiser evitar tal defeito – e nós todos devemos querer – dará à análise de cada coisa o tempo e cuidado necessários. Outro defeito incide em colocar muito ardor e muito estudo nas coisas obscuras, difíceis e desnecessárias. Esses dois defeitos, se evitados, só merecem elogios pela aplicação e trabalho que dedicamos às coisas honestas e, ao mesmo tempo, úteis.* (Cícero, 2001, p. 35-36)

Assim, para o administrador público ter conduta honesta, é necessário proceder da seguinte maneira:

a. na dúvida quanto à legitimidade de algum ato, não deve tomar decisões levando em conta meias-verdades ou, pior, maquiar alguma falsidade para parecer legítimo um ato que, na realidade, não o é;

b. na aplicação do interesse público, os interesses privados devem ser respeitados o máximo possível, para que a aplicação daquele interesse resulte em um mínimo de dano ao último;

c. quando se obrigar a alguma convenção, é necessário, para a segurança jurídica dos pactos, evitar ao máximo a tomada de decisões unilaterais com o fito de descumprimento dos ajustes;

d. no trato da coisa pública, não poderão ser tomadas decisões equivocadas em descompasso com o bom senso e, muito menos, avançar fases, de forma não comedida, quando é necessário um procedimento para a tomada de decisões. Avocar alguma medida, anular alguma decisão hierarquicamente inferior e outras tantas decisões devem ser ações pautadas em razões suficientes.

Nesse ponto, é nítida a correlação entre a **moralidade administrativa** e o conceito de **probidade administrativa**. Sobre a questão, Silva (2004, p. 649) leciona:

A ideia subjacente ao princípio é a de que moralidade administrativa não é moralidade comum, mas moralidade jurídica. Essa consideração não significa necessariamente que o ato legal seja honesto. Significa, como disse Hauriou, que amoralidade administrativa consiste no conjunto de "regras de conduta tiradas da disciplina interior da Administração". Pode-se pensar na dificuldade que será desfazer um ato, produzido conforme a lei, sob o fundamento de vício de imoralidade. Mas isso é possível porque a moralidade administrativa não é meramente subjetiva, porque não é puramente formal, porque tem conteúdo jurídico a partir de regras e princípios da Administração. A lei pode ser cumprida moralmente ou imoralmente. Quando sua execução é feita, por exemplo, com o intuito de prejudicar alguém deliberadamente, ou com o intuito de favorecer alguém, por certo que se está produzindo um ato formalmente legal, mas materialmente comprometido com a moralidade administrativa. A probidade administrativa é uma forma de moralidade administrativa que mereceu consideração especial da Constituição, que pune o improbo com suspensão dos direitos políticos.

Não adianta aplicar a finalidade legal de interesse público sem honestidade, uma vez que, se assim acontecer, não há de se falar em alcance da justiça, pois, atualmente, é necessária a retomada da noção profética de justiça no sentido de que esta não se completa nem nas regras nem nos sistemas, mas reside também na intenção esclarecida de proceder da melhor maneira possível, inspirando-se num modelo ideal (Perelman, 1999, p. 84).

A seguir, trataremos do princípio da publicidade.

Princípio da publicidade

O princípio da publicidade não é aplicável à admissibilidade ou à lisura do ato administrativo, é, sim, um requisito formal de eficácia posterior. Nesse sentido, é elucidativa a lição de Meirelles (1997, p. 86):

> *Publicidade é a divulgação oficial do ato para o conhecimento público e início de seus efeitos externos. Daí por que as leis, atos e contratos administrativos que produzem consequências jurídicas fora dos órgãos que os emitem exigem publicidade para adquirirem validade universal, isto é, perante as partes e terceiros.*
> *A publicidade não é elemento formativo do ato; é requisito de eficácia e moralidade. Por isso mesmo, os atos irregulares não se convalidam com a publicação, nem os regulares a dispensam para sua exequibilidade, quando a lei ou o regulamento a exige.*

Dessa forma, decidido o mérito do ato, com a observância dos demais princípios sensíveis, o contrato firmado entre as partes deverá ser publicado na imprensa oficial para que surtam os seus devidos efeitos legais. Trata-se da **assunção de transparência** ao ato administrativo.

Contudo, vale a distinção entre perfeição, validade e eficácia do ato administrativo, com o fim de entendimento do âmbito de amplitude do princípio da publicidade. Mello (2004, p. 354) explica a questão da seguinte forma:

> O ato administrativo é perfeito quando esgotadas as fases necessárias à sua produção. Portanto, ato perfeito é o que completou o ciclo necessário à sua formação. Perfeição, pois, é a situação do ato cujo processo está concluído. O ato administrativo é válido quando foi expedido em absoluta conformidade com as exigências do sistema normativo. Vale dizer, quando se encontra adequado aos requisitos estabelecidos pela ordem jurídica. Validade, por isso, é a adequação do ato às exigências normativas. O ato administrativo é eficaz quando está disponível para a produção de seus efeitos próprios; ou seja, quando o desencadear de seus efeitos típicos não se encontra dependente de qualquer evento posterior, como uma condição suspensiva, termo inicial ou ato controlador a cargo de outra autoridade. Eficácia, então, é a situação atual de disponibilidade para produção dos efeitos típicos, próprios, do ato.

A publicidade, como princípio da administração pública, entre outras hipóteses, concede eficácia ao ato administrativo, uma vez que, com a efetiva publicação, apura-se o termo inicial do ato, quando exigível.

O princípio da publicidade não é uma regra absoluta, pois os atos de segurança nacional, certas investigações policiais, algumas ações judiciais, entre outras, têm publicidade restrita. Com efeito, determinados atos de interesse da segurança nacional, classificados pelo presidente da República, são sigilosos e formalizados por decretos secretos ou reservados. No Diário Oficial, publicam-se apenas a ementa e o número respectivo.

Princípio da eficiência

O princípio mais moderno da administração pública, inserido na Constituição pela Emenda Constitucional n. 19, de 4 de junho de 1998, é tomado como um dever aplicável ao agente público no desempenho de suas funções, exigindo-se o alcance de efeitos positivos em seu agir (Brasil, 1998a). Assim a doutrina ensina:

> *Realmente, não cabe à administração decidir por critério leigo quando há critério técnico solucionando o assunto. O que pode haver é a opção da administração por uma alternativa técnica quando várias lhe são apresentadas pelos técnicos como aptas para solucionar o caso em exame. Assim, o princípio da eficiência, de alto significado para o serviço público em geral, deve ser aplicado em todos os níveis da administração brasileira.* (Meirelles, 1997, p. 91)

A eficiência administrativa, contudo, não se resume à escolha da opção técnica mais adequada, mas se estende à realização do máximo de benefícios com um mínimo de custo. Não se trata de um princípio propriamente jurídico, mas econômico. O que obriga a administração é a otimização dos recursos. Essa conclusão se coaduna com os ensinamentos de Silva (2004, p. 652), transcritos a seguir:

> *Eficiência não é um conceito jurídico, mas econômico; não qualifica normas; qualifica atividades. Numa ideia muito geral, eficiência significa fazer acontecer com racionalidade, o que implica medir os custos que a satisfação das necessidades públicas importa em relação ao grau de utilidade alcançado. Assim, princípio da eficiência, introduzido agora no art. 37 da Constituição pela EC-19/98, orienta a atividade administrativa no sentido de conseguir os melhores resultados com os meios escassos de que se dispõe e a menor custo. Rege-se, pois, pela regra da consecução do maior benefício com o menor custo possível. Portanto, o princípio da eficiência administrativa tem como conteúdo a relação meios e resultados. Isso quer dizer, em suma, que a eficiência administrativa se obtém pelo melhor emprego dos recursos e meios (humanos, materiais e institucionais) para melhor satisfazer às necessidades coletivas num regime de igualdade de usuários. Logo, o princípio da eficiência administrativa consiste na organização racional dos meios e recursos humanos, materiais e institucionais para a prestação*

de serviços públicos de qualidade em condições econômicas de igualdade dos consumidores. O princípio inverte as regras de competência, pois o bom desempenho das atribuições de cada órgão ou entidade pública é fator de eficiência em cada área da função governamental. A própria Constituição, pela EC – 19/98, introduziu alguns mecanismos tendentes a promover o cumprimento do princípio, como o da participação do usuário na administração pública e a possibilidade de aumentar a autonomia gerencial, orçamentária e financeira de órgãos e entidades da administração direta e indireta.

Mesmo antes da Emenda Constitucional n. 19, de 4 de junho de 1998 (Brasil, 1998a), a administração, seus delegados e concessionários deviam prestar serviços adequados e prever a responsabilidade civil do Estado por prestação de serviços defeituosos, uma vez que a prestação de serviço público é uma relação de consumo. A novidade foi o reconhecimento como princípio da administração pública, o que, anteriormente, já era reconhecido ordinariamente. Dessa forma, é lúcida a lição de Bugarin (2001, p. 48-49, grifo do original) a seguir transcrita:

Nesse momento embrionário desta reflexão sobre o princípio da eficiência, com as cautelas devidas ao longo e desafiador caminho a percorrer, penso que algumas constatações podem ser enunciadas: 1. No plano da teoria econômica e de gestão, a busca de eficiência – e num plano mais amplo, de efetividade – pelas organizações públicas se consubstancia, em última instância, num imperativo de ordem estratégica, *ou seja, num determinante de sua legitimidade social. Assim, no necessário plano normativo (ético) da economia política do bem-estar, pode-se vincular a ideia de eficiência, em íntima correlação material com a de economicidade, à obtenção do melhor resultado socioeconômico possível da alocação do conjunto escasso de recursos transferidos da sociedade para os entes estatais responsáveis pelo atendimento das múltiplas e urgentes necessidades de ordem pública ou geral. Tal posição, portanto, reconhece a importância da* racionalidade econômica *no complexo processo de tomada de decisão de investimentos/gastos públicos, no entanto, não lhe confere o* status fundacional *consagrado no conjunto de ideias e iniciativas político-administrativo conhecido, no mundo anglo--saxão, como* the new public management. 2. *A eficiência, erigida em princípio jurídico-constitucional, desvela o anseio social que fundamenta a exigência de um agir administrativo consentâneo com o enorme conjunto de legítimas, profundas e estruturais demandas coletivas e/ou difusas presentes em nossa perversa realidade socioeconômica, impondo-se, como direito subjetivo público fundamental, a existência de uma gestão pública competente, honesta, racionalmente fundamentada, transparente e participativa, propiciando-se, enfim, a concretização de uma Pública Administração efetivamente democrática. 3. O princípio constitucional da eficiência não pode, é fundamental que isso fique bem claro, suscitar entendimento errôneo no sentido de que, em seu nome, a legalidade seja,* pura e simplesmente, *sacrificada ou relegada a um plano inferior. Com efeito, estes dois princípios constitucionais da Administração devem* harmonizar-se, **entre si e com os demais princípios correlatos**, *permitindo ao gestor público atuar com eficiência, dentro da legalidade. 4. O enfoque material de ordem estritamente gerencial-econômica, neste cenário, não pode ser um valor absoluto, em função da necessária ponderação de valores imposta pelo Texto Constitucional, a fim de tornar efetiva a sua força normativa, e propiciar, assim, a necessária harmonização das Ordens econômica, financeira, tributária/orçamentária e social.*

Feitas essas considerações, trataremos dos princípios específicos aplicáveis ao contrato administrativo.

Princípios específicos aplicáveis aos contratos administrativos

Uma vez tratados os princípios gerais da administração pública, logicamente aplicáveis aos contratos, existem outros princípios específicos para os contratos administrativos, que são: necessidade de licitação prévia; inoponibilidade relativa de exceção do contrato não cumprido, equilíbrio econômico-financeiro, e, inexistência de contratos puramente privados na administração.

Princípio da licitação prévia

Em regra, todo contrato administrativo deve ser precedido de uma técnica formal para apurar a proposta mais vantajosa para a administração pública: a licitação pública prevista nos arts. 30 a 53 da Lei n. 8.666/1993 (Brasil, 1993c).

Neste trabalho, não buscamos um aprofundamento no tema, mas intencionamos esclarecer que a licitação, em regra, é um pressuposto do contrato administrativo. Em regra, porque existem hipóteses em que esse procedimento é dispensado, como nas hipóteses do art. 24 da Lei n. 8.666/1993, bem como inexigível, conforme o art. 25 da mesma lei.

A doutrina mais autorizada opina como princípio regedor da licitação o princípio do procedimento formal, publicidade de seus atos, igualdade entre licitantes, sigilo na apresentação das propostas, probidade, vinculação ao edital, julgamento objetivo e adjudicação compulsória. Reservamo-nos a comentar somente os três últimos, porque no decorrer deste livro, esses princípios apresentam maior relevo.

Em sede principiológica, a licitação deve ser regida pelos princípios específicos arrolados a seguir:

a. Vinculação ao instrumento convocatório

A licitação tem seu início com a publicação do edital de convocação dos interessados. Independentemente de seu valor ou de sua modalidade, os atos seguintes devem ter consonância com o edital referido, sob pena de nulidade dos atos que se seguirem.

b. Princípio do julgamento objetivo

A licitação é um procedimento que visa apurar a melhor proposta para a administração. A proposta deve ser efetivamente a melhor, segundo os critérios exigidos em edital, e não aquela que o administrador entenda sê-lo, segundo sua concepção pessoal. Esses critérios previstos em edital devem ser objetivos, utilizando parâmetros técnicos e comprovando a forma como se aquilataram os preços máximos e mínimos que nortearão o certame.

c. Adjudicação compulsória

Segundo esse princípio, a administração fica impedida de atribuir o objeto a outra pessoa se não o legítimo vencedor do processo licitatório. O objeto da licitação é a obra, o serviço, a compra, a alienação, a concessão, a permissão e a locação que a administração almeja contratar. À administração é lícito, porém, anular ou revogar a licitação, bem como adiar a contratação, quando houver justos motivos para tanto. Se acontecer abuso ou desvio de poder na anulação, na revogação ou no adiamento da contratação, a administração ficará sujeita a controle judicial e à reparação de danos, se houver prejuízos ao vencedor do certame. Com a homologação e a adjudicação, encerra-se o procedimento licitatório, passando-se à contratação.

Deve ser levado em consideração que as instituições do terceiro setor, aquelas que se dedicarem à pesquisa, poderão ser contratadas diretamente, com dispensa de licitação, conforme o art. 24, XIII, da Lei n. 8.666/1993[j] (Brasil, 1993c).

Contudo, essa dispensa deve ser abalizada com cuidado pelo Poder Público, pois a regra será a licitação. Essa dispensa deverá corresponder aos princípios regentes dos contratos administrativos, com apuração prévia do preço do serviço, correspondendo uma vantagem ao erário público, seja no quesito preço, seja no quesito serviço diferenciado por sua eficiência, o que corresponderá, indiretamente, a vantagem aos cofres públicos.

||||||||||||||||||||||||||

j. Art. 24. É dispensável a licitação: [...] XIII – na contratação de instituição brasileira incumbida regimental ou estatutariamente da pesquisa, do ensino ou do desenvolvimento institucional ou de instituição dedicada à recuperação social do preso, desde que a contratada detenha inquestionável reputação ético-profissional e não tenha fins lucrativos. (Brasil, 1993c)

Outro prisma a ser analisado é uma alternativa às empresas com fins lucrativos, uma vez que o eventual superávit proveniente do serviço, em vez de reverter somente a seus sócios, será revertido à sociedade civil. Apesar disso, a dispensa deve ser suficientemente justificada, conforme a posição de Niebuhr (2003, p. 312):

> *A cada dia é mais frequente a participação da sociedade civil organizada em assuntos relacionados ao bem-estar da coletividade, portanto que dizem respeito ao interesse público. E a sociedade civil costuma atuar mediante a criação de associações, instituições ou fundações, que são entidades dotadas de personalidade jurídica, sem fins lucrativos, que costumam ser denominadas de "terceiro setor". Como tais entidades desenvolvem atividades pertinentes ao interesse público, o legislador reputou dever-se, em alguns casos, estreitar as relações delas com a administração pública, possibilitando a contratação direta, por dispensa de licitação pública. Nessas hipóteses, a dispensa de licitação pública é um modo concebido para que a administração fomente as atividades de tais entidades; logo, representa uma espécie de incentivo. Em vez de realizar licitação pública, tratando com igualdade todos os possíveis interessados em contratos administrativos, o legislador resolveu distinguir ditas entidades, oferecendo-lhes tratamento privilegiado, permitindo que a administração não proceda ao certame, contratando-as diretamente, por meio de dispensa. Convém ressaltar que, nesses casos, a realização de licitação não imporia qualquer espécie de gravame ou prejuízo direto ao interesse público. A utilidade pretendida pela administração mediante o contrato poderia ser contemplada tanto com esse tipo de contratação direta, quanto com recurso à licitação. Dessa sorte, a dispensa justifica-se na conveniência ou necessidade de fomentar certas atividades vinculadas ao interesse público, mesmo que levadas a cabo por entidades privadas. A ideia é contratar ditas entidades especialmente qualificadas, que, mesmo indiretamente, propiciam retorno ao interesse público, em vez de contratar qualquer outra entidade, cujo retorno, consubstanciado em lucro, é compartilhado apenas entre os seus sócios.*

Princípio da inoponibilidade relativa da exceção do contrato não cumprido

Exceção do contrato não cumprido (*exceptio non adimpleti contractus*) é uma cláusula inerente aos contratos bilaterais, cujo conceito está inserido no art. 476 do Código Civil, o qual determina que, nos contratos bilaterais, "nenhum dos contratantes, antes de cumprida a sua obrigação, pode exigir o implemento da do outro" (Brasil, 2002a).

Sobre o tema, Maria Helena Diniz (2003, p. 352) declara: "a *exceptio non adimpleti contratus* é a cláusula resolutiva tácita que se prende ao contrato bilateral requerer que as duas prestações sejam cumpridas simultaneamente, de forma que nenhum dos contratantes poderá, antes de cumprir sua obrigação, exigir o implemento da do outro".

Em sede dos contratos administrativos, essa regra não se opera contra a administração pública. Somente por exceção poderá ser invocado pelo particular, ou seja, quando o atraso da administração superar 90 dias, salvo calamidade pública, perturbação da ordem ou guerra, conforme o art. 78, inciso XV da Lei n. 8.666/1993 (Brasil, 1993c).

Princípio do equilíbrio financeiro

Esse princípio tem como fundamento preservar o contrato das influências dos atos da administração pública, bem como das influências externas ao pactuado. Sua premissa é a cláusula *rebus sic standibus*, ou seja, as condições que regem os contratos devem ser aquelas que vigoravam no ato de sua assinatura, mudando-se as condições por evento futuro, mudam-se as bases econômicas do pacto, para mais ou para menos, conforme o caso.

Sobre o tema, Meirelles (1997, p. 199) ensina:

> *O equilíbrio financeiro, ou equilíbrio econômico, ou equação econômica, ou, ainda, equação financeira, do contrato administrativo é a relação estabelecida inicialmente pelas partes entre os encargos do contratado e a retribuição da Administração para a justa remuneração do objeto do ajuste. Essa relação encargo-remuneração deve ser mantida*

durante toda a execução do contrato, a fim de que o contratado não venha a sofrer indevida redução nos lucros normais do empreendimento. Assim, ao usar do seu direito de alterar unilateralmente as cláusulas regulamentares do contrato administrativo, a Administração não pode violar o direito do contratado de ver mantida a equação financeira originariamente estabelecida, cabendo-lhe operar os necessários reajustes econômicos para o restabelecimento do equilíbrio financeiro.

Estudados os princípios, passaremos a tratar sobre as peculiaridades materiais dos contratos, ou seja, as cláusulas "exorbitantes".

Deveres contratuais extraordinários da administração pública (cláusulas "exorbitantes")

Os contratos administrativos, em uma primeira análise, são um pacto como outro qualquer, divergindo dos ajustes privados somente pela participação da administração em um dos polos. Por motivo dessa presença, ocorrem diversos efeitos previstos em lei, que concedem ao Poder Público algumas incumbências para o melhor alcance do interesse público.

À primeira vista, pode parecer que existe primazia administrativa no contrato. Contudo, na realidade, não se trata de privilégio, mas, sim, de uma maior responsabilidade para com a execução e com vistas ao resultado de interesse público planejado. A administração pública não é interessada diretamente no contrato; em verdade, representa a coletividade e, como gestor da coisa pública, assume incumbências que não são exigidas do particular.

Dessa forma, é errôneo entender que exista uma supremacia de poder conferida ao administrador no contrato firmado pelo Poder Público; o que existe é um dever de resultado perante os princípios peculiares previstos constitucionalmente. A aparente supremacia, como já afirmado, é uma maior responsabilidade de êxito ante o interesse público. Privilégio pressupõe faculdade, e não obrigatoriedade, o que, no caso, não ocorre.

Se implementada qualquer das hipóteses legais, o Estado deverá agir sob pena de não observância dos princípios sensíveis da administração pública, conforme o entendimento de Meirelles (1997, p. 97), transcrito a seguir:

> *O poder-dever da autoridade pública é hoje reconhecido pacificamente pela jurisprudência e pela doutrina. O poder tem para o agente público o significado de dever para com a comunidade e para com os indivíduos, no mesmo sentido de que quem o detém está sempre na obrigação de exercitá-lo. Nem sempre compreenderia que uma autoridade pública – um Governador, p. ex. – abrisse mão de seus poderes administrativos, deixando de praticar atos de seu dever funcional. O poder administrador público, revestindo ao mesmo tempo o caráter de dever para com a comunidade, é insuscetível de renúncia pelo seu titular. Tal atitude importaria fazer liberalidades com o direito alheio, e o Poder Público não é, nem pode ser, instrumento de cortesias administrativas. Se para o particular o poder de agir é uma faculdade, para o administrador público é uma obrigação de atuar, desde que se apresente o ensejo de exercitá-lo em benefício da comunidade. É que o Direito Público ajunta ao poder do administrador o dever de administrar.*

Dessa responsabilidade surgem algumas peculiaridades do contrato administrativo que decorrem expressamente do art. 58 da Lei n. 8.666/1993 (Brasil, 1993c). Costuma-se denominar essas peculiaridades de cláusulas exorbitantes; contudo, confere-se uma maior exatidão ao regime jurídico dos contratos administrativos quando referidos como: deveres contratuais extraordinários da administração pública. Tais deveres são:

a. de modificação unilateral;
b. de rescisão unilateral;
c. de fiscalização da execução;
d. de aplicação de sanções; e
e. de ocupação provisória.

Dever de modificação unilateral

Essa peculiaridade contratual reside na necessidade de adequação às finalidades de interesse público. Os contratos administrativos necessitam de um procedimento anterior, que é a licitação pública. Esse procedimento é formal, solene e vincula a administração pública às regras definidas em edital. De qualquer forma, os preceitos ali previstos deverão ser respeitados, sob pena de realização de novo certame, uma vez que, se não houver claro direcionamento às finalidades de interesse público, haverá sua anulação sob pena de desvio de finalidade.

No entanto, no decorrer da execução do contrato, poderão surgir situações em que urge remanejamento para uma otimização de sua finalidade, em casos que, sob justificativa suficiente, independentemente de se recorrer ao Poder Judiciário, a lei autoriza o Poder Público a modificar o contrato.

Nesse caso, verificamos uma clara exceção ao princípio da obrigatoriedade do pactuado, sob justificativa do princípio da supremacia do interesse público. Contudo, esse fundamento não exclui o respeito aos direitos do contratado, podendo haver revisão da equação econômico-financeira, se houver oneração do contrato ou indenização por eventuais perdas.

Dever de rescisão unilateral

Esse dever está vinculado às hipóteses dos incisos I, XII e XVII, do art. 78 da Lei n. 8.666/1993, quais sejam:

a. quando não houver cumprimento, por parte do contratado, de cláusulas contratuais, especificações, projetos ou prazos;
b. quando houver razões de interesse público, de alta relevância e amplo conhecimento, justificadas e determinadas pela máxima autoridade da esfera administrativa a que está subordinado o contratante e exarado no processo administrativo a que se refere o contrato; e,

> c. na ocorrência de caso fortuito ou de força maior, regularmente comprovada, impeditiva da execução do contrato. Assim, fora dessas hipóteses, a rescisão contratual somente se dará amigavelmente ou por decisão judicial (Brasil, 1993c).

Outra cautela é a exigência de que o ato de rescisão unilateral seja escrito, devendo nele conter justificativa suficiente, indicando a hipótese legal que se enquadra no fundamento, sob pena de ilegalidade com restabelecimento do contrato ou conversão em perdas e danos.

Dever de fiscalização

Esse dever é inerente à função pública. Todos os atos devem ser fiscalizados pela administração porque essa é sua incumbência precípua de controle do contrato, pois sua eficiência deve ser atestada pelo órgão público responsável, obrigação dirigida ao administrador.

Dever de aplicação de sanções

Essa incumbência da administração pública decorre do poder-dever de polícia, uma vez que, para aplicar sanções, não é necessário ao Poder Público recorrer ao Judiciário. A exigência verificada é a motivação determinante do ato, devendo guardar relação de causa-efeito com a inexecução total ou parcial do contrato.

Inclui-se na hipótese de inexecução parcial o caso de execução deficiente ou em desacordo com o proposto ou previsto no contrato, bem como no projeto básico ou proposta técnica-financeira.

Dever de ocupação provisória

A ocupação provisória de bens móveis, imóveis, pessoais e serviços vinculados ao objeto do contrato tem cabimento, sendo que essa providência encontra amparo no princípio da continuidade dos serviços públicos:

a. nos serviços essenciais;
b. na hipótese da necessidade de acautelar apuração administrativa de faltas contratuais pelo contratado;
c. nos casos de rescisão contratual.

O estudo dos contratos administrativos é muito vasto e peculiar. Como este livro é direcionado ao terceiro setor, uma abordagem mais aprofundada sobre essa questão fugiria ao espírito desta obra. É oportuno, outrossim, reservar o enfoque aos instrumentos específicos, ou seja, a convênios, termos de parceria e "contratos de gestão", propostos a seguir.

Capítulo 5
Termos de parceria

Vistas as modalidades de atuação do terceiro setor, estudaremos os principais instrumentos de cooperação com o Poder Público. O mais recente instrumento de integração entre o terceiro setor e o Estado (primeiro setor) foi instituído pela Lei n. 9.790, de 23 de março de 1999, definido pelo seu art. 9º, com a seguinte redação:

> *Fica instituído o Termo de Parceria, assim considerado o instrumento passível de ser firmado entre o Poder Público e as entidades qualificadas como Organizações da Sociedade Civil de Interesse Público destinado à formação de vínculo de cooperação entre as partes, para o fomento e a execução das atividades de interesse público, previstas no art. 3º desta lei.* (Brasil, 1999b)

Esse vínculo de cooperação permite que as Oscips trabalhem lado a lado com o Poder Público, em atividades de interesse público. Conforme a doutrina, esse instrumento foi criado para agilizar e garantir financiamentos públicos às entidades que desenvolvem projetos em cooperação com o Poder Público, sem "obstáculos burocráticos e restrições operacionais dos convênios, tais como duração limitada ao exercício fiscal, relatórios excessivamente formalistas e a impossibilidade de contratação de mão de obra adicional" (Szazi, 2000, p. 109).

O objetivo é o desenvolvimento de projetos como uma alternativa aos convênios, sanando uma impropriedade antes corriqueira que estabelecia um vínculo de cooperação sem amparo legal, uma vez que o conceito de convênio não admite contraprestação de serviços, o que é admitido no termo de parceria ao prever a prestação de serviços intermediários, conforme o art. 3º, parágrafo único, da Lei n. 9.790/1999 (Brasil, 1999b).

A utilização imprópria dos convênios fora do escopo da mútua cooperação é outra impropriedade conceitual e foi remediada pela previsão da cooperação mediante vínculo de parceria. Na realidade, os termos de parceria são um misto entre contratos e convênios, pois existe um vínculo (parceria), uma prestação (o projeto objeto do termo) e as partes – Oscip e parceiro público em bilateralidade, com obrigações previstas em lei, ou seja, o fomento[a] por parte do parceiro público e a execução por parte da Oscip. Entretanto, em regime de cooperação, que o torna atrelado conceitualmente, cabível aos convênios administrativos. Essas *nuances* serão tratadas na comparação dos diferentes instrumentos jurídicos aqui estudados.

Como peculiaridades, podem ser enumerados os seguintes fatores:

a. consulta ao Conselho de Política Pública das respectivas áreas de atuação da entidade;
b. possibilidade de o termo de parceria ser firmado por período superior ao exercício fiscal;
c. estipulação das metas e dos resultados a serem atingidos, com respectivos prazos de cronogramas;
d. fixação de critérios objetivos de avaliação de desempenho mediante indicadores de resultado;
e. elaboração de cronograma físico-financeiro de aplicação de recursos, com auditoria independente, para recursos superiores a 600 mil reais;
f. necessidade de apresentação de relatório com prestação de contas ao final de cada exercício;
g. obrigatoriedade de publicação na imprensa oficial de um extrato simplificado do termo de parceria.

Assim o Dr. Leite (2003, p. 12-13), consultor da Assembleia Legislativa de Minas Gerais, sintetiza o estudo dos termos de parceria da seguinte maneira:

|||||||||||||||||||||||
a. *Fomento* significa "Estímulo, incentivo ao interesse por algo; [Política] Ação do governo que visa o desenvolvimento de um país, de uma região ou de um setor econômico" (Dicionário Narealidade, 2021). E, conforme o art. 3º, II da Constituição Federal, é objetivo fundamental da República Federativa do Brasil "garantir o desenvolvimento nacional". (Brasil, 1988)

Os arts. de 9º a 15 da Lei n. 9.790/1999 são dedicados ao termo de parceria. O art. 9º o define como "instrumento passível de ser firmado entre o Poder Público e as entidades qualificadas como Organização da Sociedade Civil de Interesse Público destinado à formação de vínculo de cooperação entre as partes, para o fomento e a execução das atividades de interesse público previstas no art. 3º desta Lei". Uma tentativa de definir a natureza jurídica do termo de parceria deverá levar em conta os seguintes elementos:

a) os signatários: o Poder Público e as Oscips;

b) o vínculo: vínculo de cooperação;

c) a finalidade: o fomento – por parte do Poder Público – e a execução – por parte da Oscip – de atividades de interesse público.

Segundo o Conselheiro e Membro do Comitê Executivo da Comunidade Solidária Augusto Franco, no prefácio que elaborou para o livro Oscip – Organização da Sociedade Civil de Interesse Público: A Lei 9.790/1999 como Alternativa para o terceiro setor, o termo de parceria é um novo instituto jurídico "pelo qual o Estado pode se associar a organizações da Sociedade Civil que tenham finalidade pública, para a consecução de ações de interesse público, sem as inadequações dos contratos regidos pela Lei 8.666/93 (que supõem a concorrência e, portanto, pressupõem uma racionalidade competitiva na busca de fins privados, válida para o Mercado mas não para aquelas organizações da Sociedade Civil que buscam fins públicos) e as inconveniências dos convênios, regidos pela Instrução Normativa nº 1, de 1997, da Secretaria do Tesouro Nacional (um instrumento deslizado do seu sentido original, que era o de celebrar relações entre instâncias estatais – mas que se transformou num pesadelo kafkiano quando aplicado para regular relações entre instâncias estatais e não estatais)". No termo de parceria, não se verifica a existência de interesses opostos e contraditórios como ocorre no contrato, mas de um vínculo especial de cooperação. Esse fato o aproxima do convênio. Maria Sylvia Zanella di Pietro define convênio como "forma de ajuste entre o Poder Público e entidades públicas ou privadas para a realização de objetivos de interesse comum, *mediante mútua colaboração". O convênio rege-se, no que couber, pela Lei nº 8.666/93. A intenção do legislador, ao criar o termo de parceria na Lei das Oscips foi dar "agilidade operacional para a formalização de parcerias" (exposição de motivos do anteprojeto). Por isso, "do ponto de vista da agilidade operacional para formalização de parceria, a interlocução política do conselho da comunidade solidária identificou que os contratos e convênios não são considerados adequados às especificações das organizações privadas com fins públicos e não apresentam critérios objetivos de identificação, seleção, competição e contratação da melhor proposta." (exposição de motivos do anteprojeto). Percebe-se, portanto, que o termo de parceria foi pensado como um novo instituto jurídico. Embora se assemelhe ao convênio, almejou-se subtraí-lo das exigências da Lei nº 8.666/93. Há, portanto, entre os formuladores do novo marco para o terceiro setor, a convicção de que a Lei das Licitações não oferece critérios objetivos para a competição e a seleção da melhor proposta.Os arts. de 11 a 15 estabelecem os mecanismos de fiscalização e controle da execução do termo de parceria. Neles, merecem atenção especial os seguintes pontos:*

a) ênfase dada à avaliação dos resultados (§1º do art. 11);
b) regulamento próprio com os procedimentos que a organização parceira adotará para contratação de obras e serviços, bem como para compras com emprego de recursos provenientes do Poder Público (art. 14).
Tais procedimentos não serão, portanto, obrigatoriamente, aqueles previstos na Lei das Licitações.

Fazendo um breve estudo da Lei n. 9.790/1999, o art. 10º, parágrafo 1º, dispõe que sua celebração será precedida de consulta aos conselhos de políticas públicas das áreas correspondentes de atuação objeto do termo de parceria a ser firmado, nos respectivos níveis de governo federal, estadual ou municipal (Brasil, 1999b).

O parágrafo 2º do art. 10º da mesma lei dispõe sobre as cláusulas essenciais do termo de parceria, ou seja:

a. previsão do objeto deverá conter a especificação do plano de trabalho proposto pela Oscip, ou seja, ele integra o termo de parceria;
b. estipulação das metas e dos resultados a serem atingidos e os respectivos prazos de execução ou cronograma;
c. previsão expressa dos critérios objetivos de avaliação de desempenho a serem utilizados, mediante indicadores de resultado;
d. previsão de receitas e de despesas a serem realizadas em seu cumprimento, estipulando item por item as categorias contábeis usadas pela organização e o detalhamento das remunerações e benefícios de pessoal a serem pagos, com recursos oriundos ou vinculados ao termo de parceria, a seus diretores, empregados e consultores;
e. estabelecimento das obrigações da sociedade civil de interesse público, entre as quais apresentar ao Poder Público, ao término de cada exercício, relatório sobre a execução do objeto do termo de parceria, contendo comparativo específico das metas propostas com os resultados alcançados, acompanhado de prestação de contas dos gastos e receitas efetivamente realizados, independentemente das previsões de receitas e despesas a serem realizadas em seu cumprimento;
f. publicação, na Imprensa Oficial do município, do estado ou da União, conforme o alcance das atividades celebradas entre o órgão parceiro e a Oscip de extrato do termo de parceria e de demonstrativo da sua execução física e financeira, conforme modelo simplificado estabelecido no Decreto nº 3.100/1999, contendo os dados principais da documentação obrigatória, conforme o item "e" anterior, sob pena de não liberação dos recursos previstos no termo de parceria (Brasil, 1999b).

A fiscalização da execução, conforme o art. 11, será acompanhada pelo órgão do Poder Público da área correspondente, além do Conselho de Políticas Públicas. Os resultados atingidos na execução do termo de parceria devem ser analisados por uma comissão de avaliação, composta de comum acordo entre representantes do órgão parceiro e da Oscip. Essa comissão encaminhará à autoridade competente um relatório conclusivo sobre a avaliação procedida (Brasil, 1999b).

Os termos de parceria serão controlados também pelos mecanismos de controle social previstos na legislação. O Ministério Público é a instituição de relevante importância na fiscalização do termo de parceria, pois, conforme a Constituição Federal de 1988, faz parte de suas funções institucionais "zelar pelo efetivo respeito dos poderes públicos e dos serviços de relevância pública aos direitos assegurados nesta Constituição, promovendo as medidas necessárias sua garantia" (Brasil, 1988, art. 129, inciso II).

Nessa sede, o art. 12 da Lei n. 9.790/1999 estabelece que os responsáveis pela fiscalização do termo de parceria deverão comunicar ao Tribunal de Contas e ao Ministério Público respectivos conhecimentos de irregularidades ou ilegalidade no uso de recursos públicos, sob pena de responsabilidade solidária (Brasil, 1999b).

Sem prejuízo dessas medidas, os fiscais dos termos de parceria, havendo fundados indícios de malversação[b] de recursos públicos, representarão o Ministério Público[c] e a Advocacia-Geral da União (ou procuradorias dos estados ou dos municípios, caso o parceiro público seja ente estadual ou municipal, respectivamente), para que requeiram medida judicial de indisponibilidade de bens da entidade e o sequestro dos bens de seus dirigentes, bem como de agente público ou terceiro que porventura tenham enriquecido ilicitamente ou causado dano ao

---

b. Má gestão de recursos públicos, em que haja dilapidação (esbanjamento) do patrimônio público.

c. Nesse ponto, há uma generalização da atuação do Ministério Público, alargando sua atuação, não se restringindo ao Ministério Público com o Tribunal de Contas.

patrimônio público, além de outras medidas legais, conforme art. 13 da Lei n. 9.790/1999 (Brasil, 1999b).

Existe outra inovação: a obrigatoriedade de publicação pela Oscip de adotar um regulamento próprio para contratações com recursos públicos em termos de parceria. Esse tema já foi analisado quando abordamos a qualificação das Oscips.

Em última análise, o termo de parceria é uma inovação porque é um instrumento moderno, fundado em princípios de transparência e eficiência, justiça no acesso aos recursos, cooperação e parceria na execução dos projetos. Sem dúvida, é uma excelente forma de aliança entre o Estado e a sociedade civil para alcançar posição de destaque no atual mundo globalizado.

Sobre o tema, Ferrarezi (2001, p. 18-19), em trabalho considerado o marco interpretativo da Lei n. 9.790/1999, pondera:

> *Do ponto de vista da agilidade operacional para formalização de parcerias, tanto o convênio quanto o contrato não foram considerados adequados pelos interlocutores para atender às especificidades das organizações privadas com fins públicos. Buscou-se, então, um novo instrumento, que traduzisse a relação de parceria entre instituições com fins públicos (Estado e Oscip), mas com diferentes formas de propriedade (pública estatal e pública social) e com natureza jurídica diferente (direito público e direito privado). Assim, a Lei 9.790/99 criou o Termo de Parceria – novo instrumento jurídico de fomento e gestão das relações de parceria entre as Oscips e o Estado, com o objetivo de imprimir maior agilidade gerencial aos projetos e realizar o controle pelos resultados, com garantias de que os recursos estatais sejam utilizados de acordo com os fins públicos. O termo de parceria possibilita a escolha do parceiro mais adequado do ponto de vista técnico e mais desejável dos pontos de vista social e econômico, além de favorecer a publicidade e a transparência.*

Um documento primordial para fixar os parâmetros técnicos do termo de parceria é o plano de trabalho, que integrará o termo independente de transcrição. Estudaremos esse instrumento de maneira prática oportunamente.

No que for compatível com a Lei n. 9.790/1999, serão aplicadas as disposições concernentes aos convênios, em virtude de seus regimes jurídicos serem substancialmente semelhantes pelo elemento da "cooperação". O estudo sobre esse instrumento virá a seguir.

Houve atualizações promovidas pela Lei n. 13.019, de 31 de julho de 2014, conhecida como Lei das Organizações da Sociedade Civil (Brasil, 2014b), que acrescentou o art. 15-B na Lei n. 9.790/1999, tratando da prestação de contas dos termos de parceria. Assim, conforme o texto aprovado, a prestação de contas relativa à execução do termo de parceria perante o órgão da entidade estatal parceira refere-se à correta aplicação dos recursos públicos recebidos e ao adimplemento do objeto do termo de parceria, mediante a apresentação dos seguintes documentos:

a. relatório anual de execução de atividades, contendo especificamente relatório sobre a execução do objeto do Termo de Parceria, bem como comparativo entre as metas propostas e os resultados alcançados;
b. demonstrativo integral da receita e despesa realizadas na execução;
c. extrato da execução física e financeira;
d. demonstração de resultados do exercício;
e. balanço patrimonial;
f. demonstração das origens e das aplicações de recursos;
g. demonstração das mutações do patrimônio social;
h. notas explicativas das demonstrações contábeis, caso necessário;
i. parecer e relatório de auditoria, se for o caso (Brasil, 1999b).

Capítulo 6
Convênios
e sua *legislação*

Os convênios são instrumentos jurídicos destinados à execução, em regime de mútua cooperação, de serviços de interesse recíproco entre o Poder Público e o setor privado. As três normas que disciplinam a matéria são a Lei n. 8.666, de 21 de junho de 1993, o Decreto n. 93.872, de 23 de dezembro de 1986, e a Instrução Normativa n. 1, de 15 de janeiro de 1997, da Secretaria do Tesouro Nacional (INSTN), do Ministério da Fazenda (Brasil, 1993c; 1986; 1997a).

A doutrina oferece dois pontos fundamentais no conceito de convênio: "Regime de mútua cooperação e o interesse recíproco" (Szazi, 2000, p. 105). Tanto é verdade que, se uma relação jurídica sob a denominação jurídica de convênio realmente contiver interesses antagônicos, estará constituído um contrato, conforme o parágrafo 1º, art. 48 do Decreto n. 93.872/1986 (Brasil, 1986). Vige, nos convênios, outrossim, uma associação cooperativa fundada na mútua colaboração.

Merecem destaque as linhas de Szklarowsky (1997), a seguir transcritas:

> *O contrato distingue-se pela presença de duas ou mais partes, pretendendo uma delas o objeto – a prestação de serviço, a compra de alguma coisa, a realização de obra, a locação de um bem – e a outra, a contraprestação respectiva – a remuneração ou outra vantagem. Já no convênio entre partícipes, as pretensões são sempre as mesmas, variando apenas a cooperação entre si, de acordo com as possibilidades de cada um, para a realização de um objetivo comum, com a característica de associação cooperativa. Ou, como decidiu o TCU, convolando a proposta do Ministro Mário Pacini, nos convênios, não há que existir a contraprestação em dinheiro, senão a mútua colaboração.*

A cooperação mútua pressupõe um aporte de recursos igualmente mútuos, mesmo que não paritário. A Instrução Normativa n. 1/1997 prevê, em seu art. 2º, parágrafo 2º, que a contrapartida será estabelecida de modo compatível com a capacidade financeira do ente federativo beneficiado, observados os limites (percentuais) e as ressalvas estabelecidas na Lei de Diretrizes Orçamentárias (Brasil, 1997a).

Por sua vez, a Instrução Normativa n. 1/1997 autoriza que, por meio de convênio, sejam adquiridos bens, equipamentos e materiais permanentes, mas deve conter, no bojo do convênio, a destinação que será dada no término da vigência (Brasil, 1997a). Poderão ser vendidos a preço de mercado ou doados a outro ente do Poder Público.

Fazendo um estudo aprofundado, as seguintes vedações podem ser retiradas da Instrução Normativa n. 1/1997:

a. despesas de qualquer modalidade, órgão ou entidade da administração federal, distrital, estadual ou municipal ou qualquer entidade ou órgão de direito público ou privado que esteja em mora, inadimplente com outros convênios ou não esteja em situação de regularidade com a União ou com entidade da administração pública federal indireta (art. 5º, I);
b. destinar recursos públicos como contribuições, auxílios ou subvenções às instituições privadas com fins lucrativos (art. 5º, II);
c. despesa a título de taxa de administração, de gerência ou similar (art. 8º, I);
d. pagamento, a qualquer título, a servidor ou empregado público, integrante de quadro de pessoal de órgão ou entidade pública da administração direta ou indireta, por serviços de consultoria ou assistência técnica (art. 8º, II);
e. aditamento com alteração de objeto (art. 8º, III);
f. utilização, mesmo em caráter emergencial, dos recursos em finalidade diversa da estabelecida no Termo de Convênio, ressalvado o custeio da implementação das medidas de preservação ambiental inerentes às obras constantes do Plano de Trabalho apresentado ao concedente pelo convenente (art. 8º, IV);
g. realização de despesa em data anterior ou posterior a sua vigência (art. 8º, V);

h. atribuição de vigência ou de efeitos financeiros retroativos (art. 8º, VI);
i. realização de despesas com taxas bancárias, com multas, juros ou correção monetária, inclusive, referente a pagamentos ou recolhimentos fora dos prazos (art. 8º, VII);
j. transferência de recursos para clubes, associações de servidores ou quaisquer entidades congêneres, excetuadas creches e escolas para atendimento pré-escolar (art. 8º, VIII);
k. realização de despesas com publicidade, salvo as de caráter educativo, informativo ou de orientação social, das quais não constem nomes, símbolos ou imagens que caracterizem promoção pessoal de autoridades ou servidores públicos (art. 8º, IX);
l. celebrar convênio com mais de uma instituição para o cumprimento do mesmo objeto, exceto quando se tratar de ações complementares, o que deverá ficar consignado no respectivo convênio, delimitando-se as parcelas referentes de disponibilidade deste e as que devam ser executadas à conta do outro instrumento (art. 25, parágrafo único);
m. práticas atentatórias aos princípios fundamentais da administração pública (art. 37, *caput* e inc. XXI da CF) nas contratações e demais atos praticados, sob pena de suspensão (art. 21, § 4º);
n. não cumprimento fiel das cláusulas e condições estabelecidas no convênio (art. 22);
o. utilizar recursos em desacordo com o plano de trabalho, sob pena de rescisão do convênio;
p. apresentar prestação de contas parcial, quando se tratar de convênio de três ou mais parcelas, sob pena de suspensão das parcelas e rescisão do convênio (art. 36, I e 37);
q. celebração do convênio sem as seguintes informações: razões que justifiquem a celebração; descrição completa do objeto a ser executado; descrição das metas a serem atingidas, qualitativa e quantitativamente; etapas ou fases de execução do objeto, com previsão de início e fim; plano de aplicação dos recursos a serem

desembolsados pelo concedente e a contrapartida financeira do proponente, se for o caso, para cada projeto ou evento; cronograma de desembolso; declaração do convenente de que não está em situação de inadimplência junto a qualquer órgão ou entidade da administração pública; e comprovação do exercício pleno da propriedade do imóvel, mediante certidão de registro no cartório de imóveis, quando o convênio tiver por objeto a execução de obras, ou benfeitorias (art. 2º);

r. regularidade do convenente (art. 3º);

s. convênio sem as cláusulas essenciais, verbal ou sem a assinatura de 2 testemunhas (art. 9º, § 2º e 10);

t. o convênio, ou Plano de Trabalho, este quando se tratar de destinação por Portaria Ministerial, somente poderá ser alterado mediante proposta do convenente, devidamente justificada, a ser apresentada em prazo mínimo, antes do término de sua vigência, que vier a ser fixado pelo ordenador de despesa do concedente, levando-se em conta o tempo necessário para análise e decisão (art. 15) (Brasil, 1997a).

Quanto ào custeio da força de trabalho adicional por intermédio de convênios, existem interpretações que admitem sua legalidade quando for ordinariamente utilizada pela entidade regularmente, desde que essas contratações sejam justificadas e previstas no plano de trabalho e tenham o aceite do Poder Público, "ainda e de toda a forma, sobre a existência de outras contrapartidas da entidade conveniada que não a força de trabalho" (Szazi, 2000, p. 106).

Quanto à possibilidade da adoção de convênios por pessoa jurídica de direito privado, caso das organizações do terceiro setor, a INSTN n. 1/1997, em seu art. 1º, parágrafo 1º, dispõe sobre as seguintes definições:

I – convênio – qualquer instrumento que discipline a transferência de recursos públicos e tenha como partícipe órgão da administração pública federal direta, autárquica ou fundacional, empresa pública ou sociedade de economia mista que estejam gerindo recursos dos orçamentos da União, visando à execução de programas de trabalho, projeto/atividade ou evento de interesse recíproco, em regime de mútua cooperação.

II - concedente - órgão da administração pública federal direta, autárquica ou fundacional, empresa pública ou sociedade de economia mista, responsável pela transferência dos recursos financeiros ou pela descentralização dos créditos orçamentários destinados à execução do objeto do convênio.

III - convenente - órgão da administração pública direta, autárquica ou fundacional, empresa pública ou sociedade de economia mista, de qualquer esfera de governo, ou organização particular com a qual a administração federal pactua a execução de programa, projeto/atividade ou evento mediante a celebração de convênio.

IV - interveniente - órgão da administração pública direta, autárquica ou fundacional, empresa pública ou sociedade de economia mista, de qualquer esfera de governo, ou organização particular que participa do convênio para manifestar consentimento ou assumir obrigações em nome próprio.

V - executor - órgão da administração pública federal direta, autárquica ou fundacional, empresa pública ou sociedade de economia mista, de qualquer esfera de governo, ou organização particular, responsável direta pela execução do objeto do convênio. (Brasil, 1997b)

Dessa forma, notamos que as organizações privadas, nelas incluídas as integrantes do terceiro setor, poderão assumir as condições de convenente, interveniente ou executor do projeto objeto do convênio celebrado. Contudo, somente nas duas primeiras hipóteses, poderão receber diretamente verbas públicas para o desenvolvimento de trabalhos.

Na definição do termo *interveniente*, a norma definiu claramente que a organização particular participa do convênio somente "para manifestar consentimento ou assumir obrigações em nome próprio" (Brasil, 1997, art. 1º, § 1º, inciso IV). Disso resulta que a organização não participará da cooperação, qualificação que destaca a natureza e o objeto do convênio.

Se necessitar de custeio de eventuais gastos ou efetuar pagamento em razão dessa intervenção, haverá a necessidade de elaboração de outro instrumento, decorrente da relação resultante do convênio, conforme o art. 48, do Decreto n. 93.872/1986 (Brasil, 1986).

Sobre a questão, Justen Filho (1999, p. 642) faz as seguintes considerações:

> *Os princípios basilares contidos na legislação sobre contratações administrativas deverão ser obrigatoriamente observados mesmo quando o vínculo jurídico se estabelecer entre órgãos estatais diversos, ainda quando não integrantes do Poder Executivo. Assim, os convênios deverão ser estabelecidos obrigatoriamente por escrito, com prazos de vigência e cláusulas que atendam as determinações legais etc.*

Feitas essas observações, é necessário mencionarmos a essência dos convênios, ou seja, o plano de trabalho. A Lei n. 8.666/1993, art. 116, parágrafo 1º, prevê os requisitos mínimos para que se possa elaborar um plano de trabalho para embasar um convênio (Brasil, 1993c).

Esse plano deve ser elaborado pela organização interessada, que, no caso em exame, será a organização sem fins lucrativos que deseja obter recursos públicos para a elaboração de um projeto em mútua colaboração com o Estado. Assim, deverá conter, no mínimo, as seguintes informações:

> a. identificação do objeto[a] a ser executado;
> b. metas[b] a serem atingidas;
> c. etapas ou fases de execução;
> d. plano de aplicação dos recursos financeiros;
> e. cronograma de desembolso;
> f. previsão de início e fim da execução do objeto, assim como da conclusão das etapas ou fases programadas;
> g. se o ajuste compreender obra ou serviço de engenharia, comprovação de que os recursos próprios para complementar a execução do objeto estão devidamente assegurados, salvo se o custo total do empreendimento recair sobre entidade ou órgão descentralizador.

Uma vez assinado o convênio e dada ciência ao órgão legislativo respectivo, conforme art. 116, parágrafo 2º da Lei n. 8.666/1993, as parcelas serão liberadas em estrita conformidade com o plano de aplicação, de acordo com o art. 116, parágrafo 3º, primeira parte, da Lei n. 8.666/1993 (Brasil, 1993c).

Essa última regra apresenta as seguintes exceções, previstas no art. 116, parágrafo 3º, segunda parte da Lei n. 8.666/1993:

> *I – quando não tiver havido comprovação da boa e da regular aplicação da parcela anteriormente recebida, na forma da legislação aplicável, inclusive mediante procedimentos de fiscalização local, realizados periodicamente pela entidade ou pelo órgão descentralizador dos recursos ou pelo órgão competente do sistema de controle interno da administração pública;*

---

a. A Instrução Normativa n. 1/1997, art. 1º, parágrafo 1º, IX, define o objeto do convênio como o "produto final do convênio, observados o programa de trabalho e as suas finalidades" (Brasil, 1997a).

b. A Instrução Normativa n. 1/1997, art. 1º, parágrafo 1º, XII, define como meta a "parcela quantificável do objeto" (Brasil, 1997a).

II – quando verificado desvio de finalidade na aplicação dos recursos, atrasos não justificados no cumprimento das etapas ou fases programadas, práticas atentatórias aos princípios fundamentais de administração pública nas contratações e demais atos praticados na execução do convênio ou o inadimplemento do executor com relação a outras cláusulas conveniais básicas;
III – quando o executor deixar de adotar as medidas saneadoras apontadas pelo partícipe repassador dos recursos ou por integrantes do respectivo sistema de controle interno. (Brasil, 1993c)

Se houver saldos não utilizados no convênio, eles serão obrigatoriamente aplicados em cadernetas de poupança de instituição financeira oficial, se a previsão de seu uso for igual ou superior a um mês; em fundo de aplicação financeira de curto prazo ou operação de mercado aberto lastreada em títulos da dívida pública, quando sua utilização ocorrer em prazos menores do que um mês, conforme art. 116, parágrafo 4º, da Lei n. 8.666/1993 (Brasil, 1993c).

As receitas financeiras auferidas dessas aplicações serão obrigatoriamente computadas a crédito do convênio e aplicadas, exclusivamente, no objeto de sua finalidade, devendo constar de demonstrativo específico que integrará as prestações de contas do ajuste, conforme art. 116, parágrafo 5º, da Lei n. 8.666/1993 (Brasil, 1993c).

No caso de conclusão, renúncia, rescisão ou extinção do convênio, acordo ou ajuste, os saldos financeiros remanescentes, inclusive os provenientes das receitas obtidas das aplicações financeiras realizadas, serão devolvidos à concedente, no prazo improrrogável de 30 dias do evento, sob pena da imediata instauração de tomada de contas especial do responsável, providenciada pela autoridade competente do órgão ou entidade titular dos recursos, conforme art. 116, parágrafo 6º, da Lei n. 8.666/1993 (Brasil, 1993c).

Cabe lembrar que as partes poderão denunciar o convênio a qualquer momento. Uma das características do convênio administrativo é sua precariedade, não gerando direito adquirido a nenhum dos partícipes.

Tal entendimento é traduzido da jurisprudência do Supremo Tribunal Federal (STF), no Recurso Extraordinário n. 119.256, Relator Ministro Moreira Alves, cujo excerto é digno de destaque: "Pela precariedade do convênio administrativo, seus beneficiários não têm direito à sua manutenção, nem muito menos direito adquirido a ela". (Brasil, 1992)

Uma vez estudado o concernente aos convênios, passaremos ao breve estudo dos contratos de gestão, pela relevância de sua amplitude.

Capítulo 7
Contratos de gestão

Os contratos de gestão são uma exceção à regra de que os atos negociais dão origem a normas individuais, uma vez que esses atos originam normas gerais nos moldes de um regulamento, traçando regras abstratas, e não puramente concretas. Visam não a pactos individuais, mas, sim, a uma autonomia gerencial e à destinação de recursos públicos de forma abstrata.

A disciplina proposta pela Lei n. 9.637, de 15 de maio de 1998, em seus arts. 5º a 7º, determina que o contrato de gestão é um instrumento firmado entre o Poder Público e as organizações sociais (já estudadas neste livro), com vistas à formação de parceria entre as partes para o fomento e à execução de atividades relativas às áreas do ensino, da pesquisa científica, do desenvolvimento tecnológico, da proteção e preservação do meio ambiente, da cultura e da saúde (Brasil, 1998f). Estipula, ainda, que tal contrato será elaborado de comum acordo entre o órgão público e a organização social, discriminando atribuições, responsabilidades e obrigações das partes. Depois de aprovado pelo conselho de administração da organização contratada, deverá o contrato ser submetido ao ministro de Estado ou à autoridade supervisora da área competente à atividade a ser fomentada.

Na elaboração do contrato de gestão, devem ser observados princípios da legalidade, da impessoalidade, da moralidade, da publicidade, da economicidade; e, no programa de trabalho proposto pela organização social, precisam ser estipuladas as metas a serem atingidas e os respectivos prazos de execução; além disso, devem estar previstos os critérios objetivos de avaliação de desempenho a serem utilizados, mediante indicadores de qualidade e produtividade.

Ainda no programa de trabalho, deverão ser estipulados os limites e critérios para despesas com remuneração e vantagens de qualquer natureza a serem percebidas pelos dirigentes e empregados das organizações sociais, no exercício de suas funções. O ministro de Estado ou a autoridade supervisora da área competente à atividade a ser fomentada deverá definir as demais cláusulas dos contratos de gestão em que for signatário.

A doutrina especializada, em sua grande maioria, entende que esse contrato de gestão não se enquadra no regime de direito administrativo em vigor no Brasil. Essa posição doutrinária é evidentemente verificada quando se estuda comparativamente esse contrato e o termo de parceria.

No contrato, não existe qualquer previsão legal da forma de escolha da contratada, não há também uma disciplina suficiente de controle e pactuação, deixando essas questões à discricionariedade da autoridade pública. Esses assuntos foram sanados pela Lei n. 9.790, de 23 de março de 1999, ao tratar do termo de parceria (Brasil, 1999b). Note também que as áreas de abrangência dos contratos de gestão estão previstas no art. 3º da Lei das Oscips. Dessa forma, após a entrada em vigor da Lei n. 9.790/1999, os contratos de gestão foram esvaziados e trocados por um sistema muito mais seguro e transparente.

Dessa forma, aconselhamos ao administrador público a preferência pela adoção das Oscips em vez das organizações sociais, tendo em vista os princípios previstos no art. 7º da Lei n. 9.637/1998, destacando os princípios da impessoalidade e da moralidade (Brasil, 1998f).

Assim, a seguir, serão tratados comparativamente os contratos administrativos, os convênios e os termos de parceria, para uma melhor compreensão dos sistemas jurídicos respectivos. Não será feita uma análise comparativa ao contrato de gestão, uma vez que, em seu sistema, não se encontram subsídios comparativos com os demais instrumentos.

Abordados os instrumentos jurídicos, destacando-se os contratos, os convênios e os termos de parceria, passaremos à comparação dos instrumentos no próximo capítulo.

Capítulo 8
Comparação entre contratos, convênios e termos de parceria

Conforme o parágrafo 1º, art. 48 do Decreto n. 93.872, de 23 de dezembro de 1986, o contrato é caracterizado pela existência de interesses antagônicos. Isso significa que existem dois polos distintos a uma prestação, cujos interesses são diversos e opostos, isto é, quando se desejar, de um lado, o objeto do acordo ou ajuste e, de outro lado, a contraprestação correspondente, ou seja, o preço (Brasil, 1986).

Assim, a relação jurídica contratual pode ser esquematizada da seguinte forma:

Figura 8.1 – Esquema da relação jurídica dos contratos

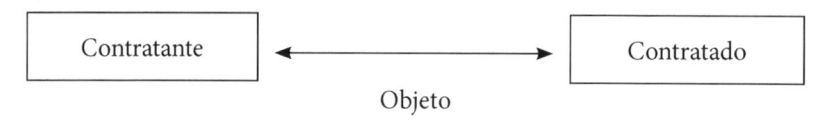

Contratante ←——————→ Contratado
Objeto

O convênio, por sua vez, é uma forma de transferência voluntária nos termos do art. 25 da Lei Complementar n. 101, de 4 de maio de 2000 – Lei de Responsabilidade Fiscal (Brasil, 2000b), uma vez que é uma entrega de recursos correntes ou de capital, a título de cooperação, auxílio ou assistência financeira, que não corresponde às transferências constitucionais ou legais nem às transferências do Sistema Único de Saúde (SUS).

Nesse prisma, como transferência voluntária, deverão ser constatadas as seguintes características:

a. obediência às disposições da Lei de Diretrizes Orçamentárias;
b. exigência de dotação específica;
c. vedação de pagamento de despesas com pessoal ativo, inativo e pensionista, dos estados, do Distrito Federal e dos municípios (leia-se servidores e/ou empregados públicos concursados);

d. comprovação, por parte do beneficiário, de:
   - que se acha em dia quanto ào pagamento de tributos, empréstimos e financiamentos devidos ao ente transferidor, bem como quanto à prestação de contas de recursos anteriormente dele recebidos (leia-se sem restrições, inclusive no tribunal de contas);
   - cumprimento dos limites constitucionais relativos à educação e à saúde;
   - observância dos limites das dívidas consolidada e mobiliária, de operações de crédito, inclusive por antecipação de receita, de inscrição em restos a pagar e de despesa total com pessoal;
   - previsão orçamentária de contrapartida;
e. vedação à utilização de recursos transferidos em finalidade diversa da pactuada.

Assim, os convênios, conforme a legislação vigente, são os instrumentos que disciplinam a transferência de recursos públicos e têm como partícipe órgão da administração pública direta, autárquica ou fundacional, empresa pública ou sociedade de economia mista que esteja gerindo recursos orçamentários, visando à execução de planos de trabalho, projeto/atividade ou evento de interesse recíproco, em regime de mútua cooperação.

Assim, a relação jurídica que se aplica aos convênios pode ser representada pelo esquema a seguir:

Figura 8.2 – Esquema dos convênios

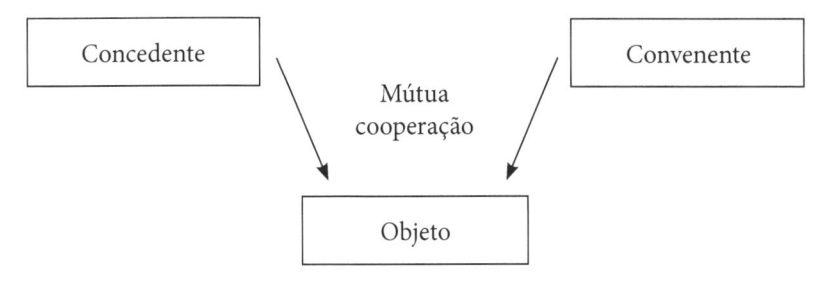

```
┌─────────────┐                          ┌─────────────┐
│ Concedente  │          Mútua           │ Convenente  │
└──────┬──────┘       cooperação         └──────┬──────┘
        \                                       /
         \                                     /
          ▼                                   ▼
                    ┌─────────────┐
                    │   Objeto    │
                    └─────────────┘
```

Quanto ào termo de parceria, ele também é tratado como uma forma de transferência voluntária, nos moldes do art. 25 da Lei de Responsabilidade Fiscal (Brasil, 2000a), conforme o entendimento do Tribunal de Contas da União (TCU – Brasil, 2003b). Tendo em vista essa natureza, muito do regime aplicável aos convênios, no que couber, será aplicável aos termos de parceria. Contudo, como já salientado oportunamente, conforme o art. 10º da Lei n. 9.790, de 23 de março de 1999, os termos de parceria regulam-se conforme um regime de vínculo de cooperação (Brasil, 1999b).

Assim, o esquema da relação jurídica aplicável aos termos de parceria será o seguinte:

Figura 8.3 – Esquema dos termos de parceria

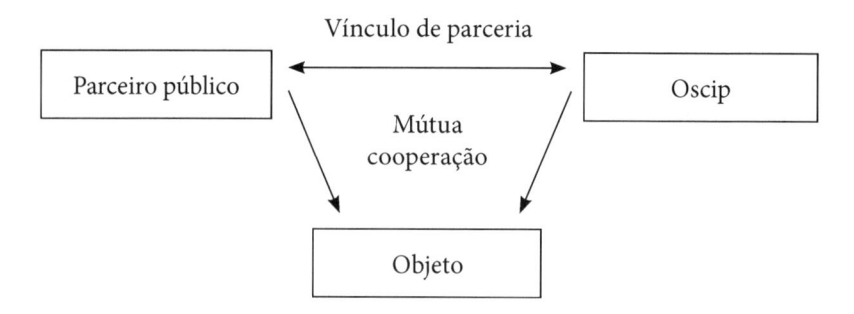

```
                    Vínculo de parceria
   ┌─────────────────┐ ←─────────────→ ┌─────────┐
   │ Parceiro público│                  │  Oscip  │
   └─────────────────┘      Mútua       └─────────┘
              ╲          cooperação         ╱
               ╲                           ╱
                ▼                         ▼
                    ┌─────────────┐
                    │   Objeto    │
                    └─────────────┘
```

Esse é o sistema peculiar dos termos de parceria que consiste em uma relação mais complexa, pois existe um vínculo de parceria entre parceiro público e as Oscips, bem como uma relação de cooperação de ambos para o alcance do objeto de interesse público fixado. Notamos uma relação híbrida, contendo características de contrato (vínculo de parceria) e de convênio (regime de cooperação).

Dessa forma, em linhas gerais, está a divergência entre contratos, convênios e termos de parceria. Adiante será estudada a alma de todos os projetos, o plano de trabalho.

Capítulo 9
Plano de trabalho: delimitador de projetos de interesse público

Qualquer projeto, independentemente da presença de órgãos governamentais ou se é financiado por recursos públicos, deve ser suficientemente planejado, estabelecendo diretrizes para uma execução futura. Esse plano deve conter os elementos mínimos de substância, para que o trabalho/projeto seja executado com eficiência. Essa eficiência traduz-se pelo binômio custo *versus* benefício segundo as metas fixadas e com desempenho que possibilite o benefício (resultado) em um menor tempo possível. Todos esses dados devem estar delimitados em um plano/proposta de execução futura.

Na esfera governamental, os projetos são executados, basicamente, mediante contratos, convênios e/ou termos de parceria. Para cada instrumento mencionado corresponderá um plano/proposta de execução futura. Nos contratos, tais planos recebem a denominação de *proposta técnico-financeira* quando se visa à contratação de serviços ou serviço e compra, e *proposta-orçamento* quando se visa unicamente à compra de bens.

O enfoque deste trabalho são os projetos de interesse público e, geralmente, não são formalizados mediante contrato; se forem instrumentalizados sob a forma de contrato, deverão obedecer aos requisitos de convênios e termos de parceria.

Para convênios e termos de parceria, os planos/proposta de execução futura, para fins didáticos, serão denominados unicamente de *planos de trabalho*, apesar de algumas vezes serem utilizadas nomenclaturas diversas, como *plano de atividades* ou *programa de trabalho*. Na realidade, todos servem para o mesmo fim: a delimitação da futura execução de projetos de interesse público, salvo algumas peculiaridades a serem observadas quando derem respaldo aos termos de parceria, no que concerne à previsão de critérios objetivos de avaliação de desempenho, mediante indicadores de resultado. Esses critérios serão abordados oportunamente.

Iniciaremos com a exposição dos erros mais comuns apontados pelo Tribunal de Contas da União (TCU) na publicação *Convênios e outros repasses* (Brasil, 2016b).

Erros mais comuns na formalização dos planos de trabalho:

- *Plano de trabalho pouco detalhado;*
- *Metas insuficientemente descritas, quantitativa e qualitativamente;*
- *Caracterização insuficiente da situação de carência de recursos;*
- *Projeto básico incompleto e/ou com informações insuficientes;*
- *Ausência de projeto básico;*
- *Falta de comprovação da existência de contrapartida (orçamentária e financeira;*
- *Orçamento subestimado ou superestimado.* (Brasil, 2016b, p. 35)

Erros mais comuns na execução financeira dos planos de trabalho:

- *Saque total ou parcial dos recursos do convênio sem levar em conta o cronograma físico-financeiro de execução do objeto;*
- *Realização de despesas fora da vigência do convênio;*
- *Saque dos recursos para pagamento de despesas em espécie sem que haja autorização para isso.*
- *Utilização de recursos para finalidade diferente da prevista no convênio.*
- *Utilização de recursos em pagamento de outras despesas do convenente.*
- *Pagamento antecipado a fornecedores de bens e serviços.*
- *Transferência de recursos da conta corrente específica para outras contas.*
- *Retirada de recursos para outras finalidades com posterior ressarcimento.*
- *Aceitação de documentação inidônea para comprovação de despesas (notas fiscais falsas, por exemplo).*

- *Falta de conciliação entre os débitos em conta e os pagamentos efetuados.*
- *Não aplicação ou não comprovação de contrapartida.*
- *Ausência de aplicação de recursos do convênio no mercado financeiro quando o prazo previsto de utilização for superior a 30 dias.*
- *Uso dos rendimentos de aplicação financeira para finalidade diferente da prevista no convênio.*
- *Não devolução do saldo financeiro ao concedente.*
- *Aceitação e apresentação aos órgãos de controle de notas fiscais sem a identificação do número do convênio.*
- *Emissão de cheque ao portador em vez de nominal ao beneficiário.*
- *Alteração do objeto do convênio sem autorização prévia do órgão repassador.*
- *Pagamento sem o atesto que comprove o recebimento do objeto.*
- *Ausência de medições de serviços e obras e outros elementos de acompanhamento capazes de evidenciar a execução do objeto com os recursos federais repassados. (Brasil, 2016, p. 50-52)*

Dada sua importância, a lei disciplinou os requisitos mínimos para a elaboração dos planos de trabalho, os quais são dispostos no art. 116 da Lei n. 8.666/1993 (Brasil, 1993c). Esses requisitos são direcionados aos convênios; contudo, deverão ser também observados nos termos de parceria, uma vez que ambos são considerados transferências voluntárias (Brasil, 2016).

Os requisitos disciplinados pelo art. 116 da Lei n. 8.666/1993 são os seguintes:

I – identificação do objeto a ser executado (com a sua justificação técnica e a sua justificação jurídica);
II – metas a serem atingidas;
III – etapas ou fases de execução;
IV – plano de aplicação dos recursos financeiros;
V – cronograma de desembolso;

VI – previsão de início e fim da execução do objeto, assim como da conclusão das etapas ou fases programadas.

VII – se o ajuste compreender obra ou serviço de engenharia, comprovação de que recursos próprios para complementar a execução do objeto estão devidamente assegurados, salvo se o custo total do empreendimento recair sobre a entidade ou órgão descentralizador. (Brasil, 1993c)

O art. 116 supracitado ainda arrola algumas regras que deverão ser obedecidas na execução dos planos de trabalho, tanto no caso de convênios quanto no caso de termos de parceria. Essas regras estão enumeradas a seguir:

§ 2º Assinado o convênio ou o termo de parceria, a entidade ou o órgão repassador dará ciência deste ao Poder Legislativo respectivo.
§ 3º As parcelas do convênio ou do termo de parceria serão liberadas em estrita conformidade com o plano de aplicação aprovado, exceto nos casos a seguir, em que elas ficarão retidas até o saneamento das impropriedades ocorrentes:
I – quando não houver comprovação de boa e regular aplicação da parcela anteriormente recebida, na forma da legislação aplicável, inclusive mediante procedimentos de fiscalização local, realizados periodicamente por entidade ou órgão descentralizador dos recursos ou pelo órgão competente do sistema de controle interno da administração pública;
II – quando verificado desvio de finalidade na aplicação dos recursos, atrasos não justificados no cumprimento das etapas ou fases programadas, práticas atentatórias aos princípios fundamentais de administração pública nas contratações e demais atos praticados na execução do convênio ou o inadimplemento do executor com relação a outras cláusulas conveniais básicas;

III – quando o executor deixar de adotar as medidas saneadoras apontadas pelo partícipe repassador dos recursos ou por integrantes do respectivo sistema de controle interno.

§ 4º Os saldos de convênio ou do termo de parceria, enquanto não utilizados, serão obrigatoriamente aplicados em cadernetas de poupança de instituição financeira oficial, se a previsão de seu uso for igual ou superior a um mês, em fundo de aplicação financeira de curto prazo ou em operação de mercado aberto lastreada em títulos da dívida pública, quando a utilização dos mesmos verificar-se em prazos menores que um mês.

§ 5º As receitas financeiras auferidas na forma do parágrafo anterior serão obrigatoriamente computadas a crédito do convênio ou do termo de parceria e aplicadas, exclusivamente, no objeto de sua finalidade, devendo constar de demonstrativo específico que integrará as prestações de contas do ajuste.

§ 6º Quando da conclusão, rescisão ou extinção do convênio ou do termo de parceria, os saldos financeiros remanescentes, inclusive os provenientes das receitas obtidas das aplicações financeiras realizadas, serão devolvidos à entidade ou ao órgão repassador dos recursos, no prazo improrrogável de 30 (trinta) dias do evento, sob pena da imediata instauração de tomada de contas especial do responsável, providenciada pela autoridade competente do órgão ou entidade titular dos recursos.
(Brasil, 1993c)

O art. 2º da Instrução Normativa n. 1/1997 ainda dispõe sobre o plano de trabalho, sendo aplicável tanto aos convênios quanto aos termos de parceria, como se destaca a seguir:

a. razões que justifiquem a celebração do convênio ou do termo de parceria;
b. descrição completa do objeto a ser executado;
c. descrição das metas a serem atingidas, qualitativa e quantitativamente;

d. licença ambiental prévia, quando o convênio envolver obras, instalações ou serviços que exijam estudos ambientais, como previsto na Resolução n. 1, de 23 de janeiro de 1986, do Conselho Nacional do Meio Ambiente (Conama), publicada no Diário Oficial da União, de 17 de fevereiro daquele ano;

e. etapas ou fases da execução do objeto, com previsão de início e fim;

f. plano de aplicação dos recursos a serem desembolsados pelo concedente e a contrapartida financeira do proponente, se for o caso, para cada projeto ou evento;

g. cronograma de desembolso;

h. declaração do convenente ou da Oscip, quando for, respectivamente, convênio ou termo de parceria, de que não está em situação de mora ou de inadimplência junto a qualquer órgão ou entidade da administração pública federal direta e indireta;

i. comprovação do exercício pleno da propriedade do imóvel, mediante certidão de registro no cartório de imóvel, quando o convênio tiver por objeto a execução de obras ou benfeitorias naquele;

j. admite-se, por interesse público ou social, condicionadas à garantia subjacente de uso pelo prazo mínimo de vinte anos, as hipóteses alternativas à comprovação do exercício pleno dos poderes inerentes à propriedade do imóvel, prevista no inciso VIII do *caput* do art. 2º da INSTN n. 1/1997, admitidas as formas alternativas de comprovação previstas no inciso X do mesmo artigo;

k. integrará o plano de trabalho a especificação completa do bem a ser produzido ou adquirido e, no caso de obras, instalações ou serviços, o projeto básico, entendido como o conjunto de elementos necessários e suficientes para caracterizar, de modo preciso, a obra, a instalação ou o serviço objeto do convênio ou do termo de parceria, sua viabilidade técnica, custo, fases ou etapas e prazos de execução, devendo conter os seguintes elementos:

- desenvolvimento da solução escolhida de forma a fornecer visão global da obra e identificar todos os seus elementos constitutivos com clareza;
- soluções técnicas globais e localizadas, suficientemente detalhadas, de forma a minimizar a necessidade de reformulação ou de variantes durante as fases de elaboração do projeto executivo e de realização das obras e montagem;
- identificação dos tipos de serviços a executar e de materiais e equipamentos a incorporar à obra, bem como suas especificações que assegurem os melhores resultados para o empreendimento, sem frustrar o caráter competitivo para a sua execução;
- informações que possibilitem o estudo e a dedução de métodos construtivos, instalações provisórias e condições organizacionais para a obra, sem frustrar o caráter competitivo para a sua execução;
- subsídios para montagem do plano de aquisições e gestão da obra, compreendendo a sua programação, a estratégia de suprimentos, as normas de fiscalização e outros dados necessários em cada caso;
- orçamento detalhado do custo global da obra, fundamentado em quantitativos de serviços e fornecimentos propriamente avaliados;

l. a contrapartida do poder público e do convenente ou Oscip, quando for, respectivamente, convênio ou termo de parceria, que poderá ser atendida através de recursos financeiros, de bens ou de serviços, desde que economicamente mensuráveis, e estabelecida de modo compatível com a capacidade financeira da respectiva unidade beneficiada, tendo por limites os percentuais estabelecidos na Lei de Diretrizes Orçamentárias.

m. Será exigida a comprovação de que os recursos referentes à contrapartida para complementar a execução do objeto, quando previstos, estão devidamente assegurados, salvo se o custo total do empreendimento recair sobre a entidade ou o órgão descentralizador;

n. a celebração de instrumentos visando à realização de serviços ou execução de obras a serem custeadas integral ou parcialmente com recursos externos dependerá da prévia contratação da operação de crédito.

o. quando o convênio envolver montante igual ou inferior a 80 mil reais poderá integrar o plano de trabalho, projeto básico simplificado, contendo especificações mínimas, desde que essa simplificação não comprometa o acompanhamento e o controle da execução da obra ou da instalação.

p. para a celebração do convênio ou do termo de parceria, será admitido que o projeto básico seja feito sob a forma de pré-projeto, desde que do instrumento conste cláusula específica suspensiva que condicione a liberação das parcelas de recursos ao atendimento prévio da apresentação do projeto básico ou do projeto básico simplificado, conforme o caso (Brasil, 1997a).

Como percebemos, a legislação aplicável aos planos de trabalho é muito vasta e demanda muito cuidado em seu manejo. O cuidado com um plano de trabalho substancial é essencial para que haja sucesso em qualquer projeto de interesse público, uma vez que todas as ações financiadas pelos cofres públicos deverão se pautar nos princípios peculiares da administração. Imbuída no conceito de eficiência, deve estar a concepção economicidade aliada a técnica que irá otimizar o projeto em sua globalidade (Brasil, 1997a).

9.1 Projeto básico

Como já mencionado, existem dois tipos de projeto básico: um completo, que deverá ser elaborado para projetos cujo valor seja superior a 80 mil reais; e outro simplificado, quando o projeto for de valor igual ou inferior a esse montante. Esse valor de referência é o constante do art. 23, *caput*, inciso II, alínea "a", da Lei n. 8.666/1993 (Brasil, 1993c). Essa vinculação à lei de licitações se dá por força do art. 2º, parágrafo 7º, da INSTN n. 1/1997 (Brasil, 1997a). Assim, alterando-se esse artigo, será também alterado o valor de referência para fins de elaboração do projeto básico.

O projeto básico simplificado, apesar de ser menos rigoroso, deverá conter uma consistência mínima, pois sua ausência ou sua inconsistência acarretará a desaprovação das contas da parceria, qualquer que seja o instrumento firmado. Assim, em sua elaboração, deverá estar clara a resposta paras as seguintes perguntas:

> Qual é o tema do projeto?
> Do que se trata?
> Por que o projeto almeja o interesse público?
> Como ele será executado?
> Quando ele será executado?
> Onde ele será executado?
> Quanto irá custar o projeto?

Respondidas suficientemente essas perguntas, o projeto básico terá o mínimo de substância. *Suficiente* significa convencer a qualquer leitor com um grau de entendimento médio de que tais perguntas foram respondidas.

O maior problema identificado nos projetos básicos é que eles são mal escritos e não dão sustentação aos planos de trabalho. Apesar de o projeto ser relevante, ele não tem substância porque documentalmente está mal elaborado e, consequentemente, mal planejado. Significa dizer que uma obra, cuja planta foi mal elaborada pelo engenheiro, será mal executada pelo mestre de obras. O mesmo ocorre com os projetos de interesse público, se for mal planejado, será mal executado.

Assim, será tratado cada elemento do projeto básico para diagnosticar a maneira correta de se montá-lo.

Tema do projeto

Todo projeto deve conter um título, uma denominação, a qual se dá o nome de *Tema do Projeto*. As restrições quanto ào tema são mais relacionadas com a área de *marketing*.

Contudo, para se ter um projeto substancial, faz-se necessária uma denominação que comunique sua essência. A denominação não deve induzir o analisador a erro, vez que nas negociações iniciais o nome do projeto que atrairá sua oportunidade e quando for realmente analisado o texto da proposta, a imagem da instituição é que será maculada.

Assim, o cuidado com o tema do projeto deve ser simples: primeiro elabora-se todo o texto do projeto básico e, por último, dá-se a denominação mais adequada.

Descrição do projeto básico
(Do que se trata?)

A descrição é a etapa mais importante do projeto básico, pois é nela que a instituição representará as diversas partes do objeto em que consiste o trabalho a ser executado. Para tanto, nessa função, a organização que pretende estabelecer parceria com o Estado deverá convencer não só a entidade financiadora, mas também outras que controlarão a execução do projeto, tais como os Tribunais de Contas, o Ministério Público, as Controladorias Internas e demais órgãos. Assim, a descrição do projeto deverá ser convincente.

A maneira mais eficaz de verificar a solidez de uma descrição de projeto é colocar-se no lugar das autoridades que terão contato com o projeto básico. Além disso, é importante escrevê-la de maneira exata e sincera, evitando menções que sejam inúteis à essência dos trabalhos, o que pode transformar o texto em um conjunto de informações equívocas ou controversas.

Por fim, como qualquer texto, deverá ser redigido obedecendo-se a algumas regras, entre elas:

- ortografia segundo as normas do vernáculo;
- correção gramatical;
- simplicidade;
- clareza; e,
- naturalidade.

Devem ser evitados, da mesma forma, termos técnicos que são incompreensíveis às pessoas que não detêm os conhecimentos da área de atuação. Se for estritamente necessário, aconselha-se incluir na descrição um glossário para seu esclarecimento.

Por fim, existem normas a serem obedecidas no que concerne à metodologia a ser seguida no decorrer da descrição do projeto. Tais normas são estabelecidas pela Associação Brasileira de Normas Técnicas (ABNT) e deverão ser consultadas toda vez que a instituição tiver de redigir um projeto básico, vez que tais regras estão sujeitas a mudança.

Justificativa do projeto

Existem duas justificativas a serem apresentadas no projeto básico: uma técnica e outra jurídica.

A **justificativa técnica** consiste em apresentar o porquê da utilidade do projeto segundo uma demanda identificada e está atrelada ao princípio da eficiência, previsto na Constituição Federal, art. 37, *caput*. Essa justificativa ainda não está atrelada à finalidade de interesse público porque será demonstrada na fundamentação jurídica, a ser exposta a seguir.

Nessa parte, deverá ser demonstrado o binômio custo *versus* benefício segundo uma técnica a ser executada, adequada ao objeto pretendido e obedecendo à economicidade. Essa justificativa deverá ser feita por um técnico gabaritado e sua inscrição no órgão de classe deverá constar no projeto básico.

Já a **justificativa jurídica** versa sobre a adequação do projeto às normas legais, especificando, ainda, a finalidade de interesse público perseguida pelo projeto. A justificativa jurídica deverá ser feita por advogado inscrito na Ordem dos Advogados do Brasil e seu número de inscrição deverá constar no projeto.

Métodos a serem empregados: modo de execução do objeto

Com relação aos métodos, serão abordadas a descrição dos elementos metodológicos e dos meios a serem empregados, o regime de doação de bolsas de estudo ou de pesquisa, bem como a forma de utilização de bens imóveis.

Descrição dos elementos metodológicos e dos meios a serem empregados

Uma vez descrito e justificado o objeto, é necessário esclarecer como os trabalhos serão executados. Todo projeto exige um método e, nesse ponto, ele será detalhado. Se forem utilizados tecnologia, recursos físicos e humanos ou imóveis, nesse espaço, deverá ser detalhada sua qualidade e quantidade. Sob esse enfoque, deverão ser detalhados também os processos que culminarão nos resultados pretendidos.

A tecnologia a ser empregada deve ser especificada no que diz respeito sua utilidade para o objeto. Não será necessária a abertura de segredos comerciais de cuja propriedade a instituição ou seus parceiros sejam detentores. A tecnologia, devidamente registrada nos órgãos competentes, gerará direito a contraprestação por seu uso, nos moldes da legislação competente.

Os recursos físicos deverão ser detalhados em sua totalidade, os bens a serem adquiridos em razão do projeto serão comprados em nome da instituição executora, sendo, ao final de sua vigência, revertidos ao parceiro público para sua destinação legal, mediante termo de entrega.

Os recursos físicos cujas propriedades sejam da organização executora, bem como do parceiro público, deverão ser rigorosamente detalhados para que, findo o projeto, sejam destinados a seus respectivos proprietários. Nas parcerias de interesse público, não vigoram os institutos da encampação e da reversão porque são medidas aplicáveis somente à concessão de serviços públicos. Assim, os bens particulares das instituições executoras serão de sua propriedade e os bens adquiridos em razão do projeto com recursos do erário serão destinados ao parceiro público, conforme já mencionado. O que poderá ocorrer é a possibilidade da requisição, nos moldes do art. 5º, XXV, da Constituição Federal[a].

Os recursos humanos deverão ser igualmente discriminados, sendo mensurados quantitativa e qualitativamente. Caso se faça necessária a contratação de determinado profissional em razão de sua especialidade, seu currículo deverá ser anexo ao projeto básico.

Doação de bolsas de estudo e de pesquisa

Cabe um estudo específico no que concerne à concessão de bolsas de estudo e à concessão de bolsas de pesquisa. As bolsas aqui referidas são diferentes em sua essência e na aplicação legal.

As bolsas de estudo são reguladas pela Lei n. 11.788, de 25 de setembro de 2008, a qual contempla o caso dos estagiários, devendo ser obedecidas suas regras (Brasil, 2008a).

As regras de bolsas de pesquisa não são claras, ou melhor, não existe uma lei que discipline especificamente sobre o tema. O que existe é um Parecer da Consultoria Geral da União – Parecer n. 24, de 23 de janeiro de 1991 (Brasil, 1991a) – conferindo-lhe alguma normatividade, conforme o art. 40, parágrafo 1º; a Lei Complementar n. 73, de 10 de fevereiro de 1993 (Brasil, 1993f), vinculando a administração pública federal e seus órgãos vinculados. Desse parecer, extraem-se as seguintes características e condições:

> a. o pagamento de bolsas de pesquisa tem caráter de doação civil, isento de imposto de renda conforme o artigo 26 da Lei nº 9.250/95, bem como pelo artigo 5º, inciso XVII da Instrução Normativa da Secretaria da Receita Federal nº 15/2001, se não representar vantagem para o doador ou pessoa interposta que lhe

---
a. Sobre requisição, consultar a lição de Hely Lopes Meireles, 1997, p. 541 e seguintes.

> possa comunicar vantagem econômica, sob pena de relação de emprego, com incidência de imposto de renda na fonte; e
> b. o encargo exigido do bolsista deverá ser revertido para o domínio público, ou seja, o serviço prestado por ele diz respeito às atividades-fim do projeto e não às atividades-meio da instituição executora. Isso significa que o donatário-bolsista está vinculado ao projeto e não à instituição executora.

No entanto, é necessária a delimitação do que é pesquisa. Na atuação do terceiro setor, há um cunho estratégico, conforme o entendimento de Schwartzman (2002, p. 390):

> *A análise das novas formas de organização da atividade científica no mundo atual, com a redução ou o desaparecimento das barreiras entre ciência pura e ciência aplicada, em conjunção com a análise do papel central do setor público não somente no financiamento, mas sobretudo no uso dos resultados da pesquisa científica, levam à necessidade de reorganizar de maneira bastante profunda o sistema de pesquisa científica no País. O sentido geral desta reorganização deveria ser o de abrir as instituições, cada vez mais, para a sociedade mais ampla, tornando-as mais flexíveis, mais capazes de estabelecer parcerias com diferentes setores da sociedade, e sujeitas a novos procedimentos de avaliação, que tomem em conta não somente a excelência acadêmica dos trabalhos, ou suas aplicações, mas possam combinar ambos os critérios. Esta reorganização deveria afetar também as próprias instituições de fomento à pesquisa científica, que deveriam poder trabalhar de forma mais integrada com os diversos setores da sociedade brasileira que têm necessidade e fazem uso dos resultados da pesquisa científica e tecnológica. A criação recente dos fundos setoriais não deve ser vista como a simples criação de um novo mecanismo financeiro para dar continuidade às práticas de sempre, mas como o embrião de um novo formato de relacionamento entre o interesse público e a pesquisa científica, que precisaria ser melhor explorado e aprofundado.*

Segundo a legislação concernente à matéria, aqui se destaca o Decreto n. 949, de 5 de outubro de 1993 (Brasil, 1993a), que dispõe sobre os Programas de Desenvolvimento Tecnológico Industrial (PDTI) e Programas de Desenvolvimento Tecnológico Agropecuário (PDTA), são definidas quatro modalidades de pesquisa que, em regra, podem ser verificadas na maioria dos projetos: 1) a pesquisa básica dirigida, 2) a pesquisa aplicada, 3) o desenvolvimento experimental e 4) os serviços de apoio técnico.

No art. 3º do Decreto n. 949/1993, estão as definições para as quatro modalidades:

> *Art. 3º Para efeito do disposto neste decreto, serão consideradas atividades de pesquisa e desenvolvimento tecnológico industrial e agropecuário as realizadas no País, compreendendo a pesquisa básica dirigida, a pesquisa aplicada, o desenvolvimento experimental e os serviços de apoio técnico necessário ao atendimento dos objetivos dos programas.*
>
> *§ 1º Enquadram-se como pesquisa básica dirigida os trabalhos executados com o objetivo de adquirir conhecimentos quanto à compreensão de novos fenômenos, com vistas ao desenvolvimento de produtos, processos ou sistemas inovadores.*
>
> *§ 2º Enquadram-se como pesquisa aplicada os trabalhos executados com o objetivo de adquirir novos conhecimentos, com vistas ao desenvolvimento ou aprimoramento de produtos, processos e sistemas.*
>
> *§ 3º Enquadram-se como desenvolvimento experimental os trabalhos sistemáticos delineados a partir de conhecimentos preexistentes, visando à comprovação ou demonstração da viabilidade técnica ou funcional de novos produtos, processos, sistemas e serviços ou, ainda, um evidente aperfeiçoamento dos já produzidos ou estabelecidos.*
>
> *§ 4º Enquadram-se como serviços de apoio técnico aqueles que sejam indispensáveis à implantação e à manutenção das instalações e dos equipamentos destinados exclusivamente às linhas de pesquisa e desenvolvimento tecnológico dos Programas, bem como à capacitação dos recursos humanos dedicados aos mesmos.* (Brasil, 1993a)

Assim, é mais seguro que os trabalhos de pesquisa para fins de doação de bolsas se norteiem pelos vetores assinalados. Logo, se houver bolsistas no projeto, seja sob regime de estágio, seja como pesquisadores, devem ser discriminados no projeto básico os indivíduos participantes, com os respectivos currículos.

Disposições sobre a utilização de bens imóveis

A utilização de bens imóveis, como já mencionado, o art. 2º da INSTN n. 1/1997 exige comprovação do exercício pleno de propriedade, mediante certidão de registro no cartório de imóvel, quando o projeto tiver por objeto a execução de obras ou benfeitorias nesse imóvel (Brasil, 1997a).

Metas a serem atingidas, cronograma de atividades (cronograma físico) e critérios objetivos de desempenho

Para a execução do escopo do projeto, é necessário traçar metas. Não basta crer que exista uma única meta a ser cumprida, ou seja, o alcance do objeto. É necessário traçar objetivos consoantes a um objetivo maior, que é a conclusão dos trabalhos. Essas são as metas a serem atingidas.

Tomemos como exemplo um projeto de otimização do ensino fundamental. Ele envolve diversas ações, como revisão de material didático, reciclagem de professores, aquisição de equipamentos (aparelhos de DVD, computadores etc.), contratação de novos docentes, enfim, ações que ultimarão no escopo "otimização do ensino fundamental". O resultado de cada uma dessas ações são metas a serem atingidas.

Uma vez traçadas essas metas, é preciso organizar o cronograma de atividades. O cronograma é um quadro de atividades com a previsão de início e de conclusão de cada meta. Ele também recebe o nome de cronograma físico.

O Quadro 9.1 ilustra um cronograma de atividades (cronograma físico) do projeto do exemplo em foco, cujo prazo de duração será de 11 meses, a partir de janeiro (do ano de execução), cujo tema do projeto é *otimização do ensino fundamental*.

Quadro 9.1 – Cronograma de atividades (cronograma físico) do Projeto Otimização do Ensino Fundamental

METAS	JAN.	FEV.	MAR.	ABR.	MAIO	JUN.	JUL.	AGO.	SET.	OUT.	NOV.
Revisão de material didático	■	■	■								
Reciclagem de professores	■	■	■	■	■	■	■	■	■	■	■
Aquisição de equipamentos				■	■	■					
Contratação de docentes						■	■	■	■	■	■

Feito o cronograma de atividades (cronograma físico), no caso dos termos de parceria, é necessário estabelecer indicadores de desempenho, ou seja, a constatação de que o serviço prestado foi executado com sucesso, tais indicadores devem ser objetivos, segue o exemplo:

Quadro 9.1 – Indicador de desempenho

INDICADORES DE DESEMPENHO	
METAS	INDICADOR
Revisão de material didático	Adequação do material didático às normas de ensino, conforme metodologia de execução. Três meses para revisão e indicação de eventuais falhas a contar de janeiro (do ano de execução).
Reciclagem de professores	Um curso de informática (50 horas/aula) e um curso de atualização pedagógica (80 horas/aula). Os programas dos cursos estão anexados. Onze meses e atendimento a todo o corpo docente da base referenciada a partir de janeiro (do ano de execução).
Aquisição de equipamentos	Compra de 250 computadores e 13 aparelhos de DVD (conforme especificações em anexo). Três meses, com colocação de um computador para cada dois alunos e um aparelho de DVD para cada sala de aula, a partir de abril (do ano de execução).
Contratação de docentes	Concurso para contração de dez novos docentes. Seis meses para a conclusão do concurso, a contar de junho (do ano de execução).

Os indicadores de desempenho permitem apurar quando a meta proposta estará devidamente cumprida. Os órgãos de controle e fiscalização devem ter critérios objetivos para verificação do alcance das metas. A metodologia de indicadores de desempenho, com essa denominação, surgiu com a Lei n. 9.790, de 23 de março de 1999 (Brasil, 1999b). No entanto, com denominação diversa, o art. 116, inciso VI, da Lei n. 8.666/1993 prevê que nos convênios é necessária a "previsão de prazo de início e fim do objeto, bem assim da conclusão das etapas ou fases programadas" (Brasil, 1993c). Com outras palavras, mas com menos ênfase, a exigência de indicadores de desempenho não é novidade.

Dessa forma, convém a inserção desses indicadores não só nos termos de parceria, mas também nos convênios e demais instrumentos de parcerias com o Poder Público, em homenagem aos princípios da eficiência e da transparência.

Local de execução

Um projeto deve ser executado em determinado âmbito de abrangência espacial. Pode ser um logradouro, um bairro, um município, um conjunto de municípios, pode ter a abrangência de um estado da federação, ou até ser de âmbito nacional, quiçá, internacional.

Dessa forma, a instituição deve delimitar a abrangência do projeto. Isso não significa que os efeitos dos trabalhos estarão restritos a esse local. No exemplo do Projeto Otimização do Ensino Fundamental, a execução pode se dar em uma escola isolada; posteriormente, verificando-se o sucesso do empreendimento, o projeto poderá se estender para outras escolas. Isso ocorre com as denominadas "escolas-modelo", nas quais são aplicados novos conceitos que, tendo sucesso, são ampliados para toda a rede escolar.

Custo do projeto: plano de aplicação dos recursos (cronograma de desembolso e plano de usos e fontes)

Serão estudados, a seguir, o planejamento dos custos do projeto com elaboração do plano de usos e fontes, bem como o estudo do cronograma de desembolso.

Planejamento de custos e elaboração do plano de usos e fontes: diferenciação de despesa de custeio e despesa de capital

Todo projeto tem um custo, que deve ser cuidadosa e previamente apurado. Muitos projetos são declarados ilegais por subfaturamento ou superfaturamento. Entre eles, o que também ocorre não é má-fé, mas a falta de planejamento. O que não significa que o projeto seja legal, pois, se não houver um cuidadoso planejamento financeiro, haverá uma afronta ao princípio da economicidade.

Assim, o plano de custos do projeto deve ser preciso porque será verificado com um estudo prévio do projeto, apurando-se o quanto será gasto para o implemento de cada meta proposta.

Feito esse estudo, elabora-se o plano de usos e fontes, no qual serão discriminadas todas as despesas de custeio e as despesas de capital, resultando em um quadro analítico, como ilustrado no Quadro 9.2, como o exemplo a seguir, que apresenta sugestão de descrição dos itens de despesa.

Como notamos, deve ser feita a discriminação entre tipos de despesas, com os respectivos valores, sendo necessário mencionar também a fonte de recursos para o custeio de cada item de despesas, por exemplo: "recursos orçamentários do parceiro público", "recursos de transferência constitucional para o ensino", ou "recursos próprios da entidade executora".

Quadro 9.2 – Plano de uso e fontes

\multicolumn{3}{l}{PLANO DE USO E FONTES}		
Fonte	**Despesas de custeio**	**Valor (R$)**
	Despesas de atividades de implementação/instalação/consumo	
	Passagens, diárias e despesas de locomoção	
	Despesas com contratação de serviços	
	Despesas de pessoal	
	Outras despesas (explicar)	
Fonte	**Despesas de capital**	**Valor (R$)**
	Equipamentos e materiais (*hardware* e *software*)	
	Obras civis	
	Outras despesas (explicar)	
Total geral		

Cabe, outrossim, a discriminação do que é despesa de custeio e o que é despesa de capital. As definições dessas despesas são feitas pela Lei n. 4.320, de 17 de março de 1964, arts. 12 e 13 (Brasil, 1964). Contudo, nem todas as despesas previstas nessa lei poderão ser feitas mediante convênios, termos de parceria ou outros instrumentos de parceria em execução de projetos, servindo de modelo o quadro anterior. Entretanto, para efeito de informação, discorremos sobre seu teor.

As despesas de custeio são as dotações para manutenção de serviços anteriormente criados, inclusive as destinadas a atender obras de conservação e adaptação de bens imóveis. Incluem-se nas despesas de custeio todas as despesas com pessoal, material de consumo, serviços de terceiros e encargos diversos.

Despesas de capital são os investimentos, as inversões financeiras e as transferências de capital.

Investimentos são dotações para o planejamento e a execução de obras, inclusive as destinadas à aquisição de imóveis considerados necessários à realização de tais obras, bem como para os programas especiais de trabalho, aquisição de instalações, equipamentos e material permanente e constituição ou aumento do capital de empresas que não sejam de caráter comercial ou financeiro. Incluem-se nos investimentos todas as despesas com obras públicas, despesas com serviços em regime de programa especial, despesas com equipamentos e instalações, despesas com material permanente e participação em constituição ou aumento de capital de empresas ou entidades industriais ou agrícolas.

Inversões financeiras são dotações destinadas a:

a. aquisição de imóveis ou bens de capital já em utilização;
b. aquisição de títulos representativos do capital de empresas ou entidades de qualquer espécie, já constituídas, quando a operação não importe aumento de capital;
c. constituição ou aumento do capital de entidades ou empresas que visem a objetivos comerciais ou financeiros, inclusive operações bancárias ou de seguros; e,
d. constituição de fundos rotativos, concessão de empréstimos e outras inversões financeiras.

As transferências de capital são as dotações para investimentos ou inversões financeiras que outras pessoas de direito público ou privado devam realizar, independentemente de contraprestação direta de bens ou serviços, constituindo essas transferências auxílios ou contribuições, segundo derivem diretamente da lei de orçamento ou de lei especial anterior, bem como as dotações para amortização da dívida pública. Incluem-se nas transferências de capital a amortização da dívida passiva ou pública, os auxílios para obras públicas, os auxílios para inversões financeiras e outras contribuições.

Merece destaque a admissibilidade de inclusão como despesas do projeto os custos indiretos da entidade executora, nos termos do art. 46, inciso III, da Lei n. 13.019, de 31 de julho de 2014 (Brasil, 2014b), com a redação dada pela Lei n. 13.204, de 14 de dezembro de 2015 (Brasil, 2015c). Sobre o assunto, no Capítulo 3, Seção 3.6, item *Da execução da parceria: as despesas vedadas e as despesas permitidas*, detalhamos sua abrangência, bem como o alcance a todas as modalidades de parceria, inclusive termos de parceria e contratos de gestão.

Cronograma de desembolso

Feito o plano de usos e fontes, elabora-se o cronograma de desembolso. A praxe é considerar desembolsos mensais; contudo, há a possibilidade de desembolso único, ou períodos diferentes ao mensal. Segue um exemplo de cronograma mensal, o mais comum:

Quadro 9.3 – Cronograma de desembolso

	Jan.	Fev.	Mar.	Abr.	Maio	Jun.	Ago.	Set.	Out.	Nov.
	R$	R$	R$	R$	R$	R$	R$	R$	R$	R$
Fonte										

O valor de cada desembolso deve corresponder às metas propostas para cada período. No exemplo citado anteriormente, do projeto *Otimização do ensino fundamental*, foi estabelecido um cronograma de atividades e, nele, deverá ser mensurado o custo das metas propostas no mês de referência. Se no mês em questão for executada somente uma atividade, o custo corresponderá a apenas esta, se em outros meses houver maior número de metas propostas, o custo será apurado pelo que será efetivamente realizado.

Devem estar especificados a fonte de custeio que realizará o desembolso e os meses em que ocorrerá a obrigação de cada repassador. Se houver mais de uma fonte, deverão ser discriminadas todas.

9.2 *Elaboração do plano de trabalho*

Aprovado o projeto básico pelo parceiro público, o plano de trabalho deverá ser elaborado. Na Instrução Normativa n. 1/1997, em seu anexo I, consta um modelo que poderá ser seguido. As informações do projeto básico aprovado devem ser fielmente seguidas.

A seguir, demonstraremos o roteiro a ser seguido. Os itens "dados cadastrais" e "informações da equipe executora" devem ser preenchidos com os dados requeridos, não cabendo fazer outros comentários. Nos itens seguintes, em cada campo, deve ser comentada a forma ideal para preenchimento. Esta foi a melhor maneira encontrada para tornar a explanação mais objetiva, prática e didática, facilitando a compreensão do leitor.

Dados cadastrais

IDENTIFICAÇÃO	
TÍTULO/TEMA DO PROJETO:	
DURAÇÃO PREVISTA: _____ meses ___/___ até ___/___	CUSTO DO PROJETO: R$
INSTITUIÇÃO PARCEIRA	
NOME INSTITUIÇÃO:	Natureza: ( ) Pública ( ) Privada ( ) Sem fins lucrativos ( ) Outros
CNPJ:	ENDEREÇO:
E-MAIL	Tel.: | Fax:
NOME E CARGO DO(S) DIRIGENTE(S):	RG | Órgão Emissor/UF | CPF
INSTITUIÇÃO EXECUTORA	
Nome:	Natureza: ( ) Pública ( ) Privada ( ) Sem fins lucrativos ( ) Outros:
CNPJ:	ENDEREÇO:
E-mail:	Tel.: | Fax:
Nome e cargo do(s) dirigente(s):	RG | Órgão Emissor/UF | CPF

Informações da equipe executora

INFORMAÇÕES DA EQUIPE EXECUTORA		
Nome do coordenador do projeto:	Endereço:	CPF
E-mail	Tel.:	Fax:

Nome de outras instituições envolvidas	Endereço/fone	Nome de contato

Nome dos integrantes da equipe	Fone	E-mail

Justificativa do projeto

JUSTIFICATIVA DO PROJETO

Situação atual/Contexto
Comentários
Identificar resumidamente a situação atual, dando um breve histórico do contexto em que será implementado o projeto, ou descrever o(s) problema(s) que o projeto se propõe a solucionar ou minorar, baseando-se em dados estatísticos. É preciso esclarecer, ainda, se existe algum outro projeto similar sendo desenvolvido e a razão de se propor um novo. É interessante descrever, por último, os possíveis problemas ou dificuldades a serem enfrentados na implementação projeto.

Justificativa técnica
Comentários
Conforme projeto básico, mas resumido.

Justificativa jurídica
Comentários
Conforme projeto básico, mas resumido.

Descrição do projeto
Comentários
Este item tem por finalidade apresentar uma descrição sucinta do trabalho a que se propõe implementar, destacando-se as principais realizações previstas e a estratégia a ser adotada para alcançá-las. A descrição deve esclarecer quem serão os beneficiários dos resultados do programa ou projeto (ou seja, o público-alvo – p. ex., empresas, associações, entidades comunitárias) e como eles se beneficiarão. Deve-se, ainda, definir claramente como o projeto está relacionado com pelo menos um dos eixos norteadores da política aplicada ao setor em que está inserido o projeto.

Situação esperada
Comentários
Nesse item, deve ser apresentada uma explanação de qual será a situação ao término do programa ou projeto, supondo-se que este tenha atingido todos os resultados a que se propusera.

Objetivos

OBJETIVO/MEIOS/RESULTADOS/ANÁLISE DE RISCO

Objetivos de longo prazo
Comentários
Descrever resumidamente os objetivos gerais de longo prazo do programa ou projeto. Se o programa ou projeto estiver relacionado com mais de um eixo norteador da política pública em que se insere o setor, faz-se necessário descrever os objetivos especificamente para cada uma das áreas prioritárias.

Objetivos de curto prazo
Comentários
Descrever resumidamente os objetivos gerais de curto prazo do programa ou projeto em função das atividades a serem implementadas. O programa ou projeto deve apresentar objetivos claros, mensuráveis e concretos. Se o programa ou projeto estiver relacionado com mais de um eixo norteador da política pública em que se insere o setor, faz-se necessário descrever os objetivos especificamente para cada uma das áreas prioritárias.

Meios
Comentários
É neste item que deve ser explicado resumidamente como os objetivos serão alcançados. Os meios devem ser claros e objetivos, bem como estar relacionados a um prazo determinado. É interessante descrever as obrigações e a contrapartida de cada instituição envolvida no programa ou projeto, se for o caso.

Resultados
Comentários
Os resultados são os produtos das atividades implementadas. Tomados em conjunto, eles refletem o grau e a qualidade do cumprimento do plano de trabalho implementado no âmbito do programa ou projeto. **Os resultados devem estar vinculados à uma finalidade de interesse coletivo, que dará suporte à justificativa jurídica do projeto.**

Análise de risco
Comentários
Descrever resumidamente os fatores, externos e internos ao projeto, passíveis de comprometer os resultados esperados. É interessante apontar alguma estratégia de superação.

Cronograma físico e indicadores de desempenho

CRONORAMA FÍSICO/INDICADORES DE DESEMPENHO		
Etapa	Descrição das atividades e dos indicadores de desempenho (conforme projeto básico)	Mês/ano meta

Cronograma de atividades
(inserir gráfico constante do projeto básico)

A elaboração do plano de trabalho do projeto consiste em definir as atividades que necessitam ser executadas, com vistas a atingir os resultados almejados e prever os recursos (financeiros, humanos, materiais, tempo) necessários para implementá-los. O grau de sucesso na implementação de um programa ou projeto está estreitamente relacionado à definição realista das atividades, recursos e prazos.

Um dos métodos mais utilizados em planejamento de programas e projetos é o fracionamento do projeto em conjuntos de atividades. Ao usar esse método, a equipe de gestão do projeto é induzida a realizar esforços conforme a previsão das ações a serem implementadas e dos prazos e custos envolvidos. O produto desse esforço induz a um planejamento mais preciso do trabalho a ser executado, ao mesmo tempo em que fornece, ao longo da execução do projeto, um instrumento de monitoramento e de avaliação de seu andamento.

Plano de aplicação dos recursos

PLANO DE APLICAÇÃO DOS RECURSOS		
Contribuição financeira Comentários O valor orçamentário, proposto em reais, destinado à instituição patrocinadora ou por outras fontes, deve ser definido ao longo do programa ou projeto. Este cronograma deve estar relacionado com o cronograma de atividades.		
Contribuição Valor (R$) Porcentagem Outras fontes (se for o caso)		
Total		100%
Plano de uso e fontes Comentários Conforme informações do projeto básico. Destina-se a relacionar todos os elementos que compõem os recursos financeiros do programa ou projeto em termos das despesas de custeio (custos com material, pessoal, treinamento etc.) e despesas de capital (equipamentos, obras civis, infraestrutura etc.). Os itens apresentados nas despesas são meramente ilustrativos.		

Fonte	Despesas de custeio	Valor (R$)
	Despesas de atividades de implementação/Instalação/Consumo	
	Passagens, diárias e despesas de locomoção	
	Despesas com contratação de serviços	
	Despesas de pessoal	
	Outras despesas (explicar)	
Fonte	**Despesas de capital**	**Valor (R$)**
	Equipamentos e materiais (*hardware* e *software*)	
	Obras civis	
	Outras despesas (explicar)	
Total geral		

Neste ponto, cabe um esclarecimento adicional. Conforme já estudado quando tratamos da elaboração do custo do projeto básico, há a admissibilidade de inclusão dos custos indiretos do projeto pela entidade executora, nos termos do art. 46, inciso III, da Lei n. 13.019/2014, com a redação dada pela Lei n. 13.204/2015.

Cronograma de desembolso (inserir tabela do projeto básico)	

Informações finais

RELATÓRIOS

Relatórios de atividades/financeiro Data inicial de envio: ( ) mensal ( ) bimestral ( ) trimestral ( ) outros: _____	(Comentários) As avaliações dos programas ou projetos para determinar se os objetivos foram alcançados serão feitos por meio de relatórios de atividades e de encerramento. É necessário destacar na proposta as prováveis datas de entrega desses relatórios a fim de avaliar os programas ou projetos.
Relatório de encerramento Data de envio: __ /__ /____	
Local:	_____ Assinatura
Data:	coordenador
Ciência das organizações envolvidas:	
Instituição parceira	Entidade executora

Por fim, recomendamos a adoção da ferramenta de gestão Estrutura Lógica de programas e projetos, que está no quadro a seguir:

Quadro 9.4 – Estrutura lógica de um programa ou projeto

Sumário narrativo	Indicadores de desempenho	Meios de verificação	Riscos
Objetivos longo prazo Os objetivos mais importantes do programa ou projeto	Indicadores do objetivo	Fontes de informações sobre o desempenho na dimensão do objetivo	Fatores externos que condicionam o desempenho na dimensão do objetivo
Objetivos curto prazo (propósito) Os resultados ou impactos imediatos do programa ou projeto	Indicadores do propósito	Fontes de informações sobre o desempenho na dimensão do propósito	Fatores externos que condicionam o desempenho na dimensão do propósito
Resultados (produtos) Produtos especificados na proposta do programa ou projeto	Indicadores dos produtos	Fontes de informações sobre o desempenho na dimensão dos produtos	Fatores externos que condicionam o desempenho na dimensão dos produtos
Meios (atividades) Ações das quais depende a realização dos produtos	Orçamento do programa ou projeto	Fontes de informações sobre o desempenho na dimensão das atividades e recursos	Fatores externos que condicionam o desempenho na dimensão das atividades

Fonte: Elaborado com base em Maximiano, 1997.

Capítulo 10
Incentivos fiscais aplicáveis ao terceiro setor

Serão abordados, neste capítulo, os incentivos destinados ao terceiro setor. Primeiramente será tratado o tema da imunidade, incentivo aplicável a toda instituição sem fins econômicos.

10.1 Imunidade tributária

A Constituição Federal, em seu art. 150, inciso VI, disciplina as imunidades aos impostos, com o seguinte texto:

> *Art. 150. Sem prejuízo de outras garantias asseguradas ao contribuinte, é vedado à União, aos Estados, ao Distrito Federal e aos Municípios:*
> *[...]*
> *VI – instituir impostos sobre:*
> *a) patrimônio, renda ou serviços, uns dos outros;*
> *b) templos de qualquer culto;*
> *c) patrimônio, renda ou serviços dos partidos políticos, inclusive suas fundações, das entidades sindicais dos trabalhadores, das instituições de educação e de assistência social, sem fins lucrativos, atendidos os requisitos da lei;*
> *d) livros, jornais, periódicos e o papel destinado a sua impressão.*
> *e) fonogramas e videofonogramas musicais produzidos no Brasil contendo obras musicais ou literomusicais de autores brasileiros e/ou obras em geral interpretadas por artistas brasileiros bem como os suportes materiais ou arquivos digitais que os contenham, salvo na etapa de replicação industrial de mídias ópticas de leitura a* laser. (Brasil, 1988)

Nesses termos, verificam-se cinco modalidades de imunidade tributária no art. 150, inciso VI, quais sejam: 1) imunidade recíproca; 2) imunidade religiosa; 3) imunidade do terceiro setor; 4) imunidade cultural quanto a livros, jornais, periódicos e assemelhados; 5) imunidade cultural quanto a mídias musicais, por som ou por som e imagem.

Cada uma dessas imunidades deve ser estudada separadamente, uma vez que, sem esse estudo, o objeto deste trabalho restar-se-á descontextualizado e vazio.

No entanto, para melhor didática, abordaremos, preliminarmente disposições que se aplicam a todas as modalidades de imunidade previstas no artigo transcrito.

Disposições gerais sobre as imunidades

A jurisprudência pacificou alguns temas que se aplicam a todas as modalidades de imunidades; abordaremos a seguir, as principaissegundo a posição do Superior Tribunal Federal (STF) e do Superior Tribunal de Justiça (STJ).

Requisitos para o gozo de imunidade e exigência de lei complementar

O STF pacificou, mediante a Tese de Repercussão Geral n. 32, no Recurso Extraordinário n. 566.622, a exigência de lei complementar para a fixação de requisitos para o gozo de imunidade tributária. Essa tese tem o seguinte teor: "Tese nº 32 – Os requisitos para o gozo de imunidade hão de estar previstos em lei complementar" (Brasil, 2017i).

No entanto, a exigência de lei complementar para as matérias referentes a imunidades deve ser interpretada com cautela. O próprio STF contemporiza a tese fixada, em recentíssimo acórdão, na ADI n. 4.021, Relator Ministro Luiz Fux, nos seguintes termos:

> *Ementa: AÇÃO DIRETA DE INCONSTITUCIONALIDADE. DIREITO CONSTITUCIONAL. DIREITO TRIBUTÁRIO. ARTIGO 32 DA LEI FEDERAL 9.430/1996. PROCEDIMENTO DE "SUSPENSÃO DA IMUNIDADE TRIBUTÁRIA, EM VIRTUDE DE FALTA DE OBSERVÂNCIA DE REQUISITOS LEGAIS". ALEGAÇÃO DE OFENSA AO ARTIGO 146, II, DA CONSTITUIÇÃO FEDERAL. RESERVA DE LEI COMPLEMENTAR. INEXISTÊNCIA. DEVEM SER VEICULADAS POR LEI COMPLEMENTAR AS NORMAS QUE DIGAM RESPEITO*

*ÀS CONDIÇÕES PARA O GOZO DAS IMUNIDADES TRIBUTÁ-
RIAS. ASPECTOS PROCEDIMENTAIS REFERENTES À FISCALI-
ZAÇÃO E AO CONTROLE ADMINISTRATIVO DO ATENDIMEN-
TO DAS FINALIDADES CONSTITUCIONAIS DAS REGRAS DE
IMUNIDADE SÃO PASSÍVEIS DE DEFINIÇÃO POR LEI ORDINÁ-
RIA. AÇÃO DIRETA DE INCONSTITUCIONALIDADE CONHECI-
DA E JULGADO IMPROCEDENTE O PEDIDO.*
*1. A Constituição Federal reserva à lei complementar a veiculação das
normas que digam respeito às condições para o gozo das imunidades
tributárias – atualmente previstas na Lei federal 5.172/1966 (Código
Tributário Nacional), recepcionada pela ordem constitucional vigente
com o* status *de lei complementar.*
*2. Os aspectos procedimentais necessários à verificação do atendimen-
to das finalidades constitucionais das regras de imunidade, referentes
à fiscalização e ao controle administrativo, são passíveis de definição
por lei ordinária. Precedentes.*
*3. In casu, o artigo 32 da Lei federal 9.430/1996 trata do procedimento
de "suspensão da imunidade tributária, em virtude de falta de observância de requisitos legais", fazendo referência expressa à inobservân-
cia de "requisito ou condição previsto nos arts. 9º, § 1º, e 14, da Lei
n. 5.172, de 25 de outubro de 1966 – Código Tributário Nacional". Assim, o dispositivo legal ora impugnado não versa requisitos para gozo
de imunidade tributária, mas dispõe sobre normas de procedimento
administrativo fiscal, matéria que pode ser validamente veiculada por
lei ordinária.*
4. Ação direta conhecida e julgado improcedente o pedido. (Brasil,
2019e)

Mais um acórdão deve ser destacado, agora, da lavra de Dias Toffoli, na ADI n. 1.802:

*Ação direta de inconstitucionalidade. Pertinência temática verificada.
Alteração legislativa. Ausência de perda parcial do objeto. Imunidade.
Artigo 150, VI, c, da CF. Artigos 12, 13 e 14 da Lei nº 9.532/97. Requisitos*

da imunidade. Reserva de lei complementar. Artigo 146, II, da CF. Limitações constitucionais ao poder de tributar. Inconstitucionalidades formal e material. Ação direta parcialmente procedente. Confirmação da medida cautelar.
1. *Com o advento da Constituição de 1988, o constituinte dedicou uma seção específica às 'limitações do poder de tributar' (art. 146, II, CF) e nela fez constar a imunidade das instituições de assistência social. Mesmo com a referência expressa ao termo 'lei', não há mais como sustentar que inexiste reserva de lei complementar. No que se refere aos impostos, o maior rigor do quórum qualificado para a aprovação dessa importante regulamentação se justifica para se dar maior estabilidade à disciplina do tema e dificultar sua modificação, estabelecendo regras nacionalmente uniformes e rígidas.*
2. *A necessidade de lei complementar para disciplinar as limitações ao poder de tributar não impede que o constituinte selecione matérias passíveis de alteração de forma menos rígida, permitindo uma adaptação mais fácil do sistema às modificações fáticas e contextuais, com o propósito de velar melhor pelas finalidades constitucionais. Nos precedentes da Corte, prevalece a preocupação em respaldar normas de lei ordinária direcionadas a evitar que falsas instituições de assistência e educação sejam favorecidas pela imunidade. É necessário reconhecer um espaço de atuação para o legislador ordinário no trato da matéria.*
3. *A orientação prevalecente no recente julgamento das ADIs nº 2.028/ DF, 2.036/DF, 2.228/DF e 2.621/DF é no sentido de que os artigos de lei ordinária que dispõem sobre o modo beneficente (no caso de assistência e educação) de atuação das entidades acobertadas pela imunidade, especialmente aqueles que criaram contrapartidas a serem observadas pelas entidades, padecem de vício formal, por invadir competência reservada a lei complementar. Os aspectos procedimentais necessários à verificação do atendimento das finalidades constitucionais da regra de imunidade, tais como as referentes à certificação, à fiscalização e ao controle administrativo, continuam passíveis de definição por lei ordinária.* (Brasil, 2018b)

Portanto, somente depende de lei complementar a definição de condições para o gozo de imunidade e não para toda a forma de regulamentação da matéria. Portanto, as matérias concernentes aos procedimentos de fiscalização, contencioso administrativo, escrituração contábil e a própria definição do que é lucro, pode ser regulada por lei ordinária.

Dos requisitos gerais para o gozo da imunidade (arts. 9º e 14 do Código Tributário Nacional)

O art. 14 do Código Tributário Nacional, Lei n. 5.172, de 25 de outubro de 1966, estabelece os requisitos para o gozo da imunidade tributária, conforme o seguinte texto:

> Art. 14. O disposto na alínea c do inciso IV do artigo 9º é subordinado à observância dos seguintes requisitos pelas entidades nele referidas:
> I - não distribuírem qualquer parcela de seu patrimônio ou de suas rendas, a qualquer título; (Redação dada pela Lcp nº 104, de 2001)
> II - aplicarem integralmente, no País, os seus recursos na manutenção dos seus objetivos institucionais;
> III - manterem escrituração de suas receitas e despesas em livros revestidos de formalidades capazes de assegurar sua exatidão. (Brasil, 1966)

Analisaremos, separadamente, cada um dos incisos transcritos, para clarificar o assunto em foco.

    a. Não distribuírem qualquer parcela de seu patrimônio ou de suas rendas, a qualquer título

O inciso I do art. 14 da Lei n. 5.172/1966 foi alterado pela Lei Complementar n. 104, de 11 de janeiro de 2001 (Brasil, 2001b), sendo que o texto anterior era: "Não distribuírem qualquer parcela de seu patrimônio ou de suas rendas, a título de lucro ou participação em seu resultado" (Brasil, 1966).

Para a doutrina majoritária, essa alteração é inócua, uma vez que se utilizam unicamente o enfoque jurídico da questão, permanecendo válida a noção de que só não fará jus a imunidade a entidade que distribuir lucro.

No entanto, a alteração estabelecida, se analisada sob seus aspectos econômicos e contábeis, estabelece uma restrição muito bem-vinda na noção de entidade sem fins lucrativos. Essa afirmação é possível tendo em vista que, na maioria das vezes, a distribuição de lucros não é explícita, mas disfarçada, escamoteada sob as mais diversas formas e modalidades.

Assim, o legislador equiparou o lucro e a participação no resultado aos conceitos de patrimônio e rendas. Entende-se por patrimônio da entidade seus ativos, deduzidos seus passivos; e por renda, os frutos oriundos desse patrimônio, que não importe propriamente em receitas usuais das atividades entidade, conforme seus objetivos sociais.

Dito isso, a entidade não fará jus a imunidade quando, a despeito de não distribuir lucros ou resultados, dispõe de seu patrimônio (p. ex., aliena ao associado um imóvel significativamente abaixo de preço de mercado) ou confere parcela de suas rendas (p. ex., permite que associados residam em seus imóveis sem pagar aluguéis, ou revertam esses alugueis a seus associados como bonificação).

A seguir, podemos conferir o acórdão do STF, sob a lavra do Ministro Luis Roberto Barroso, no Agravo Regimental em Recurso Ordinário em Mandado de Segurança n. 28.200/DF:

2. No mérito, sem razão a parte agravante. O ato impugnado no mandado de segurança originário consiste em decisão proferida pelo Ministro de Estado da Previdência Social, que manteve o indeferimento do pedido de renovação do Certificado de Entidade Beneficente de Assistência Social – CEBAS do instituto ora agravante. No caso, não só foi indeferido o pedido de renovação, mas, também, cancelado o

CEBAS anteriormente concedido, porque a entidade "concede vantagens ou benefícios a seus diretores" e porque sua "finalidade não econômica não é exclusiva". [...] 3. O Pleno do Supremo Tribunal Federal, no julgamento conjunto das ADIs 2.028, 2.036, 2.228 e 2.621 e do RE 566.622-RG, declarou a inconstitucionalidade de dispositivos das Leis nºs 8.212/1991, 8.742/1993 e 9.732/1998 e dos Decretos nºs 2.536/1998 e 752/1993, porque estabeleciam requisitos materiais para o gozo de imunidade tributária não previstos em lei complementar.
4. Não obstante, mesmo após a inconstitucionalidade reconhecida nesses julgados, permanece incólume um dos fundamentos do ato impugnado. Isso porque o requisito de não distribuição de qualquer parcela de patrimônio ou renda da entidade é exigido por diploma com estatura de lei complementar (Código Tributário Nacional, art. 14, I – Lei nº 5.172/1966). (Brasil, 2017g)

O STJ entende de forma idêntica no Recurso Especial n. 1.052.830/RS, a saber:

IPI. II. TRANSFERÊNCIA DE PRODUTOS ADQUIRIDOS COM IMUNIDADE. REVALORAÇÃO DA PROVA. INTERPRETAÇÃO RESTRITIVA. ART. 111 DO CTN. POR ANALOGIA. IMUNIDADE. ART. 14, INCISO I, DO CTN. I – Conforme consignado no v. acórdão, em ação declaratória anterior já transitada em julgado, foi concedido benefício de imunidade tributária para a recorrida. Entretanto, ela adquiriu diversos produtos, em sua maioria de informática, e os transferiu para entidades que não haviam sido beneficiadas pelo referido benefício. Asseverou-se no acórdão que não havia indícios de que as realocações teriam sido efetuadas em benefício de particulares, restando admissível as transferências. II – Ao entender legais as realocações, sob o fundamento de que elas não se deram em benefício particular, o acórdão afrontou o que determina o art. 14 do CTN, inciso I, que proíbe entidades beneficiadas por imunidade de distribuírem qualquer parcela de seu patrimônio ou de suas rendas, a qualquer título. III – O artigo encimado não se preocupa apenas com a distribuição de lucros ou participação no resultado entre pessoas físicas que laborem para a entidade. Pela inteligência do artigo, sua intenção é coibir a transferência, a qualquer título, dos produtos adquiridos com a referida imunidade para entidades ou pessoas que não tenham o referido benefício. (Brasil, 2008d)

Portanto, com a nova redação, a finalidade não lucrativa da entidade imune passou a contemplar a destinação de patrimônio ou renda, além do resultado operacional.

Ainda sobre a imunidade tributária, considerando-se as disposições concernentes a distribuição disfarçada de lucros e a confusão patrimonial, remetemos o leitor ao Capítulo 2, Seção 2.3, para aprofundamento do estudo.

b. Aplicarem integralmente, no País, os seus recursos na manutenção dos seus objetivos institucionais

Esse requisito não apresenta maiores complicações, uma vez que se uma entidade foi criada para ministrar educação, não poderá destinar recursos para atividades diversas, sob pena de desvio de finalidade.

A doutrina confunde muito as noções sobre recursos, ora confundindo com receita líquida (receita bruta deduzidos dos custos), ora como resultado operacional (receita operacional deduzidas as despesas operacionais).

A definição de **receita líquida** pode ser compreendida tomando-se como exemplo uma entidade que se dedique à venda de produtos: a receita bruta é a receita total auferida na venda dos produtos, sendo o custo o valor desses mesmos produtos em estoque, desconsiderando-se despesas com funcionários, energia elétrica, água, telefone e outros itens que são definidos como despesas. Da dedução do primeiro com o segundo, obtém-se a receita líquida da venda de produtos. Já **resultado operacional**, em uma entidade imune, corresponde ao superávit ou ao déficit no período, uma vez que as receitas confrontadas com todas as despesas mostrarão o resultado operacional.

Logo, esse inciso deve ser interpretado como complementar ao art. 150, parágrafo 4º da Constituição, uma vez que a entidade imune deve aplicar tanto as receitas quanto resultado nas finalidades institucionais. Nada impede, no entanto, que essa aplicação seja indireta, por exemplo, a Associação de Pais e Amigos dos Excepcionais (Apae) de determinada cidade promove uma quermesse para angariar fundos para obras de melhoria no espaço físico da entidade. A receita de vendas oriundas de tal evento permanecerá imune, apesar de os objetivos sociais da Apae não contemplarem venda de produtos à comunidade em geral. A quermesse no caso em análise nada mais é do que um meio para um fim: o custeio de obras de melhoria da estrutura física da entidade, uma aplicação indireta, portanto.

Outro reflexo do inciso é a aplicação dos recursos no país. Com efeito, a entidade imune não pode, sob pena de perda do benefício, aplicar seus recursosno exterior, mesmo que respeitando seus objetivos institucionais.

Sobre essa questão, a doutrina de Aliomar Baleeiro e Mizael Derzi ensina que:

> *Os fins – educação, assistência social, orientação política ou religiosa – é que se devem realizar no País, aproveitando a este. Não gozará de imunidade o partido organizado para restauração da monarquia em Portugal; a congregação religiosa destinada à conversão dos chineses ao catolicismo; a associação voltada à prestação de socorros ou de recursos educacionais à Abissínia. Nem poderá permanecer no gozo da imunidade a confraria que remete parte de suas rendas para a direção central em Roma ou para missões alhures. O fim específico há de ser procurado e realizado no Brasil.* (Baleeiro, 2013, p. 362)

Existem posições divergentes quanto à inaplicabilidade dos requisitos do art. 14, em especial o inciso II, às entidades religiosas. No entanto, a posição mais lúcida é a de Oswaldo Saraiva, citado por Leandro Paulsen (2017, p. 855-856):

a permissão de remessa de dinheiro para o exterior, sem a perda da imunidade, não deixa de causar uma certa apreensão no espírito de muitos, isto, convenhamos, pela inegável possibilidade de desvio, no exterior, de recursos remetidos por toda e qualquer Igreja sediada no Brasil para outra Igreja do mesmo culto com sede no estrangeiro, sem que o nosso País possa ter controle eficaz dessas malversações. Assim, diante do próprio princípio do devido processo legal material (CF, art. 5º, LIV), e por interpretação extensiva analógica, não deixa de ter, também, razoabilidade a concepção de que, para o gozo da imunidade, as instituições citadas nos itens b e c do artigo 150, VI, da Constituição brasileira, e nos artigos 9º, alíneas b e c, do Código Tributário nacional, estão obrigadas a aplicar todos os recursos financeiros obtidos no próprio país.

Assim, as entidades imunes devem aplicar suas receitas e resultados em suas finalidades institucionais e no Brasil.

Sobre desvio de finalidade e confusão patrimonial, que se aplica integralmente às disposições concernentes a imunidade tributária, sugerimos consultar Capítulo 2, Seção 2.3 deste livro.

c. Manterem escrituração de suas receitas e despesas em livros revestidos de formalidades capazes de assegurar sua exatidão

Esse requisito não é um fim em si mesmo, uma vez que existe para demonstrar a regularidade dos demais requisitos já estudados. O STJ já se posicionou sobre o tema, conforme o seguinte acórdão no Agravo Regimental no Agravo em Recurso Especial n. 100.911-RJ: "A escrituração exigível nos termos do inciso III do art. 14 do Código Tributário Nacional (CTN) é aquela fundada em um instrumento ou meio adequado para verificar, com exatidão, que os demais requisitos constantes nos incisos I e II estão sendo cumpridos" (Brasil, 2012a).

Ocorre que tal requisito é também substrato para que seja legalmente possível a suspensão da imunidade em razão da não-observância das obrigações acessórias, a ser oportunamente estudada.

A partir deste ponto, dissertaremos sobre o ônus da prova dos requisitos afetos ao gozo da imunidade.

*Ônus da prova dos requisitos para o gozo
da imunidade*

Em regra, o ônus da prova é distribuído na forma do art. 373 do Código de Processo Civil, Lei n. 13.105, de 16 de março de 2015, da seguinte forma:

> Art. 373. O ônus da prova incumbe:
> I – ao autor, quanto ào fato constitutivo de seu direito;
> II – ao réu, quanto à existência de fato impeditivo, modificativo ou extintivo do direito do autor. (Brasil, 2015a)

Com efeito, existem três situações que devem ser analisadas quando se fala em fixação do ônus da prova em sede de imunidade tributária: 1) quanto ào gozo inicial do pedido; 2) quanto à suspensão do benefício, na hipótese de a entidade já gozar anterior e regularmente do benefício; 3) quanto à tredestinação da aplicação dos bens às finalidades institucionais (art. 150, §4º da CF).

Ônus da prova inicial para o gozo da imunidade

Existem duas hipóteses para a declaração inicial de imunidade. A primeira delas ocorre quando a entidade está em funcionamento há mais de um ano e deseja requerer sua imunidade. A segunda delas ocorre quando o pedido de imunidade ocorre no mesmo exercício da constituição da entidade. Tais hipóteses serão aqui analisadas separadamente, uma vez que haverá circunstâncias que diferenciarão o ônus da prova quanto ao momento de sua produção.

*Ônus da prova para a declaração de imunidade
de entidade já constituída*

Quanto ào gozo inicial do pedido de entidade já constituída, o ônus da prova da presença dos requisitos previstos no art. 14 do CTN, incumbe a entidade que almeja a imunidade. A posição jurisprudencial do STJ está expressa nas citações a seguir.

No Agravo Regimental no Agravo em Recurso Especial n. 105.288/SP:

> *O ônus da prova quanto ào preenchimento dos requisitos do art. 14 do CTN cabe ao contribuinte. Concluindo o Tribunal de origem que os documentos apresentados não são aptos a conceder a imunidade prevista no art. 150, inciso VI, alínea "c", § 4º, da Constituição Federal, mudar essa conclusão demandaria o reexame do acervo fático-probatório dos autos, o que é inviável em sede de recurso especial, sob pena de violação da Súmula 7/STJ".* (Brasil, 2012b)

No Agravo Regimental no Agravo em Recurso Especial n. 100.911-RJ:

> *TRIBUTÁRIO. CONFRONTO DE TESES JURÍDICAS. INAPLICABILIDADE DA SÚMULA 7/STJ. IPTU. IMUNIDADE TRIBUTÁRIA. ENTIDADE EDUCACIONAL. ESCRITURAÇÃO DE DESPESAS E RECEITAS. ART. 14, III, DO CTN. FORMALIDADES. CUMPRIMENTO DOS INCISOS I E II DO MESMO NORMATIVO LEGAL.* (Brasil, 2012a)

No Recurso Especial n. 227.293 – RJ:

> *TRIBUTÁRIO. ISS. ISENÇÃO. ENTIDADE FILANTRÓPICA.*
> *1. Empresa que, por explorar planos de saúde, busca isenção do ISS por entender ser entidade filantrópica.*
> *2. Acórdão de segundo grau que, com base nos elementos fáticos depositados, firmou convencimento de que não há provas de preenchimento dos requisitos estabelecidos pelos arts. 9º e 14 do CTN e 150 e 203 da CF.*
> *3. Não demonstração de que os pressupostos exigidos pelos arts. 9º e 14 do CTN estão presentes"*[a]. (Brasil, 2004b)

---
a. Em idêntico sentido: RESP n. 221.892/RJ, Relator para Acórdão Min. José Delgado, julgamento: 16 de março de 2004. (Brasil, 2004a)

No Recurso Ordinário n. 25/BA: "As instituições de ensino, para serem reconhecidas como imunes, devem comprovar o atendimento às exigências previstas nos arts. 14, II, e § 2º, do CTN" (Brasil, 2003b). Essa conclusão decorre do texto legal processual, uma vez que incumbe ao autor a prova dos fatos constitutivos de seu direito.

No entanto, convém fazer algumas considerações sobre o ônus da prova em âmbito administrativo. Merece destaque o entendimento do STJ quanto ào tema, no Recurso Especial n. 707.315/DF, mediante a seguinte ementa:

> *A imunidade tributária interpreta-se restritivamente, sendo certo que, administrativamente é lícito aferir-se os requisitos do art. 14 do CTN, mercê de poder coadjuvá-lo a notoriedade dos fatos* (notoria non eget probatione)*, na medida em que desconsiderá-lo viola a regra do art. 333, I, do CPC.* (Brasil, 2008c)

Em seu voto no Recurso Especial n. 707.315/DF, o Relator Ministro Luiz Fux expôs:

> *Ademais, as atividades notoriamente desenvolvidas pela referida Associação nem de longe têm o condão de enquadrá-la como espécie de entidade de assistência social, menos ainda de instituição sem fins lucrativos. Ao revés, como bem salientado no parecer da Auditora Tributária, que opinou na via administrativa pelo indeferimento do pedido de imunidade da ora recorrida (fls. 178/191), os cursos por ela ministrados são basicamente voltados à área de atuação da mesma – hotelaria –, a qual parece "atuar como qualquer empresa comercial que para diminuir custos e rotatividade do pessoal, bem como melhorar a qualidade total dos serviços, investe em treinamento e aperfeiçoamento da mão de obra". Insta destacar, ainda, que as "famílias carentes" (fl. 05, n.º 3.7), que supostamente vivem no local, são de funcionários da recorrida, o que demonstra tratar-se de salário indiretamente pago aos mesmos, e não filantropia, como pretendeu fazer crer a recorrida.*

> Junte-se a estas conclusões a afirmação constante do parecer retro referido, no qual constatou-se, mediante a análise da documentação fiscal fornecida pela própria recorrida, que apenas uma ínfima parte de sua receita é vertida para o custeio das mesmas. (Brasil, 2008c, p. 4)

O que deve ser salientado é o seguinte: a autoridade administrativa deve apurar com rigor a presença dos requisitos autorizadores do art. 14 do CTN, uma vez que a atividade de lançamento é um ato vinculado e obrigatório, nos termos do art. 142, parágrafo único do CTN, com o seguinte texto:

> *Art. 142. Compete privativamente à autoridade administrativa constituir o crédito tributário pelo lançamento, assim entendido o procedimento administrativo tendente a verificar a ocorrência do fato gerador da obrigação correspondente, determinar a matéria tributável, calcular o montante do tributo devido, identificar o sujeito passivo e, sendo caso, propor a aplicação da penalidade cabível.*
> *Parágrafo Único. A atividade administrativa de lançamento é vinculada e obrigatória, sob pena de responsabilidade funcional.* (Brasil, 1966)

Entende-se como atividade administrativa vinculada, ou regrada, aquela em que a liberdade de atuação do administrador é mínima. Sobre a questão, a doutrina de Hely Lopes Meirelles é lúcida e pacífica, a saber:

> *Poder vinculado ou regrado é aquele que o Direito Positivo – a lei – confere à Administração Pública para a prática de ato de sua competência, determinando os elementos e requisitos necessários à sua formalização. Nesses atos, a norma legal condicioem sua expedição aos dados constantes de seu texto. Daí se dizer que tais atos são vinculados ou regrados, significando que, em sua prática, o agente público fica inteiramente preso ao enunciado da lei, em todas as suas especificações. Nessa categoria de atos administrativos a liberdade de ação do administrador é mínima, pois terá que se ater à enumeração minuciosa do Direito Positivo para realizá-los eficazmente. Deixando de atender a qualquer*

dado expresso na lei, o ato é nulo, por desvinculado de seu tipo padrão. (Meirelles, 2016, p. 138)

Assim, a análise dos incisos do art. 14 deve ser criteriosamente feita com base nos elementos probatórios colacionados pelo interessado. E a decisão declaratória deve ser suficientemente fundamentada.

Por fim, tendo-se em vista que a entidade já está constituída há mais de um exercício, deverá ela instruir o pedido com todos os elementos necessários para comprovar os requisitos previstos no art. 14 do CTN.

Analisaremos a seguir a situação em que a constituição da entidade é concomitante ao pedido de imunidade, não havendo documentos contábeis para subsidiar a comprovação dos requisitos autorizadores.

Do diferimento do ônus da prova nas declarações de imunidade concomitantes com a constituição da entidade

Na quase totalidade das vezes, a entidade requer a declaração da imunidade tributária no mesmo exercício de sua constituição regular. Por óbvio, essa entidade não terá demonstrações contábeis para colacionar o pedido simplesmente porque estas inexistem, vez que somente serão elaborados no final do exercício. Assim, questiona-se: tal entidade não terá direito à declaração de imunidade por ausência de provas?

A resposta a esta questão será negativa, uma vez que a imunidade é intrínseca, ainda mais diante do ordenamento jurídico hoje vigente, com as recentes alterações apostas ao Decreto-Lei n. 4.657, de 4 de setembro de 1942 (Brasil, 1942) efetuadas pela Lei n. 13.655, de 25 de abril de 2018 (Brasil, 2018a), que obriga a autoridade decisora a considerar as consequências práticas da decisão, bem como na exigência de que a motivação decisória deve considerar as possíveis alternativas, nos termos do art. 20 e seu parágrafo único, ambos do Decreto-Lei n. 4.657/1942, Lei de Introdução às Normas do Direito Brasileiro (Lindb). O texto desses dispositivos é:

Art. 20. Nas esferas administrativa, controladora e judicial, não se decidirá com base em valores jurídicos abstratos sem que sejam consideradas as consequências práticas da decisão. (Incluído pela Lei n. 13.655, de 2018).

Parágrafo Único. A motivação demonstrará a necessidade e a adequação da medida imposta ou da invalidação de ato, contrato, ajuste, processo ou norma administrativa, inclusive em face das possíveis alternativas (Incluído pela Lei n. 13.655, de 2018). (Brasil, 1942)

Conforme a doutrina de Marçal Justen Filho, a disposição do art. 20 da Lindb visa reduzir subjetivismos e superficialidades nas manifestações decisórias, valendo destaque:

As inovações introduzidas pela Lei nº 13.655/2018 destinam-se a reduzir certas práticas que resultam em insegurança jurídica no desenvolvimento da atividade estatal. O art. 20 relaciona-se a um dos aspectos do problema, versando especificamente sobre as decisões proferidas pelos agentes estatais e fundadas em princípios e valores de dimensão abstrata. A finalidade buscada é reduzir o subjetivismo e a superficialidade de decisões, impondo a obrigatoriedade do efetivo exame das circunstâncias do caso concreto, tal como a avaliação das diversas alternativas sob um prisma de proporcionalidade. (Justen Filho, 2018, p. 15)

Nesse diapasão, a entidade não poderá ser obrigada a assumir o polo passivo da exação unicamente pelo fato de que está impossibilitada de produzir prova, em virtude de sua pura inexistência.

A autoridade decisora deverá considerar as questões práticas da matéria a si posta para decisão e considerar as alternativas possíveis. Aliado a isso, ainda de acordo com as inovações da Lei n. 13.655/2018, deve o decisor agir de forma equânime e proporcional, não podendo impor ônus excessivos à entidade, diante do art. 21 e seu parágrafo único, ambos da Lindb. Esses dispositivos apresentam a seguinte redação:

Art. 21. A decisão que, nas esferas administrativa, controladora ou judicial, decretar a invalidação de ato, contrato, ajuste, processo ou norma administrativa deverá indicar de modo expresso suas consequências jurídicas e administrativas. (Incluído pela Lei nº 13.655, de 2018).
Parágrafo Único. A decisão a que se refere o caput *deste artigo deverá, quando for o caso, indicar as condições para que a regularização ocorra de modo proporcional e equânime e sem prejuízo aos interesses gerais, não se podendo impor aos sujeitos atingidos ônus ou perdas que, em função das peculiaridades do caso, sejam anormais ou excessivos. (Incluído pela Lei nº 13.655, de 2018).* (Brasil, 1942)

José dos Santos Carvalho Filho, ao interpretar tal dispositivo, leciona:

No art. 21, caput, *o legislador procedeu a uma inútil repetição, pois a norma traduz o que já dispõem o* caput *e o parágrafo único do art. 20: a decisão administrativa ou judicial que invalidar ato, contrato e outras condutas administrativas deve indicar expressamente as* consequências jurídicas e administrativas.
O parágrafo único desse mesmo art. 21 trata das condições de regularização *das condutas invalidatórias, exigindo que ocorram de modo proporcional e equânime, sem prejuízo aos interesses gerais e sem impor aos sujeitos atingidos ônus ou perdas que, no caso, sejam anormais ou excessivos. Pretendeu o legislador impedir decisões irresponsáveis que desconsiderem situações constituídas. Interpreta-se modo proporcional como a possibilidade de modulação de efeitos, ao passo que a* equanimidade *espelha justiça e neutralidade, sendo intrínseca a qualquer tipo de ato decisório de órgãos do Estado.* (Carvalho Filho, 2019, p. 1554-1555, grifo do original)

Nesses termos, a única alternativa viável é a declaração da imunidade. No entanto, a autoridade decisora está também limitada pelos interesses gerais conforme o art. 21, parágrafo único, da Lindb, no que concerne à necessária comprovação dos requisitos, não podendo o decisor estabelecer prejuízos a esta última (Brasil, 1942).

Com efeito, a declaração de imunidade deverá ser concedida com o diferimento do ônus da prova para o exercício seguinte, mantendo a obrigação da entidade em produzir essa prova.

Assim, a situação do requerimento da declaração de imunidade concomitante com a constituição da entidade não tem o condão de inverter o ônus da prova para o Fisco, porque a entidade ainda não se desincumbiu de sua produção, uma vez que há somente o diferimento do momento oportuno para sua viabilidade.

No entanto, quando da ocasião da efetiva comprovação, poderá ocorrer duas situações: a) a entidade, no exercício seguinte, realmente se desincumbe da prova da presença dos requisitos; ou b) a entidade, apesar do diferimento concedido, não foi capaz de comprovar os requisitos necessários.

Na primeira hipótese, por óbvio, sedimentará a declaração de imunidade anterior, gerando o efeito da inversão do ônus da prova em prejuízo do Fisco para as futuras fiscalizações, que será estudado no item seguinte.

Na segunda hipótese, por sua vez, diante da ausência de prova que sustente a imunidade, a entidade sofrerá os efeitos da exação com efeitos retroativos até a data da declaração inicial, mantendo-se o ônus da prova em sua responsabilidade para requerimentos futuros.

Feitas as considerações quanto ao ônus da prova inicial para o gozo da imunidade, trataremos do ônus da prova para a suspensão da imunidade.

Ônus da prova para fins de suspensão do benefício

Quanto à suspensão da imunidade superveniente ao regular e anterior enquadramento dos requisitos, o ônus da prova rege-se pelo art. 373, inciso II, do Código de Processo Civil (art. 333, inciso II, do CPC/1973), incumbindo ao ente tributante, uma vez que importa em prova de fatos impeditivos, modificativos ou extintivos do interesse da entidade antes imune, conforme a jurisprudência, no Recurso Especial n. 1.679.330/SP:

2. *Na hipótese dos autos, o Tribunal de origem, ao dirimir a controvérsia, imputou ao município o ônus da prova do não preenchimento dos requisitos do art. 14 do CTN. 3. De acordo com o inciso II do art. 333 do CPC/1973, "o ônus da prova incumbe ao réu, quanto à existência de fato impeditivo, modificativo ou extintivo do direito do autor". 4. Verifica-se que o acórdão recorrido está em sintonia com o entendimento do STJ no tocante à distribuição do ônus probatório, razão pela qual não merece prosperar a irresignação.* (Brasil, 2017b)[b]

Assim, se houver o gozo da imunidade em face de decisão administrativa ou judicial anterior, o ônus da prova para a suspensão do benefício é do Fisco, e não mais da entidade beneficiária.

No entanto, cabe, mais uma vez, o estudo das inovações da Lindb, agora aquelas dispostas em seu art. 24:

Art. 24. A revisão, nas esferas administrativa, controladora ou judicial, quanto à validade de ato, contrato, ajuste, processo ou norma administrativa cuja produção já se houver completado levará em conta as orientações gerais da época, sendo vedado que, com base em mudança posterior de orientação geral, se declarem inválidas situações plenamente constituídas. (Incluído pela Lei nº 13.655, de 2018).
Parágrafo Único. Consideram-se orientações gerais as interpretações e especificações contidas em atos públicos de caráter geral ou em jurisprudência judicial ou administrativa majoritária, e ainda as adotadas por prática administrativa reiterada e de amplo conhecimento público. (Incluído pela Lei nº 13.655, de 2018) (Brasil, 1942)

Trazendo luz à razão de ser do dispositivo do art. 24 da Lindb, em sua correlação com o art. 21 do mesmo diploma, Jacintho Arruda Câmara leciona:

----

b. No mesmo sentido: AgRg no AREsp n. 380.953/ES (Brasil, 2013c); AgRg no AREsp n. 239.268/MG (Brasil, 2012c).

> *O velho brocardo "ato nulo não produz efeitos"'perdeu espaço. Admite-se que a declaração de nulidade de ato administrativo, dependendo do caso, se atingir situação concreta já constituída, para o bem da segurança jurídica e da proteção da confiança do administrado, invalide o ato, mas preserve os efeitos produzidos. Nesta linha dispõe o art. 21 da LINDB, segundo o qual a decisão que decretar a invalidação de ato administrativo precisa "indicar de modo expresso suas consequências jurídicas e administrativas", devendo ainda, quando for o caso, "indicar as condições para que a regularização ocorra de modo proporcional e equânime e sem prejuízo aos interesses gerais, não se podendo impor aos sujeitos atingidos ônus ou perdas que, em função das peculiaridades do caso, sejam anormais ou excessivos" (art. 21, parágrafo único). O dispositivo em comento – o art. 24 da LINDB – segue a mesma diretriz, que busca a preservação das decisões administrativas como meio de assegurar a estabilização de relações jurídicas e assim proteger a segurança jurídica. Nesse ponto a lei cristaliza um verdadeiro vetor para a aferição da validade de atos administrativos em geral. A regra, em suma, impede que seja decretada a invalidade de deliberação administrativa que tenha sido tomada com base na interpretação geral vigente à época da produção do ato. A nova lei determinou que o entendimento sobre a correta interpretação do Direito vigente pode mudar, mas eventual nova leitura não poderá ser usada como referência para anular decisões administrativas já consolidadas. (Câmara, 2018, p. 115-116)*

Adicionalmente, como em toda decisão administrativa, deve haver também a observância do art. 20 já transcrito. De antemão, cabe a lúcida lição de Carvalho Filho (2019, p. 1554):

> *É imperioso notar, contudo, que a norma não veda decisões fundadas em valores abstratos, mas sim que sejam proferidas de modo irresponsável, sem considerar as consequências práticas delas decorrentes. A* ratio *consiste em evitar o que não raras vezes ocorre – decisões que*

culminam por encerrar consequências desastrosas pelo fato de serem proferidas sem qualquer padrão de razoabilidade.

Assim, ao se verificar a alteração do estado das coisas, constando a autoridade fiscalizadora que a entidade não atende mais aos requisitos de lei, somente poderá conferir efeitos retroativos se produzir prova desse descumprimento nos exercícios em que se pretende efetuar o lançamento.

Ônus da prova da tredestinação da aplicação dos bens às finalidades institucionais

No que concerne à tredestinação da aplicação dos bens nas finalidades institucionais, a jurisprudência se posiciona no sentido da inversão do ônus da prova, uma vez que se reconhece a presunção de sua aplicação nas respectivas finalidades institucionais. Essa é a dicção do STF no Agravo em Recurso Extraordinário n. 1.010.350:

> *A jurisprudência do Supremo Tribunal Federal entende que não cabe à entidade demonstrar que utiliza seus bens ou rendas de acordo com suas finalidades institucionais. Ao contrário, compete à Administração tributária demonstrar a eventual tredestinação do bem ou da atividade gravados pela imunidade*[c]. (Brasil, 2017f)

O entendimento quanto ào ônus da prova da tredestinação é válido para todas as imunidades subjetivas (alíneas "a", "b" e "c", todas do inciso VI do art. 150 da CF)

Aqui também é válida a aplicação das novas disposições da Lindb para proibir efeitos retroativos ao lançamento em caso de tredestinação, bem como para coibir decisões desarrazoadas, caso não haja evidência dessa situação mediante prova a ser produzida pelo Fisco.

―――――――――――――――

c. O STJ também mantém posição pacífica sobre tema, tendo em vista os seguintes acórdãos: AgRg no AREsp 493.525/MG (Brasil, 2014d); AgRg no REsp 1.301.276/RJ (Brasil, 2014e); AgRg no AREsp 304.126/RJ (Brasil, 2013b); REsp 1.360.819/RJ (Brasil, 2013d); AgRg no REsp 1.233.942/RJ (Brasil, 2012d); AgRg no REsp 1.215.119/RJ (Brasil, 2011a).

Do reconhecimento de ofício da imunidade tributária

O STJ tem um precedente que merece um estudo minucioso, valendo transcrição do teor da ementa:

> TRIBUTÁRIO. PROCESSUAL CIVIL. ART. 535, II, DO CPC/1973. OMISSÃO NÃO CONFIGURADA. IMUNIDADE. REQUISITOS DOS ARTS. 9 E 14 DO CTN. DILAÇÃO PROBATÓRIA. IMPOSSIBILIDADE DE CONHECIMENTO DE OFÍCIO. MATÉRIA ARGUÍDA APENAS EM EMBARGOS DE DECLARAÇÃO DO ACÓRDÃO DO TRIBUNAL. INVIABILIDADE DE CONHECIMENTO. INOVAÇÃO RECURSAL. ALTERAÇÃO DO PEDIDO E DA CAUSA DE PEDIR. TEORIA DA SUBSTANCIAÇÃO. ESTABILIZAÇÃO DA DEMANDA. PRINCÍPIO DA ADSTRIÇÃO OU CONGRUÊNCIA. EXTRAPOLAÇÃO DOS LIMITES OBJETIVOS DA LIDE. FALTA DE CORRELAÇÃO ENTRE A DECISÃO DOS EMBARGOS DE DECLARAÇÃO E A CONTROVÉRSIA CONSTANTE DA INICIAL. [...]
>
> 5. A jurisprudência do STJ tem admitido que a imunidade tributária pode ser suscitada em Exceção de Pré-executividade, como se fosse matéria de ordem pública cognoscível de ofício, apenas quando comprovada de plano, sem necessidade de verificação do direito da parte mediante dilação probatória. Precedentes: AgRg no Ag 1.281.773/MG, Rel. Ministro Benedito Gonçalves, Primeira Turma, DJe 16/3/2011; AgRg nos EDcl no REsp 1.339.353/SP, Rel. Ministro Mauro Campbell Marques, Segunda Turma, DJe 21/11/2012.
>
> 6. Nas hipóteses, entretanto, em que o reconhecimento da imunidade dependa da aferição de todos os requisitos conducentes ao benefício fiscal alegado, o entendimento do STJ é o de submissão da matéria a detida análise do contexto probatório, o que a torna incompatível com julgamentos de ofício ou com arguição em momento processual desprovido desse rito. Por todos: REsp 576.713/SC, Rel. Ministro Luiz Fux, Primeira Turma, julgado em 9/3/2004, DJ 3/5/2004, p. 117; AgRg no REsp 966.399/SC, Rel. Ministro Luiz Fux, Primeira Turma, julgado em 20/8/2009, DJe 14/9/2009; AgRg no AREsp 297.365/PB, Rel.

Ministro Sérgio Kukina, Primeira Turma, julgado em 06/11/2014, DJe 13/11/2014.

7. In casu, o Recurso Especial se insurge contra o reconhecimento automático da imunidade do art. 150, VI, "c", da CF alegada somente em Embargos de Declaração no Tribunal. Ocorre que a imunidade tributária constante do art. 150, VI, "c", da Constituição, de acordo com a jurisprudência do STJ, depende de prova do preenchimento dos requisitos constantes do art. 14 do CTN (RMS 19.019/RJ, Rel. Ministro Teori Albino Zavascki, Primeira Turma, julgado em 22/8/2006, DJ 04/09/2006, p. 232). Não por outro motivo costuma-se aplicar a Súmula 7/STJ em casos que discutem a imunidade tributária das entidades filantrópicas de ensino, justamente diante da necessidade de verificação do preenchimento das condições dispostas nos arts. 9º e 14 do CTN (AgRg no REsp 966.399/SC, Rel. Ministro Luiz Fux, Primeira Turma, julgado em 20/8/2009, DJe 14/9/2009).

8. Sendo assim, por ter o Tribunal suprimido instância e enquadrado per saltum a matéria como se fosse cognoscível de ofício, quando se fazia necessária a aferição e contraposição de todas as determinações estabelecidas na legislação de regência para fruição da imunidade reconhecida, a decisão impugnada afronta os dispositivos processuais invocados no apelo nobre, além de contrariar os arts. 9º, IV, "c", e 14, I, II e III, do CTN.

9. O Código de Processo Civil de 1973 adotou a teoria da substanciação, segundo a qual o autor, na petição inicial, deve especificar os fatos e os fundamentos jurídicos que justificam a sua pretensão. Proposta a ação, e citado o réu, passa a ser defeso ao autor modificar o pedido ou a causa de pedir sem o consentimento do adversário, sendo-lhe proibida a alteração após a prolação do despacho saneador, mesmo com a anuência do réu (art. 264, caput e parágrafo único, do CPC/1973). Trata-se do princípio da estabilização objetiva da demanda, previsto no art. 264 do CPC/1973.

10. O sistema processual brasileiro abraçou ainda a regra da correlação entre o pedido inicial e a prestação jurisdicional. Deve o juiz, ao

proferir sua decisão, julgar o pedido nos limites do proposto pela parte, sendo-lhe defeso proferir decisão "a favor do autor, de natureza diversa da pedida, bem como condenar o réu em quantidade superior ou em objeto diverso do que lhe foi demandado" (art. 460 do CPC/1973).

11. O conteúdo da lide, limitado na inicial e vinculante do juiz, restringe a cognição do provimento jurisdicional aos fatos e fundamentos de direito descritos na peça vestibular.

12. No caso sub examine, o pedido e a causa de pedir deduzidos na inicial não guardam relação com a imunidade acolhida pelo Tribunal. Não há pretensão deduzida nesse sentido na peça vestibular, muito menos funda-se a ação na circunstância de a autora estar jungida a regime especial de tributação.

13. Não se discute, aqui, imunidade tributária reconhecível de plano, como é o caso da imunidade recíproca dos entes federativos, mas hipótese de não incidência tributária constitucionalmente condicionada e limitada a diversos requisitos previstos na legislação infraconstitucional.

14. Pela análise da questão submetida a esta egrégia Corte, o acolhimento do recurso em liça é medida que se impõe, para reformar os acórdãos proferidos nos Embargos de Declaração, e manter a decisão original prolatada no julgamento da Apelação em seus próprios e jurídicos termos – STJ. Segunda Turma. Resp 1.682.216/AM. Min. Rel. Herman Benjamin. Julg.: 19/09/2017. (Brasil, 2017c)

Do estudo da ementa citada, temos que:

a. As imunidades incondicionadas são reconhecíveis de ofício, já as condicionadas não ostentam essa condição. É exemplo de imunidade incondicionada a recíproca, podendo, inclusive, ser declarada via exceção de pré-executividade;
b. As imunidades condicionadas dependem de detido rito probatório, sendo vedado o reconhecimento automático;
c. Aplica-se às lides envolvendo imunidades tributárias a "teoria da substanciação", segundo a qual "o autor, na petição inicial, deve especificar os fatos e os fundamentos jurídicos que justificam a

> sua pretensão. Proposta a ação, e citado o réu, passa a ser defeso ao autor modificar o pedido ou a causa de pedir sem o consentimento do adversário, sendo-lhe proibida a alteração após a prolação do despacho saneador, mesmo com a anuência do réu" (art. 329 do CPC);
>
> d. Aplica-se também às imunidades tributárias o princípio da adstrição ou correlação[d], uma vez que o juiz está adstrito ao pedido inicial e, como informado, esse pedido é inalterável nas hipóteses do art. 329 do CPC.

Assim, passaremos ao estudo da abrangência da imunidade unicamente quanto à impostos.

A imunidade abrange somente os impostos

É matéria pacífica, há muito tempo, o alcance da imunidade ditas "genéricas" previstas no art. 150, VI da Constituição Federal somente aos impostos, não afetando a incidência de taxas e contribuições, salvo as hipóteses de outras imunidades previstas em outros dispositivos constitucionais, cujo estudo foge ao tema do presente trabalho.

Essa posição tradicional foi incorporada pela Súmula 324 do STF, a saber: "A imunidade do art. 31, V, da Constituição Federal não compreende as taxas" (Brasil, 1963).

O art. 31, inciso V, mencionado no verbete sumular é da Constituição Federal de 1946, em que constava o seguinte texto:

> Art. 31. À União, aos Estados, ao Distrito Federal e aos Municípios é vedado:
> [...]

---

d. "Em diversos dispositivos, o CPC de 2015 preserva princípios basilares do direito processual civil que bem podem ser resumidos no da vinculação da sentença ao pedido e à causa de pedir. A sentença não pode desviar-se do que foi pedido pelo autor e, havendo reconvenção, pelo réu nem na perspectiva objetiva, nem na subjetiva; nem na qualidade, nem na quantidade do que pedido" (Bueno, 2018, p. 639-640).

V - lançar imposto sobre:

a) bens, rendas e serviços uns dos outros, sem prejuízo da tributação dos serviços públicos concedidos, observado o disposto no parágrafo único deste artigo;

b) templos de qualquer culto, bens e serviços de partidos políticos, instituições de educação e de assistência social, desde que as suas rendas sejam aplicadas integralmente no país para os respectivos fins;

c) papel destinado exclusivamente à impressão de jornais, periódicos e livros. (Brasil, 1946)

A jurisprudência mais recente, já sob os auspícios da nova Carta Política, manteve o entendimento no Recurso Extraordinário n. 613.287, Relator Ministro Luiz Fux, julgado em 2 de agosto de 2011, a saber:

A imunidade tributária recíproca não engloba o conceito de taxa, porquanto o preceito constitucional (artigo 150, inciso VI, alínea "a", da Constituição Federal) só faz alusão expressa a imposto. (Precedentes: RE n. 424.227, Relator o Ministro Carlos Velloso, 2ª Turma, DJ de 10.9.04; RE n. 253.394, Relator o Ministro Ilmar Galvão, 1ª Turma, DJ de 11.4.03; e AI n. 458.856, Relator o Ministro EROS GRAU, 1ª Turma, DJ de 20.4.07). (Brasil, 2011g)

No entanto, o entendimento assentado é que essa posição não se resume às imunidades recíprocas, mas se estende a todas as imunidades genéricas como regra geral, alcançando, inclusive, o art. 150, inciso VI, alínea "c", objeto de nosso estudo. Convém destacar a posição jurisprudencial no Recurso Extraordinário n. 627.034. julgado em 27 de abril de 2018, Relator Ministro Roberto Barroso:

Ementa: DIREITO TRIBUTÁRIO. AGRAVO INTERNO EM EMBARGOS DE DECLARAÇÃO EM RECURSO EXTRAORDINÁRIO. ART. 150, VI, C. IMUNIDADE QUE ABRANGE SOMENTE OS IMPOSTOS. IMPOSSIBILIDADE DE APLICAÇÃO ÀS CONTRIBUIÇÕES. VERIFICAÇÃO DOS REQUISITOS PARA FRUIÇÃO DA

IMUNIDADE. REEXAME DA LEGISLAÇÃO INFRACONSTITU-CIONAL E DO ACERVO PROBATÓRIO DOS AUTOS. SÚMULA 279/STF.
1. A jurisprudência do Supremo Tribunal Federal (STF) é firme no sentido de que a imunidade tributária prevista no art. 150, VI, da CF aplica-se unicamente aos impostos. (Brasil, 2018d)

Sobre a amplitude a todos os incisos do art. 150, inciso VI, da Constituição Federal, a doutrina de Eduardo Sabbag é sintética e didática:

Ao analisarmos o art. 150, VI, a, b, c, d, e, da CF, notamos que o referido preceptivo afasta apenas a incidência de impostos. Assim sendo, as situações protegidas pela presente regra imunizante, não estarão livres, entretanto, da incidência habitual das outras exações, como das taxas ou das contribuições de melhoria. Como exemplo, podemos dizer que sobre os templos o IPTU não incidirá, entretanto haverá a incidência normal de uma taxa de coleta de lixo; ainda, sobre o diretório do partido político, não incidirá o IPTU, mas sobre ele recairá a sujeição passiva da contribuição de melhoria. (Sabbag. 2018, p. 47)

Assim, não há de se falar em imunidade no tocante a taxas e contribuições, quanto à imunidade genérica prevista no art. 150, inciso VI, da Constituição Federal de 1988 (Brasil, 1988).

Imunidades subjetivas e contribuintes de fato e de direito

Primeiramente deve ser esclarecido o entendimento sobre as imunidades objetivas e subjetivas. Consideram-se **objetivas** as imunidades que são conferidas a um bem, como as imunidades culturais previstas nas alíneas "d" e "e" do art. 150, inciso VI, da Constituição Federal de 1988 (Brasil, 1988). São **subjetivas**, por sua vez as imunidades conferidas a pessoas, como as hipóteses das alíneas "a", "b" e "c". Sobre estas, a doutrina de Leandro Paulsen é cristalina, a saber: "Subjetivas são as imunidades das suas alíneas *a, b* e *c*, que aproveitam aos entes políticos, aos templos e aos partidos políticos e entidades educacionais sem fins lucrativos, dentre outras pessoas" (Paulsen, 2019, p. 146).

Com efeito, a Constituição Federal concede a imunidade à pessoa ali definida, excluindo-se a hipótese de incidência tributária às entidades nela definidas, de forma *intuito personae*. E como ficam as hipóteses em que o beneficiário não é contribuinte de direito, mas é contribuinte de fato? Persiste a imunidade?

Convém, antes de abordarmos o tema, distinguir o que é contribuinte de direito e a condição do contribuinte de fato.

É **contribuinte de direito** aquele previsto em lei como sujeito passivo do tributo. Por exemplo: é contribuinte de direito quanto ao Imposto sobre Serviços de Qualquer Natureza (ISSQN) o prestador de serviço de qualquer natureza; quanto ao Imposto sobre Produtos Industrializados (IPI) é o industrial que transforma o bem, e quanto ao Imposto sobre Circulação de Mercadorias e Serviços (ICMS) é o comerciante que promove a circulação de mercadorias.

É **contribuinte de fato**, por sua vez, aquele que sofre a repercussão do tributo, ou seja, o consumidor, quem adquire o serviço ou produto, cujo preço está repercutido o respectivo valor do tributo incidente. Ele não é contribuinte na acepção da lei, somente arca, na cadeia de consumo, com o preço do tributo incidente sobre o serviço ou produto adquirido.

Feitas essas considerações, a jurisprudência pacificada, mediante Tese de Repercussão Geral n. 342, mantém a seguinte posição:

> Tese n. 342 – *A imunidade tributária subjetiva aplica-se a seus beneficiários na posição de contribuinte de direito, mas não na de simples contribuinte de fato, sendo irrelevante para a verificação da existência do beneplácito constitucional a repercussão econômica do tributo envolvido.* (Brasil, 2017k, p. 4)

A ementa do acórdão que originou a fixação da Tese n. 342 é bastante didática, estabelecendo até um histórico sobre a questão, valendo transcrição:

EMENTA Recurso extraordinário. Repercussão geral. Imunidade do art. 150, inciso VI, alínea a, CF. Entidade beneficente de assistência social. Imposto sobre Circulação de Mercadorias e Serviços (ICMS). Aquisição de insumos e produtos no mercado interno na qualidade de contribuinte de fato. Beneplácito reconhecido ao contribuinte de direito. Repercussão econômica. Irrelevância.

1. Há muito tem prevalecido no Supremo Tribunal Federal o entendimento de que a imunidade tributária subjetiva se aplica a seus beneficiários na posição de contribuintes de direito, mas não na de simples contribuintes de fato, sendo irrelevante para a verificação da existência do beneplácito constitucional a discussão acerca da repercussão econômica do tributo envolvido. Precedentes.

2. Na primeira metade da década de sessenta, alguns julgados já trataram do tema, ensejando a edição da Súmula nº 468/STF. Conforme o enunciado, após a Emenda Constitucional 5, de 21/11/1961, o imposto federal do selo era devido pelo contratante não beneficiário de desoneração constitucional (contribuinte de direito) em razão de contrato firmado com a União, estado, município ou autarquia, ainda que a esses entes imunes fosse repassado o encargo financeiro do tributo por força da repercussão econômica (contribuintes de fato).

3. A Súmula nº 591, aprovada em 1976, preconiza que "a imunidade ou a isenção tributária do comprador não se estende ao produtor, contribuinte do imposto sobre produtos industrializados".

4. Cuidando do reconhecimento da imunidade em favor de entidade de assistência social que vendia mercadorias de sua fabricação (contribuinte de direito), admite o Tribunal a imunidade, desde que o lucro obtido seja aplicado nas atividades institucionais.

5. À luz da jurisprudência consagrada na Corte, a imunidade tributária subjetiva (no caso do art. 150, VI, da Constituição Federal, em relação aos impostos) aplica-se ao ente beneficiário na condição de contribuinte de direito, sendo irrelevante, para resolver essa questão, investigar se o tributo repercute economicamente.

6. *O ente beneficiário de imunidade tributária subjetiva ocupante da posição de simples contribuinte de fato – como ocorre no presente caso –, embora possa arcar com os ônus financeiros dos impostos envolvidos nas compras de mercadorias (a exemplo do IPI e do ICMS), caso tenham sido transladados pelo vendedor contribuinte de direito, desembolsa importe que juridicamente não é tributo, mas sim preço, decorrente de uma relação contratual. A existência ou não dessa translação econômica e sua intensidade dependem de diversos fatores externos à natureza da exação, como o momento da pactuação do preço (se antes ou depois da criação ou da majoração do tributo), a elasticidade da oferta e a elasticidade da demanda, dentre outros.*

7. A propósito, tal orientação alinha-se aos precedentes desta Corte no sentido de ser a imunidade tributária subjetiva constante do art. 150, VI, c, da Constituição aplicável à hipótese de importação de mercadorias pelas entidades de assistência social para uso ou consumo próprios. Essas entidades ostentam, nessa situação, a posição de contribuintes de direito, o que é suficiente para o reconhecimento do beneplácito constitucional. O fato de também serem apontadas, costumeira e concomitantemente, como contribuintes de fato é irrelevante para a análise da controvérsia. Precedentes.

8. Em relação ao caso concreto, dou provimento ao recurso extraordinário para declarar não ser aplicável à recorrida a imunidade tributária constante do art. 150, VI, c, da Constituição Federal. Sem condenação em honorários, nos termos da Súmula nº 512/STF. Custas ex lege.

9. Em relação ao tema nº 342 da Gestão por Temas da Repercussão Geral do portal do STF na internet, fixa-se a seguinte tese: "A imunidade tributária subjetiva aplica-se a seus beneficiários na posição de contribuinte de direito, mas não na de simples contribuinte de fato, sendo irrelevante para a verificação da existência do beneplácito constitucional a repercussão econômica do tributo envolvido" – STF. RE 608.872/ MG. Repercussão geral. Rel. Min. Dias Toffoli. Julg.: 23/02/2017. (Brasil, 2017k)

Assim, só se cogita imunidade aos contribuintes de direito, sendo irrelevante a repercussão econômica do imposto.

Imunidade, retenção e obrigações acessórias

A imunidade tributária não exclui a responsabilidade por retenção, nem mesmo às obrigações acessórias. Sobre o tema, Hugo de Brito Machado Segundo (2017, p. 165-166), ensina:

> *As imunidades, mesmo quando subjetivas (v. g., imunidade dos partidos políticos, dos entes federados e das entidades sindicais), não eximem as entidades imunes do cumprimento de obrigações acessórias, nem as dispensam de atuar, quando exigido por lei, na condição de substitutos legais tributários. Assim, por exemplo, um Município pode ser obrigado a reter o imposto de renda, contribuições previdenciárias, ou outros tributos devidos por terceiros que lhe prestem serviços.*

A jurisprudência do Supremo Tribunal Federal, com relação às obrigações acessórias, no Recurso Extraordinário n. 250.844, mantém a seguinte posição:

> *IMUNIDADE – LIVROS FISCAIS. O fato de a pessoa jurídica gozar da imunidade tributária não afasta a exigibilidade de manutenção dos livros fiscais.* (Brasil, 2012j)

Nesse acórdão, o Voto-Vista do Ministro Luiz Fux, condutor da unanimidade no Acórdão, quanto à exigibilidade das obrigações acessórias pelas entidades imunes, dispõe que:

> *Em suma, os deveres instrumentais (como a escrituração de livros e a confecção de documentos fiscais) ostentam caráter autônomo em relação à regra matriz de incidência do tributo, porquanto dotados de finalidades próprias e independentes da apuração de certa e determinada exação devida pelo próprio sujeito passivo da obrigação acessória. Consequentemente, não merece reforma o acórdão recorrido, tendo em*

vista a constitucionalidade da exigência veiculada em lei municipal (i) de manutenção de livro de registro de Imposto Sobre Serviços de Qualquer Natureza, (ii) de prévia autorização para emissão de notas fiscais de prestação de serviços e (iii) de conservação de talões de notas fiscais de prestação de serviços. (Brasil, 2012k)

Em outra oportunidade, a egrégia Suprema Corte reforçou o tema, no Recurso Extraordinário n. 627.051/PE: "A imunidade tributária não autoriza a exoneração de cumprimento das obrigações acessórias. A condição de sujeito passivo de obrigação acessória dependerá única e exclusivamente de previsão na legislação tributária" (Brasil, 2015h).

Nesse esteio enquadra-se a responsabilidade tributária por retenção, sendo a jurisprudência do STF fixada no seguinte sentido:

EMENTA: CONSTITUCIONAL. TRIBUTÁRIO. IMUNIDADE. ENTIDADE DE ASSISTÊNCIA SOCIAL E EDUCAÇÃO SEM FINS LUCRATIVOS. INAPLICABILIDADE ÀS HIPÓTESES DE RESPONSABILIDADE OU SUBSTITUIÇÃO TRIBUTÁRIA. IMPOSTO SOBRE OPERAÇÃO DE CIRCULAÇÃO DE MERCADORIAS – ICM/ICMS. LANÇAMENTO FUNDADO NA RESPONSABILIDADE DO SERVIÇO SOCIAL DA INDÚSTRIA – SESI PELO RECOLHIMENTO DE TRIBUTO INCIDENTE SOBRE A VENDA DE MERCADORIA ADQUIRIDA PELA ENTIDADE. PRODUTOR-VENDEDOR CONTRIBUINTE DO TRIBUTO. TRIBUTAÇÃO SUJEITA A DIFERIMENTO.
Recurso extraordinário interposto de acórdão que considerou válida a responsabilização tributária do Serviço Social da Indústria – SESI pelo recolhimento de ICMS devido em operação de circulação de mercadoria, sob o regime de diferimento. Alegada violação do art. 150, IV, c da Constituição, que dispõe sobre a imunidade das entidades assistenciais sem fins lucrativos. A responsabilidade ou a substituição tributária não alteram as premissas centrais da tributação, cuja regra-matriz continua a incidir sobre a operação realizada pelo contribuinte. Portanto, a imunidade tributária não afeta, tão-somente por si, a relação de responsabilidade tributária ou de substituição e não exonera o responsável

tributário ou o substituto. Recurso extraordinário conhecido, mas ao qual se nega provimento. STF. RE 202.987. Rel. Min. Joaquim Barbosa. Julg.: 30/06/2009. (Brasil, 2009f)

Portanto, a imunidade não desobriga a responsabilidade de retenção de tributos quando exigidos por lei, bem como a manutenção das obrigações acessórias.

Um exemplo da aplicação da hipótese de retenção está previsto na Lei Complementar n. 116, de 31 de julho de 2003, art. 6º, com o seguinte texto:

> Art. 6º Os Municípios e o Distrito Federal, mediante lei, poderão atribuir de modo expresso a responsabilidade pelo crédito tributário a terceira pessoa, vinculada ao fato gerador da respectiva obrigação, excluindo a responsabilidade do contribuinte ou atribuindo-a a este em caráter supletivo do cumprimento total ou parcial da referida obrigação, inclusive no que se refere à multa e aos acréscimos legais.
> § 1º Os responsáveis a que se refere este artigo estão obrigados ao recolhimento integral do imposto devido, multa e acréscimos legais, independentemente de ter sido efetuada sua retenção na fonte.
> § 2º Sem prejuízo do disposto no caput e no § 1o deste artigo, são responsáveis:
> [...]
> II - a pessoa jurídica, **ainda que imune** ou isenta, tomadora ou intermediária dos serviços descritos nos subitens 3.05, 7.02, 7.04, 7.05, 7.09, 7.10, 7.12, 7.14, 7.15, 7.16, 7.17, 7.19, 11.02, 17.05 e 17.10 da lista anexa.
> III - a pessoa jurídica tomadora ou intermediária de serviços, **ainda que imune** ou isenta, na hipótese prevista no § 4o do art. 3º desta Lei Complementar. (Brasil, 2003a, grifos nossos)

Feita a abordagem das obrigações acessórias e por retenção, passaremos ao tema da suspensão da imunidade.

Da suspensão da imunidade

Nos termos do art. 14, parágrafo 1º do CTN, a autoridade fiscal poderá suspender a aplicação da imunidade, conforme o seguinte texto: "Art. 4 [...]. § 1º Na falta de cumprimento do disposto neste artigo, ou no § 1º do artigo 9º, a autoridade competente pode suspender a aplicação do benefício" (Brasil, 1966).

Sobre a possibilidade de fiscalização das entidades imunes, o STF já se posicionou no seguinte sentido, no Agravo Regimental em Recurso Ordinário em Mandado de Segurança n. 28.200/DF: "A entidade não detém direito adquirido à manutenção perpétua da imunidade, sendo legítima a exigência de renovação periódica da demonstração do cumprimento dos requisitos constitucionais para a fruição da imunidade". Precedentes (Brasil, 2017g).

Diante dessa possibilidade de o Fisco, periodicamente, fiscalizar a entidade imune, cabe estabelecer os efeitos na hipótese de descumprimento dos requisitos já traçados. A entidade imune, por regra, goza de imunidade insitamente. Em caso de situações que demonstrem o não preenchimento dos pressupostos legais, essa imunidade será suspensa, voltando a surtir seus efeitos com o saneamento das causas que ensejaram a suspensão do benefício.

Valida a transcrição da jurisprudência do STJ sobre o tema o Recurso Especial n. 737.719/MG, Relatora Ministra Denise Arruda, julgado em 18 de dezembro de 2008, conforme o seguinte acórdão:

> *Desse modo, a ausência do registro dos livros, a qual foi regularizada durante o curso do processo, não deve ser motivo para exclusão ou cancelamento do benefício, haja vista que o descumprimento da norma do inciso III do art. 14 do CTN é mera causa de suspensão do benefício, conforme dispõe o parágrafo único do mesmo dispositivo legal.* (Brasil, 2009b)

Feita essa abordagem da suspensão, passaremos a tratar especificamente das hipóteses de imunidade segundo a CF.

Imunidade recíproca

A primeira imunidade prevista no dispositivo em destaque é a imunidade recíproca, que resulta da coexistência das três esferas, não podendo uma unidade política cobrar impostos da outra. Sobre o tema, vale a transcrição da doutrina de Kiyoshi Harada (2018, p. 448):

> *Como resultado da coexistência de três esferas governamentais, próprias do sistema federativo brasileiro, nossas Constituições vêm contemplando o princípio da imunidade recíproca, de sorte que nenhuma entidade política poderá exigir imposto sobre o patrimônio, a renda ou os serviços de outra.*

A seguir, faremos a exposição sobre a jurisprudência do STF no que concerne à imunidade recíproca.

Imunidade recíproca e sucessão de obrigações tributárias

O plenário do STF pacificou, com a edição do Tema de Repercussão Geral n. 224, a seguinte matéria: "A imunidade tributária recíproca não exonera o sucessor das obrigações tributárias relativas aos fatos jurídicos tributários ocorridos antes da sucessão" (Brasil, 2014g). Isso significa dizer que a imunidade recíproca é subjetiva e só alcança quem ostenta a condição prevista na Constituição para seu gozo, mas não tem a condição de extinguir o crédito tributário quando houver sucessão.

O exemplo preconizado pelo Acórdão que fixou a tese de repercussão geral foi o caso da incorporação pela União Federal da Rede Ferroviária Federal S/A (RFFSA). Esta última não gozava de imunidade e apresentava débitos de Imposto Predial e Territorial Urbano (IPTU) incidentes sobre seus imóveis. Com a sucessão da RFFSA pela União, a imunidade tributária que esta última ostenta não tem o condão de reprimir a hipótese de incidência do tributo quanto aos impostos cujo fato gerador ocorreu antes dessa sucessão.

*Imunidade recíproca de empresas públicas
e sociedades de economia mista prestadoras
de serviço público*

O STF mantém entendimento pacífico de que as empresas públicas e as sociedades de economia mista prestadoras de serviço público gozam de imunidade recíproca. O *leading case* que delimitou a questão foi o Recurso Extraordinário n. 253.472/SP, sob relatoria do Ministro Joaquim Barbosa, segundo a seguinte ementa:

> EMENTA: TRIBUTÁRIO. IMUNIDADE RECÍPROCA. SOCIEDADE DE ECONOMIA MISTA CONTROLADA POR ENTE FEDERADO. CONDIÇÕES PARA APLICABILIDADE DA PROTEÇÃO CONSTITUCIONAL. ADMINISTRAÇÃO PORTUÁRIA. COMPANHIA DOCAS DO ESTADO DE SÃO PAULO (CODESP). INSTRUMENTALIDADE ESTATAL. ARTS. 21, XII, f, 22, X, e 150, VI, a DA CONSTITUIÇÃO. DECRETO FEDERAL 85.309/1980.
> 1. IMUNIDADE RECÍPROCA. CARACTERIZAÇÃO. Segundo teste proposto pelo ministro-relator, a aplicabilidade da imunidade tributária recíproca (art. 150, VI, a da Constituição) deve passar por três estágios, sem prejuízo do atendimento de outras normas constitucionais e legais:
> 1.1. A imunidade tributária recíproca se aplica à propriedade, bens e serviços utilizados na satisfação dos objetivos institucionais imanentes do ente federado, cuja tributação poderia colocar em risco a respectiva autonomia política. Em conseqüência, é incorreto ler a cláusula de imunização de modo a reduzi-la a mero instrumento destinado a dar ao ente federado condições de contratar em circunstâncias mais vantajosas, independentemente do contexto.
> 1.2. Atividades de exploração econômica, destinadas primordialmente a aumentar o patrimônio do Estado ou de particulares, devem ser submetidas à tributação, por apresentarem-se como manifestações de riqueza e deixarem a salvo a autonomia política.

1.3. A desoneração não deve ter como efeito colateral relevante a quebra dos princípios da livre-concorrência e do exercício de atividade profissional ou econômica lícita. Em princípio, o sucesso ou a desventura empresarial devem pautar-se por virtudes e vícios próprios do mercado e da administração, sem que a intervenção do Estado seja favor preponderante.
2. SOCIEDADE DE ECONOMIA MISTA. EXPLORAÇÃO DE SERVIÇOS DE ADMINISTRAÇÃO PORTUÁRIA. CONTROLE ACIONÁRIO MAJORITÁRIO DA UNIÃO. AUSÊNCIA DE INTUITO LUCRATIVO. FALTA DE RISCO AO EQUILÍBRIO CONCORRENCIAL E À LIVRE-INICIATIVA. Segundo se depreende dos autos, a Codesp é instrumentalidade estatal, pois:
2.1. Em uma série de precedentes, esta Corte reconheceu que a exploração dos portos marítimos, fluviais e lacustres caracteriza-se como serviço público.
2.2. O controle acionário da Codesp pertence em sua quase totalidade à União (99,97%). Falta da indicação de que a atividade da pessoa jurídica satisfaça primordialmente interesse de acúmulo patrimonial público ou privado.
2.3. Não há indicação de risco de quebra do equilíbrio concorrencial ou de livre-iniciativa, eis que ausente comprovação de que a Codesp concorra com outras entidades no campo de sua atuação.
3. Ressalva do ministro-relator, no sentido de que "cabe à autoridade fiscal indicar com precisão se a destinação concreta dada ao imóvel atende ao interesse público primário ou à geração de receita de interesse particular ou privado". Recurso conhecido parcialmente e ao qual se dá parcial provimento. (Brasil, 2011c)

Desse *leading case*, decorreram-se os seguintes temas de repercussão geral:

Tema 235 – Os serviços prestados pela Empresa Brasileira de Correios e Telégrafos – ECT, inclusive aqueles em que a empresa não age em regime de monopólio, estão abrangidos pela imunidade tributária recíproca (CF, art. 150, VI, a e §§ 2º e 3º) – STF. RE n. 601.392/PR. Rel. p/ o acórdão Ministro Gilmar Mendes. Julg.: 28/02/2013. (Brasil, 2013h)

Tema 402 – Não incide o ICMS sobre o serviço de transporte de encomendas realizado pela Empresa Brasileira de Correios e Telégrafos – ECT, tendo em vista a imunidade recíproca prevista no art. 150, VI, a, da Constituição Federal – STF. RE n. 627.051/PE. Repercussão Geral. Rel. Min. Dias Toffoli. Julg.: 12/11/2014. (Brasil, 2015h)

Tema 412 – A Empresa Brasileira de Infraestrutura Aeroportuária – INFRAERO, empresa pública prestadora de serviço público, faz jus à imunidade recíproca prevista no art. 150, VI, a, da Constituição Federal – STF. ARE n. 638.315/BA. Repercussão Geral. Rel. Min. Aires Brito. Julg. 09/06/2011. (Brasil, 2011b)

Nesse último tema, na análise da repercussão geral, foi reafirmada a jurisprudência da Suprema Corte, segundo a seguinte ementa:

RECURSO. Extraordinário. Imunidade tributária recíproca. Extensão. Empresas públicas prestadoras de serviços públicos. Repercussão geral reconhecida. Precedentes. Reafirmação da jurisprudência. Recurso improvido. É compatível com a Constituição a extensão de imunidade tributária recíproca à Empresa Brasileira de Infraestrututa Aeroportuária – INFRAERO, na qualidade de empresa pública prestadora de serviço público. (Brasil, 2011b)

Ainda a respeito da imunidade recíproca conferida aos Correios, o STF pacificou a seguinte tese no RE n. 773.992/BA, com relatoria do Ministro Dias Toffoli:

Tese 644 – A imunidade tributária recíproca reconhecida à Empresa Brasileira de Correios e Telégrafos – ECT alcança o IPTU incidente sobre imóveis de sua propriedade e por ela utilizados, não se podendo estabelecer, a priori, nenhuma distinção entre os imóveis afetados ao serviço postal e aqueles afetados à atividade econômica. (Brasil, 2015i)

Esse tema deve ser estudado com cautela. Primeiramente, é necessário explicitar a ementa do acórdão que o fixou, a saber:

> EMENTA Recurso extraordinário. Repercussão geral reconhecida. Tributário. IPTU. Empresa Brasileira de Correios e Telégrafos (ECT). Imunidade recíproca (art. 150, VI, a, da CF).
> 1. Perfilhando a cisão estabelecida entre prestadoras de serviço público e exploradoras de atividade econômica, a Corte sempre concebeu a Empresa Brasileira de Correios e Telégrafos como uma empresa prestadora de serviços públicos de prestação obrigatória e exclusiva do Estado.
> 2. A imunidade recíproca prevista no art. 150, VI, a, da Constituição, alcança o IPTU que incidiria sobre os imóveis de propriedade da ECT e por ela utilizados.
> 3. Não se pode estabelecer, a priori, nenhuma distinção entre os imóveis afetados ao serviço postal e aqueles afetados à atividade econômica.
> 4. Na dúvida suscitada pela apreciação de um caso concreto, acerca, por exemplo, de quais imóveis estariam afetados ao serviço público e quais não, não se pode sacrificar a imunidade tributária do patrimônio da empresa pública, sob pena de se frustrar a integração nacional.
> 5. As presunções sobre o enquadramento originariamente conferido devem militar a favor do contribuinte. Caso já lhe tenha sido deferido o status de imune, o afastamento dessa imunidade só pode ocorrer mediante a constituição de prova em contrário produzida pela Administração Tributária.
> 6. Recurso extraordinário a que se nega provimento. (Brasil, 2015i)

Como verificamos, a tese exposta não excepciona a incidência do IPTU sobre imóveis afetados às atividades econômicas dos Correios; ela inverte o ônus da prova, obrigando a administração tributária a comprovar a afetação do imóvel a atividades estranhas à atividade postal. Essa hipótese é considerada uma modalidade de tredestinação, nos termos já estudados.

Imunidade dos Conselhos Profissionais

Para os conselhos profissionais, já há algum tempo, concede-se o reconhecimento de sua natureza autárquica federal, com poder de polícia, poder disciplinar e capacidade tributária. A jurisprudência do STF, sob a relatoria do Ministro Edson Fachin na ADI n. 4.697/DF, é a seguinte:

> AÇÕES DIRETAS DE INCONSTITUCIONALIDADE. JULGAMENTO CONJUNTO. DIREITO TRIBUTÁRIO. CONSELHOS PROFISSIONAIS. AUTARQUIAS FEDERAIS. CONTRIBUIÇÃO SOCIAL DE INTERESSE PROFISSIONAL. ANUIDADES. ART. 149 DA CONSTITUIÇÃO DA REPÚBLICA. LEI COMPLEMENTAR. PERTINÊNCIA TEMÁTICA. CAPACIDADE CONTRIBUTIVA. LEGALIDADE TRIBUTÁRIA. PRATICABILIDADE. PARAFISCALIDADE. LEI FEDERAL 12.514/2011.
>
> 1. *A jurisprudência desta Corte se fixou no sentido de serem os conselhos profissionais autarquias de índole federal. Precedentes: MS 10.272, de relatoria do Ministro Victor Nunes Leal, Tribunal Pleno, DJ 11.07.1963; e MS 22.643, de relatoria do Ministro Moreira Alves, DJ 04.12.1998.*
>
> 2. *Tendo em conta que a fiscalização dos conselhos profissionais envolve o exercício de poder de polícia, de tributar e de punir, estabeleceu-se ser a anuidade cobrada por essas autarquias um tributo, sujeitando-se, por óbvio, ao regime tributário pátrio. Precedente: ADI 1.717, de relatoria do Ministro Sydney Sanches, Tribunal Pleno, DJ 28.03.2003.*
>
> 3. *O entendimento iterativo do STF é na direção de as anuidades cobradas pelos conselhos profissionais caracterizarem-se como tributos da espécie "contribuições de interesse das categorias profissionais", nos termos do art. 149 da Constituição da República. Precedente: MS 21.797, Rel. Min. Carlos Velloso, Tribunal Pleno, DJ 18.05.2001.*
>
> 4. *Não há violação à reserva de lei complementar, porquanto é dispensável a forma da lei complementar para a criação das contribuições de intervenção no domínio econômico e de interesse das categorias profissionais. Precedentes.* (Brasil, 2017e)

Portanto, como autarquia federal, os conselhos profissionais gozam de imunidade recíproca.

Imunidade: Ordem dos Advogados do Brasil e Caixa de Assistência dos Advogados

Com base no *leading case* exposto na ADI n. 3.026/DF, sob relatoria do Ministro Eros Grau, a Ordem dos Advogados do Brasil foi reconhecida como uma entidade *sui generis*, cujo caráter jurídico é de uma "entidade de prestação de serviço independente", "categoria ímpar no elenco das personalidades jurídicas existentes no direito brasileiro". Esse precedente merece destaque:

> EMENTA: AÇÃO DIRETA DE INCONSTITUCIONALIDADE. § 1º DO ARTIGO 79 DA LEI N. 8.906, 2ª PARTE. "SERVIDORES" DA ORDEM DOS ADVOGADOS DO BRASIL. PRECEITO QUE POSSIBILITA A OPÇÃO PELO REGIME CELESTISTA. COMPENSAÇÃO PELA ESCOLHA DO REGIME JURÍDICO NO MOMENTO DA APOSENTADORIA. INDENIZAÇÃO. IMPOSIÇÃO DOS DITAMES INERENTES À ADMINISTRAÇÃO PÚBLICA DIRETA E INDIRETA. CONCURSO PÚBLICO (ART. 37, II DA CONSTITUIÇÃO DO BRASIL). INEXIGÊNCIA DE CONCURSO PÚBLICO PARA A ADMISSÃO DOS CONTRATADOS PELA OAB. AUTARQUIAS ESPECIAIS E AGÊNCIAS. CARÁTER JURÍDICO DA OAB. ENTIDADE PRESTADORA DE SERVIÇO PÚBLICO INDEPENDENTE. CATEGORIA ÍMPAR NO ELENCO DAS PERSONALIDADES JURÍDICAS EXISTENTES NO DIREITO BRASILEIRO. AUTONOMIA E INDEPENDÊNCIA DA ENTIDADE. PRINCÍPIO DA MORALIDADE. VIOLAÇÃO DO ARTIGO 37, CAPUT, DA CONSTITUIÇÃO DO BRASIL. NÃO OCORRÊNCIA.
>
> *1. A Lei n. 8.906, artigo 79, § 1º, possibilitou aos "servidores" da OAB, cujo regime outrora era estatutário, a opção pelo regime celetista. Compensação pela escolha: indenização a ser paga à época da aposentadoria.*

2. Não procede a alegação de que a OAB sujeita-se aos ditames impostos à Administração Pública Direta e Indireta.

3. A OAB não é uma entidade da Administração Indireta da União. A Ordem é um serviço público independente, categoria ímpar no elenco das personalidades jurídicas existentes no direito brasileiro.

4. A OAB não está incluída na categoria na qual se inserem essas que se tem referido como "autarquias especiais" para pretender-se afirmar equivocada independência das hoje chamadas "agências".

5. Por não consubstanciar uma entidade da Administração Indireta, a OAB não está sujeita a controle da Administração, nem a qualquer das suas partes está vinculada. Essa não vinculação é formal e materialmente necessária.

6. A OAB ocupa-se de atividades atinentes aos advogados, que exercem função constitucionalmente privilegiada, na medida em que são indispensáveis à administração da Justiça [artigo 133 da CB/88]. É entidade cuja finalidade é afeita a atribuições, interesses e seleção de advogados. Não há ordem de relação ou dependência entre a OAB e qualquer órgão público.

7. A Ordem dos Advogados do Brasil, cujas características são autonomia e independência, não pode ser tida como congênere dos demais órgãos de fiscalização profissional. A OAB não está voltada exclusivamente a finalidades corporativas. Possui finalidade institucional.

8. Embora decorra de determinação legal, o regime estatutário imposto aos empregados da OAB não é compatível com a entidade, que é autônoma e independente.

9. Improcede o pedido do requerente no sentido de que se dê interpretação conforme o artigo 37, inciso II, da Constituição do Brasil ao caput do artigo 79 da Lei n. 8.906, que determina a aplicação do regime trabalhista aos servidores da OAB.

10. Incabível a exigência de concurso público para admissão dos contratados sob o regime trabalhista pela OAB.

11. *Princípio da moralidade. Ética da legalidade e moralidade. Confinamento do princípio da moralidade ao âmbito da ética da legalidade, que não pode ser ultrapassada, sob pena de dissolução do próprio sistema. Desvio de poder ou de finalidade.* 12. *Julgo improcedente o pedido.* (Brasil, 2006b)

Portanto, desde o *leading case* já citado, a OAB passou a gozar de imunidade tributária na modalidade recíproca. Todavia, até pouco tempo, a Caixa de Assistência dos Advogados não ostentava essa prerrogativa, como se observa nos Embargos de Declaração no RE n. 405.267 ED/MG[e], Relator Ministro Ricardo Lewandowski:

> Ementa: EMBARGOS DE DECLARAÇÃO OPOSTOS DE DECISÃO MONOCRÁTICA. CONVERSÃO EM AGRAVO REGIMENTAL. TRIBUTÁRIO. ALEGAÇÃO DE DIREITO À IMUNIDADE TRIBUTÁRIA DO ART. 150, VI, C, DA CONSTITUIÇÃO FEDERAL. AUSÊNCIA DE PREQUESTIONAMENTO. SÚMULAS 282 E 356 DO STF. IMUNIDADE RECÍPROCA. ART. 150, VI, A, DA CF. CAIXA DE ASSISTÊNCIA DOS ADVOGADOS. INAPLICABILIDADE. AGRAVO IMPROVIDO. *I – Ausência de prequestionamento da questão constitucional suscitada (art. 150, VI, c, da CF). Incidência da Súmula 282 do STF. Ademais, não opostos embargos declaratórios para suprir a omissão, é inviável o recurso, a teor da Súmula 356 do STF. II – A circunstância de a Caixa de Assistência dos Advogados integrar a estrutura da Ordem dos Advogados do Brasil não implica a extensão da imunidade tributária prevista no art. 150, VI, a, da Lei Maior, ou seja, as Caixas de Assistência não estão protegidas pela imunidade recíproca aplicável à OAB. Precedente. III – Agravo regimental improvido.* (Brasil, 2012i)

―――――――――――――
e. No mesmo sentido: RE n. 662.816 AgR/BA (Brasil, 2012n); RE n. 233.843/MG (Brasil, 2009g).

Contudo, esse posicionamento jurisprudencial foi revisto pelo Plenário da Corte, nos termos do seguinte recente *leading case* relatado pelo Ministro Edson Fachin no RE 405.267/MG[f]:

RECURSO EXTRAORDINÁRIO. MATÉRIA AFETADA PARA JULGAMENTO NO TRIBUNAL PLENO PELA SEGUNDA TURMA. ARTIGOS 11, I, PARÁGRAFO ÚNICO C/C 22, PARÁGRAFO ÚNICO, "B", AMBOS DO RISTF. DIREITO TRIBUTÁRIO. IMUNIDADE RECÍPROCA. ART. 150, VI, "A", DA CONSTITUIÇÃO FEDERAL. ORDEM DOS ADVOGADOS DO BRASIL. CAIXA DE ASSISTÊNCIA DOS ADVOGADOS.

1. A questão referente à imunidade aplicável às entidades assistenciais (CF, 150, VI, "c") é impassível de cognição na via do recurso extraordinário, quando não há apreciação pelas instâncias ordinárias, nem foram interpostos embargos declaratórios para fins de prequestionamento. Súmulas 282 e 356 do STF.

2. É pacífico o entendimento de que a imunidade tributária gozada pela Ordem dos Advogados do Brasil é da espécie recíproca (CF, 150, VI, "a"), na medida em que a OAB desempenha atividade própria de Estado.

3. A OAB não é uma entidade da Administração Indireta, tal como as autarquias, porquanto não se sujeita a controle hierárquico ou ministerial da Administração Pública, nem a qualquer das suas partes está vinculada. ADI 3.026, de relatoria do Ministro Eros Grau, DJ 29.09.2006.

4. Na esteira da jurisprudência do STF, considera-se que a Ordem dos Advogados possui finalidades institucionais e corporativas, além disso ambas devem receber o mesmo tratamento de direito público.

5. As Caixas de Assistências dos Advogados prestam serviço público delegado, possuem status *jurídico de ente público e não exploram atividades econômicas em sentido estrito com intuito lucrativo.*

---

f. No mesmo sentido: ARE n. 1.171.694 AgR/RJ (Brasil, 2019f).

> 6. *A Caixa de Assistência dos Advogados de Minas Gerais encontra-se tutelada pela imunidade recíproca prevista no art. 150, VI, "a", do Texto Constitucional, tendo em vista a impossibilidade de se conceder tratamento tributário diferenciado a órgãos da OAB, de acordo com as finalidades que lhe são atribuídas por lei.*
> 7. *Recurso extraordinário parcialmente conhecido a que se nega provimento.* (Brasil, 2018c)

Assim, tanto a Ordem dos Advogados do Brasil quanto à Caixa de Assistência dos Advogados gozam de imunidade tributária na modalidade recíproca.

Abordada a imunidade recíproca, passaremos à imunidade religiosa.

Da imunidade dos templos de qualquer culto

A Carta Política também previu a imunidade dos templos religiosos, direcionada ao fomento da liberdade religiosa, no sentido de a atividade fiscal não ser um óbice à prática religiosa, sendo oportuna a doutrina de Leandro Paulsen (2017, p. 115-116), a saber:

> *A imunidade a impostos que beneficia os "templos de qualquer culto" abrange as diversas formas de expressão da religiosidade. Cuida-se de "uma das formas que o Estado estabeleceu para não criar embaraços à prática religiosa foi outorgar imunidade aos templos onde se realizem os respectivos cultos". Está, portanto, a serviço da liberdade de crença e da garantia de livre exercício dos cultos religiosos, assegurada proteção aos locais de culto e às suas liturgias, conforme se colhe do art. 5º, VI, da CF.*

Com relação aos requisitos e demais condições, o STF entende que os vetores interpretativos de imunidade condicionadas aplicáveis à alínea "c" do inciso VI do art. 150 da CF, também são aplicáveis à hipótese dos templos de qualquer culto, sendo que, para evitar repetição enfadonha, remete-se o leitor ao estudo oportuno. A ementa respectiva foi assim fixada no RE n. 325.822/SP: "O § 4º do dispositivo constitucional serve de vetor interpretativo das alíneas "b" e "c" do inciso VI do art. 150 da Constituição Federal. Equiparação entre as hipóteses das alíneas referidas"g (Brasil, 2004e).

No entanto, existem algumas peculiaridades específicas à imunidade dos templos religiosos na jurisprudência do STF que devem ser aqui destacadas.

Maçonaria não tem templo religioso

O STF tem precedente no RE n. 562.351, Relator Ministro Ricardo Lewandowski: "A imunidade tributária conferida pelo art. 150, VI, b, é restrita aos templos de qualquer culto religioso, não se aplicando à maçonaria, em cujas lojas não se professa qualquer religião" (Brasil, 2012m).

No que concerne às lojas maçônicas, a interpretação adotada pelo STF foi restritiva, mas, no que concerne à jurisprudência dessa Corte Suprema, a adoção de uma linha interpretativa é difusa, casuística até.

A seguir, trataremos da diversidade de interpretação quando se trata da imunidade dos cemitérios.

Questão da imunidade dos cemitérios

A posição do STF com relação aos cemitérios é exposta no RE n. 578.562, Relator Ministro Eros Grau, a seguir:

> *Recurso extraordinário. Constitucional. Imunidade tributária. IPTU. Art. 150, VI,b, CF/1988. Cemitério. Extensão de entidade de cunho religioso. Os cemitérios que consubstanciam extensões de entidades de cunho religioso estão abrangidos pela garantia contemplada no art. 150 da Constituição do Brasil. Impossibilidade da incidência de IPTU em relação a eles. A imunidade aos tributos de que gozam os templos de qualquer culto é projetada a partir da interpretação da totalidade que*

―――――――――――――――

g. No mesmo sentido: ARE n. 658.080 AgR (Brasil, 2012h); Agravo de Instrumento AI n. 690.712 AgR (Brasil, 2009e); AI n. 651.138 AgR (Brasil, 2007c).

o texto da Constituição é, sobretudo do disposto nos arts. 5º, VI; 19, I; e 150, VI, b. As áreas da incidência e da imunidade tributária são antípodas. (Brasil, 2008h)

Assim, os cemitérios são extensões de cunho religioso e a maçonaria, que professa uma filosofia baseada no "Grande Arquiteto do Universo", cujas simbologias tratam do enobrecimento e evolução humana, não mereceram esse tratamento por extensão.

No entanto, retornando à hipótese dos cemitérios, o acórdão mencionado anteriormente estabelece ressalvas à imunidade da seguinte forma: "Pois é evidente que jazigos explorados comercialmente, por empresas dedicadas a esse negócio, não gozam da proteção constitucional de que se cuida" (Brasil, 2008h).

Muito se questiona (e as empresas que exploram o setor se utilizam desse argumento) sobre o fato de que no cemitério sempre há uma capela onde os parentes dos falecidos podem orar e onde se procedem aos respectivos velórios. Assim, os cemitérios explorados comercialmente pelas empresas, socorrendo-se desse precedente, tentam se utilizar do argumento para o subterfúgio tributário.

Ressaltamos que as empresas não aparecem ostensivamente como prestadoras de serviços, sendo uma entidade sem fins lucrativos que figura no contrato.

Assim, as autoridades fiscalizadoras devem se aprofundar na análise das transações das entidades que exploram cemitérios e almejam a declaração de imunidade tributária.

Imunidade cultural de livros, jornais e periódicos

Entre as imunidades culturais, o constituinte previu a imunidade sobre os livros, jornais e periódicos e o papel destinado a sua impressão, valendo a transcrição da doutrina de Josiani Minardi (2017, p. 34-35):

> *O artigo 150, VI, 'd', da CF versa sobre a imunidade objetiva, que proíbe a União, os Estados, o Distrito Federal e os Municípios de instituírem*

impostos sobre alguns objetos, tais como **livros, jornais, periódicos e o papel destinado à sua impressão**. *Sobre estes objetos não irão incidir o ICMS – quando saem do estabelecimento comercial; IPI – assim que saem da indústria; e LI – se houver a importação. Terão imunidade os livros que transmitirem pensamentos e ideias formalmente orientadas, independentemente do conteúdo. O Supremo Tribunal Federal já reconheceu a imunidade dos álbuns de figurinhas e das apostilas. Com relação aos periódicos e jornais, somente perderão a imunidade se apresentarem cunho eminentemente publicitário, sem qualquer destinação à cultura e à educação, como os encartes e catálogos. A lista telefônica tem imunidade tributária por ter utilidade pública. De acordo com o parecer do STF*[h]*, a imunidade objetiva alcança também os filmes e papéis fotográficos necessários à publicação de jornais e periódicos.* (Súmula n. 657, grifos do original)

Além dos precedentes mencionados pela doutrina destacada, existem as seguintes Teses de Repercussão Geral editados pelo STF:

Tese 209 – A contribuição para o Finsocial, incidente sobre o faturamento das empresas, não está abrangida pela imunidade objetiva prevista no art. 150, VI, d, da Constituição Federal de 1988, anterior art. 19. III, d, da Carta de 1967/1969[i]. (Brasil, 2013j)

Tese 259 – A imunidade da alínea d do inciso VI do artigo 150 da Constituição Federal alcança componentes eletrônicos destinados, exclusivamente, a integrar unidade didática com fascículos[j]. (Brasil, 2017j)

---

h. Súmula 657. (Brasil, 2003e).

i. STF. RE n. 628.122/SP. Repercussão Geral. Rel. Min. Gilmar Mendes. Julg.: 19/06/2013. (Brasil, 2013j)

j. STF. RE n. 595.676/RJ. Repercussão Geral. Rel. Min. Marco Aurélio. Julg.: 08/03/2017. (Brasil, 2017j)

> *Tese 593 – A imunidade tributária constante do art. 150, VI, d, da CF/88 aplica-se ao livro eletrônico (e-book), inclusive aos suportes exclusivamente utilizados para fixá-lo*[k]. (Brasil, 2017h)

Deve também ser destacada a Súmula n. 657 do STF ao pacificar o entendimento segundo o qual a "imunidade prevista no art. 150, VI, d, da Constituição Federal abrange os filmes e papéis fotográficos necessários à publicação de jornais e periódicos" (Brasil, 2003e).

A seguir, trataremos da imunidade cultural audiovisual.

Imunidade cultural audiovisual

Mais uma vez a doutrina de Josiani Minardi (2017, p. 35) é precisa:

> *A Emenda Constitucional nº 75 incluiu a alínea "e" no artigo 50, VI, da Lei Maior que assegura imunidade para:*
> *Fonogramas e videofonogramas musicais produzidos no Brasil contendo obras musicais ou literomusicais de autores brasileiros e/ou obras em geral interpretadas por artistas brasileiros, bem como os suportes materiais ou arquivos digitais que os contenham, salvo na etapa de replicação industrial de mídias ópticas de leitura a* laser.
> *Assim, os CDs e DVDs produzidos no Brasil incluindo obras musicais ou literomusicais de autores nacionais não irão pagar impostos.*
> *Também há imunidade para as obras em geral interpretadas por artistas brasileiros e as mídias ou os arquivos digitais que as contenham. Logo, a imunidade alcança as músicas comercializadas pela internet, além dos* downloads *de ringtones de telefones celulares.*

Por fim, trataremos da imunidade subjetiva, cujos casos abrange o objeto do presente estudo.

---

k. STF. RE n. 330.817/RJ. Repercussão Geral. Rel. Min. Dias Toffoli. Julg.: 08/03/2017. (Brasil, 2017h)

Imunidade prevista no art. 150, inciso VI, alínea "c", da Constituição Federal

Essa imunidade subjetiva contempla a desgravação tributária aos seguintes entes: partidos políticos, inclusive suas fundações; entidades sindicais dos trabalhadores; instituições de educação e de assistência social.

Essa modalidade de imunidade é classificada também como condicionada, uma vez que, conforme a classificação, sofre condições, quer pelo texto constitucional, quer por legislação infraconstitucional.

O texto constitucional estabelece as seguintes condições: finalidade não lucrativa, restrição ao patrimônio, renda e serviços vinculados às suas finalidades institucionais, nos termos de seu art. 150, parágrafo 4º. Sobre o tema, Regina Helena Costa (2014, p. 75) ensina:

> *Preceitua a Lei Maior ser vedado instituir impostos sobre o patrimônio, a renda ou os serviços dos partidos políticos, inclusive suas fundações, das entidades sindicais de trabalhadores, das instituições de educação e de assistência social sem fins lucrativos, atendidos os requisitos de lei. O § 4º do art. 150 acrescenta que a vedação compreende somente o patrimônio, a renda e os serviços relacionados com as finalidades essenciais das entidades mencionadas [...].*

Nos termos do art. 14, parágrafo 2º, do CTN, os serviços cobertos pela imunidade são os diretamente relacionados com os objetivos institucionais das entidades imunes, de acordo com seus estatutos (Brasil, 1966).

Vale dizer, fere o princípio da livre concorrência quando a entidade imune se imiscui em atividades não abrigadas pelo objetivo a ser alcançado pelo comando constitucional. Assim, uma instituição de ensino que se aventura na exploração profissional da educação (leia-se: explorar a atividade educacional nos termos do art. 209 da CF, uma vez que se refere à livre iniciativa), não poderá gozar de imunidade.

Desse modo, é válida a citação da doutrina de Aliomar Baleeiro (2013, p. 221): "Não está coberto pela imunidade, em nossa opinião, o estabelecimento de ensino explorado profissionalmente pelos seus proprietários, ou que, pertencendo a uma instituição, proporcione percentagens, participação em lucros ou comissões a diretores e administradores".

A imunidade prevista na alínea "c" do inciso VI do art. 150 da Constituição Federal é tratada pela jurisprudência conforme exposto na seção a seguir.

Imunidade e imóveis ociosos

No Recurso Extraordinário n. 767.332, Relator Ministro Gilmar Mendes, o STF editou Tese de Repercussão Geral com a seguinte redação: "Tese 693 – A imunidade tributária prevista no art. 150, VI, c, da CF/88 aplica-se aos bens imóveis, temporariamente ociosos, de propriedade das instituições de educação e de assistência social sem fins lucrativos que atendam os requisitos legais" (Brasil, 2013k).

Contudo, existem posições no STF que afastam a imunidade nas hipóteses em que se considera o imóvel como "terreno baldio", valendo transcrição da ementa do RE 375.715 ED/DF, de relatoria da Ministra Ellen Gracie[1]:

> CONSTITUCIONAL. TRIBUTÁRIO. EMBARGOS DE DECLARAÇÃO EM RECURSO EXTRAORDINÁRIO. PRETENSÃO DE REFORMA DO JULGADO. IMUNIDADE. IPTU. ART. 150, VI, c, DA CF/88. TERRENO BALDIO. FINALIDADE ESSENCIAL. SESI. SÚMULA STF 724. INAPLICABILIDADE. OMISSÃO. INEXISTÊNCIA.
> 1. Embargos de declaração recebidos como agravo regimental, diante do nítido caráter infringente.
> 2. Terrenos baldios sem vinculação às finalidades essenciais da entidade afastam a imunidade prevista no art. 150, VI, c, da Constituição Federal. Precedentes.
> 3. Decisão fundamentada, contrária aos interesses da parte, não constitui ofensa ao artigo 93, IX, da Constituição Federal.
> 4. Agravo regimental improvido. (Brasil, 2010d)

----
1. No mesmo sentido: RE n. 98.382 (Brasil, 1983); RE n. 251.772/SP (Brasil, 2003c).

Assim, a melhor interpretação da questão dos imóveis ociosos é que, em regra, não há óbice à imunidade. No entanto, se o imóvel não estiver destinado a finalidades institucionais da entidade imune, será passível de tributação caso fique configurada a condição de imóvel baldio, ou seja, não está sendo aplicado a qualquer fim.

Para tanto, deve haver a conjunção dos seguintes requisitos:

a. efetiva condição de terreno baldio, levando em consideração o tempo em que o terreno está sem qualquer destinação, segundo a ausência dos preceitos de uso e ocupação do solo previstos no art. 182 da Constituição Federal, em especial quanto à função social da propriedade urbana (art. 182, §2º da CF), quando o imóvel não está obedecendo às disposições previstas no Plano Diretor, a ser efetivada mediante as disposições previstas no art. 182, parágrafo 4º da CF;

b. o ônus da prova é do Município, valendo os comentários sobre o ônus da prova quanto à tredestinação da imunidade tributária[m].

Convém, neste ponto, fazer alguns comentários sobre a questão do terreno ocioso. De acordo com a jurisprudência, o requisito para manter-se a imunidade em tais hipóteses é a "temporariedade". Esse elemento temporal deve ser interpretado pela própria Constituição, para o efeito de a imunidade tributária não ser subterfúgio ao art. 182 da Carta Política. Mesmo a entidade imune deve cumprir a função social da propriedade e se sujeitar às medidas no parágrafo 4º do mesmo artigo.

Vale dizer: obedecidos os requisitos legais (quer do plano diretor, quer da lei específica que disciplinar essas questões no âmbito do município), poderá sofrer parcelamento ou edificação compulsórios, incidência de IPTU progressivo no tempo, bem como desapropriação com títulos da dívida pública.

Essa conclusão decorre do fato de que a imunidade tributária, como qualquer outro preceito constitucional, não é um preceito absoluto.

---

m. Conferir Capítulo 10 deste livro, item *Ônus da prova dos requisitos para o gozo da imunidade*.

Imunidade e imóveis locados a terceiros

O STF editou a Súmula Vinculante n. 52, de 18 de junho de 2015, com a seguinte redação:

> *Súmula Vinculante nº 52 – Ainda quando alugado a terceiros, permanece imune ao IPTU o imóvel pertencente a qualquer das entidades referidas pelo art. 150, VI, "c", da Constituição Federal, desde que o valor dos aluguéis seja aplicado nas atividades para as quais tais entidades foram constituídas.* (Brasil, 2015j)

Essa súmula vinculante decorreu da conversão da Súmula n. 724 do STF, conferindo efeitos vinculantes ao verbete. Assim, segue-se a mesma orientação:

a. o imóvel locado permanece imune, uma vez que o contribuinte do IPTU é a proprietária do imóvel ou possuidora a qualquer título, ou seja, a entidade imune[n];
b. os valores dos aluguéis devem ser aplicados nas finalidades institucionais. O ônus da prova da não aplicação nas finalidades institucionais é do ente tributante.

No entanto, cabe uma reflexão. Existem dois cenários distintos: 1) quanto à declaração inicial de imunidade e 2) quanto à suspensão da imunidade.

Na primeira hipótese, o ônus da prova da aplicação dos valores dos aluguéis nas finalidades institucionais cabe à entidade que pretende a imunidade, pois se aplicam as disposições do art. 14, inciso II do CTN,

---

n. Sobre a responsabilidade tributária do IPTU, conferir o Tema de Recursos Repetitivos nº 122 (STJ), com a seguinte redação no REsp 1.111.202/SP, Relator Ministro Mauro Campbell Marques, julgado em 10/06/2009: "1) Tanto o promitente comprador (possuidor a qualquer título) do imóvel quanto seu proprietário/promitente vendedor (aquele que tem a propriedade registrada no Registro de Imóveis) são contribuintes responsáveis pelo pagamento do IPTU; 2) cabe à legislação municipal estabelecer o sujeito passivo do IPTU" (STJ. (Brasil, 2009c)

tendo a entidade o dever de provar a presença dos requisitos autorizadores da imunidade.

Na hipótese da suspensão da imunidade pela não aplicação posterior dos valores dos aluguéis nas finalidades institucionais, ao revés, o ônus da prova incumbe ao ente tributante[o].

Por fim, na hipótese de que a entidade sem fins lucrativos seja locatária de imóvel, por óbvio, não há de se falar em imunidade tributária do IPTU respectivo, uma vez que essa entidade não é contribuinte da exação. Sobre o tema, o STJ mantém a seguinte posição no Agravo Regimental no Agravo de Instrumento n. 900.568/RJ, Relator Ministro Luiz Fux:

> *O locatário não detém legitimidade para litigar em demanda visando à impugnação de lançamento referente ao IPTU, porquanto não se reveste ele da condição de contribuinte ou de responsável tributário. Precedentes: AgRg no AG 508.796-RJ, DJ de 30.06.2004, Rel. Min. Franciulli Netto; RESP 299.563-SP, DJ de 24.11.2003, Rel. Min. Peçanha Martins; RESP 172.522-SP, DJ de 28.06.1999, Rel. Min. Ari Pargendler; RESP 124.300-SP, DJ de 25.06.2001, Rel. Min. Milton Luiz Pereira; RESP 160.996-MG, DJ de 27.04.1998, Rel. Min. José Delgado.* (Brasil, 2008b)

Feitas essas considerações, abordaremos a imunidade das entidades fechadas de previdência social.

Imunidade e entidades fechadas de previdência social

O STF editou a Súmula 720 com o seguinte teor:

> *Súmula 720 – A imunidade tributária conferida a instituições de assistência social sem fins lucrativos pelo art. 150, VI, c, da Constituição, somente alcança as entidades fechadas de previdência social privada se não houver contribuição dos beneficiários.* (Brasil, 2003f)

⁄⁄⁄⁄⁄⁄⁄⁄⁄⁄⁄⁄⁄⁄⁄⁄⁄⁄⁄⁄⁄⁄
o. Para mais informações, sugerimos consultar neste capítulo o item *Ônus da prova dos requisitos para o gozo da imunidade*.

Primeiramente, cabe esclarecer que entidades fechadas de previdência social privada são aquelas reguladas pelos arts. 31 a 35 da Lei Complementar n. 109, de 29 de maio de 2001 (Brasil, 2001a), sendo também conhecidas como *fundos de pensão*. Estas assumem a estrutura de fundações ou sociedades civis sem fins lucrativos. Sua estrutura básica está definida no art. 35 dessa lei[p].

Essas entidades têm a finalidade de administrar e operar planos de benefícios previdenciários criados por empresas (patrocinadores) para seus empregados (participantes) ou por pessoas jurídicas de caráter profissional, classista ou setorial (instituidores) para seus associados (participantes).

IIIIIIIIIIIIIIIIIIIIIIIIII
p. Art. 35. As entidades fechadas deverão manter estrutura mínima composta por conselho deliberativo, conselho fiscal e diretoria-executiva. § 1º O estatuto deverá prever representação dos participantes e assistidos nos conselhos deliberativo e fiscal, assegurado a eles no mínimo um terço das vagas. § 2º Na composição dos conselhos deliberativo e fiscal das entidades qualificadas como multipatrocinadas, deverá ser considerado o número de participantes vinculados a cada patrocinador ou instituidor, bem como o montante dos respectivos patrimônios. § 3º Os membros do conselho deliberativo ou do conselho fiscal deverão atender aos seguintes requisitos mínimos: I – comprovada experiência no exercício de atividades nas áreas financeira, administrativa, contábil, jurídica, de fiscalização ou de auditoria; II – não ter sofrido condenação criminal transitada em julgado; e III – não ter sofrido penalidade administrativa por infração da legislação da seguridade social ou como servidor público. § 4º Os membros da diretoria-executiva deverão ter formação de nível superior e atender aos requisitos do parágrafo anterior. § 5º Será informado ao órgão regulador e fiscalizador o responsável pelas aplicações dos recursos da entidade, escolhido entre os membros da diretoria-executiva. § 6º Os demais membros da diretoria-executiva responderão solidariamente com o dirigente indicado na forma do parágrafo anterior pelos danos e prejuízos causados à entidade para os quais tenham concorrido. § 7º Sem prejuízo do disposto no § 1º do art. 31 desta Lei Complementar, os membros da diretoria-executiva e dos conselhos deliberativo e fiscal poderão ser remunerados pelas entidades fechadas, de acordo com a legislação aplicável. § 8º Em caráter excepcional, poderão ser ocupados até trinta por cento dos cargos da diretoria-executiva por membros sem formação de nível superior, sendo assegurada a possibilidade de participação neste órgão de pelo menos um membro, quando da aplicação do referido percentual resultar número inferior à unidade. (Brasil, 2001a)

O requisito essencial para o gozo da imunidade é a condição de que não haja contribuição pelo beneficiário. Esses beneficiários são tratados pela lei como "participantes".

Salientamos que está pendente de julgamento uma tese de repercussão geral pelo STF no seguinte sentido: "Tese n. 699 – Incidência do Imposto de Renda Retido na Fonte sobre as receitas decorrentes das aplicações financeiras dos fundos fechados de previdência complementar e da Contribuição Social sobre o Lucro Líquido sobre os resultados apurados pelos referidos fundos" (Brasil, 2014h).

O reconhecimento da repercussão geral restou assim ementado no RE n. 612.686, Repercussão Geral, Relator Ministro Luiz Fux, julgado em 6 de fevereiro de 2014:

> Ementa: RECURSO EXTRAORDINÁRIO. DIREITO TRIBUTÁRIO. ENTIDADE FECHADA DE PREVIDÊNCIA COMPLEMENTAR. INCIDÊNCIA DE IRPJ E DE CSLL. BASE DE CÁLCULO PARA AS EXAÇÕES. RENDA E LUCRO. NATUREZA JURÍDICA NÃO LUCRATIVA DOS FUNDOS DE PENSÃO DETERMINADA POR LEI. ARGUIÇÃO DE INCONSTITUCIONALIDADE DA MP Nº 2.222/2001 REVOGADA PELA LEI Nº 11.053/04. LEI Nº 10.426. INCOMPATIBILIDADE DA RETENÇÃO DO IRPJ NA FONTE. LEI Nº 6.465/77, REVOGADA PELA LEI COMPLEMENTAR Nº 109/01. ALEGAÇÃO DE NÃO OCORRÊNCIA DE FATO GERADOR DECORRENTE DE VEDAÇÃO CONSTITUCIONAL E INFRACONSTITUCIONAL. NATUREZA JURÍDICA. EFEITOS. SITUAÇÃO QUE NÃO SE SUBSUME A TESE DE IMUNIDADE RECHAÇADA PELO PLENÁRIO NO RE 202.700. CONTRADIÇÃO VERIFICADA. ARTIGO 543-A, § 4º, DO CÓDIGO DE PROCESSO CIVIL. REPERCUSSÃO GERAL DA QUESTÃO CONSTITUCIONAL RECONHECIDA.
> *1. A CSLL e o IRPJ, respectivamente, e a natureza jurídica não lucrativa das entidades fechadas de previdência complementar, determinada pela lei federal que trata dessas pessoas jurídicas (Lei nº 6.435/77, revogada pela Lei complementar nº 109/01, atualmente em vigor), em tese,*

afasta a incidência das exações, uma vez que a configuração do fato gerador desses tributos decorre do exercício de atividade empresarial que tenha por objeto ou fim social a obtenção de lucro.

2. Os rendimentos auferidos nas aplicações de fundos de investimento das entidades fechadas, uma vez ausente a finalidade lucrativa dos fundos de pensão para configurar o fato gerador do tributo e as prévias constituições de reserva de contingência e reserva especial e revisão do plano atuarial, ao longo de pelo menos 3 (três) exercícios financeiros para aferir-se sobre a realização ou não do superávit, não equivale a lucro, sob o ângulo contábil, afastada a retenção do IRPJ.

3. In casu, argui-se no recurso extraordinário a alegada inconstitucionalidade da regra do artigo 1º da MP nº 2.222, de 4 de setembro de 2001, ao estabelecer que a partir de 1º de janeiro de 2002, os rendimentos e ganhos auferidos nas aplicações de recursos das provisões, reservas técnicas e fundos de entidades abertas de previdência complementar e de sociedades seguradoras que operam planos de benefícios de caráter previdenciário, ficam sujeitos à incidência do imposto de renda de acordo com as normas de tributação aplicáveis às pessoas físicas e às pessoas jurídicas não financeiras.

4. A natureza da entidade de previdência complementar em regra se contrapõe à incidência dos tributos de IRPJ e de CSLL, que pressupõem a ocorrência do fato gerador lucro ou faturamento pela pessoa jurídica, ante à previsão do artigo 195, I, a e c, da CF/88.

5. A inconstitucionalidade da MP nº 2.222/01, reclama, para apreciação dessa questão, a análise prévia sobre a possibilidade jurídica ou não na realização do fato gerador do IRPJ, que é objeto da referida medida provisória.

6. Repercussão geral reconhecida, nos termos do artigo 543-A do Código de Processo Civil. (Brasil, 2014h)

No entanto, a jurisprudência do STF já está consolidada no sentido de que as entidades fechadas de previdência privada gozam de imunidade no que se refere aos rendimentos de aplicações financeiras, como vemos no RE 313.840 AgR/DF[q], de relatoria do Ministro Dias Toffoli, julgado em 13 de agosto de 2013, a saber:

> EMENTA *Agravo regimental no recurso extraordinário. Imunidade. Artigo 150, inciso VI, alínea c, da Constituição Federal. Entidades de previdência privada fechada. Ausência de contribuição. Aplicações no mercado financeiro. Imunidade reconhecida na origem. Rendas aplicadas nos objetivos institucionais. Necessidade de revolvimento de fatos e provas. Súmula nº 279/STF. Imunidade que alcança as rendas de aplicações financeiras. ADI nº 1.802/DF-MC.*
> *1. A jurisprudência da Corte é firme no sentido de que, uma vez constatada a inexistência de contribuição dos empregados, é mister o reconhecimento da imunidade tributária prevista no art. 150, inciso VI, alínea c, da Constituição Federal, às entidades de previdência privada fechada. Precedentes.*
> *2. Para analisar se a entidade, ao obter rendas no mercado financeiro, estaria a atuar "fora dos objetivos institucionais", necessário seria o revolvimento do conjunto fático probatório, o que é vedado a teor da Súmula nº 279/STF. Precedentes.*
> *3. A jurisprudência da Corte consolidada na ADI nº 1.802/DF-MC é firme no sentido de que a imunidade em questão abrange os "rendimentos e ganhos de capital auferidos em aplicações financeiras".*
> *4. Agravo regimental não provido.* (Brasil, 2013g)

Assim, é possível uma sinalização positiva no que diz respeito ao reconhecimento pelo plenário da Suprema Corte sobre o julgamento do mérito da repercussão geral noticiada, com fixação de tema favorável a imunidade dos rendimentos auferidos pelas entidades de previdência fechada.

----

q. No mesmo sentido: Agravo de Instrumento (AI) n. 673.463 AgR/SP (Brasil, 2013e); AI n. 740.563 AgR/SP (Brasil, 2013f); AI n. 749.009 AgR/SP (Brasil, 2012f); AI n. 769.613 AgR/SP (Brasil, 2010b); AI n. 649.457 AgR/SP (Brasil, 2009d); RE n. 593.358 AgR/SP (Brasil, 2011f).

Imunidade tributária não é preceito absoluto

A imunidade tributária, como qualquer preceito constitucional, não deve ser absoluta, devendo ser relativizada pela interpretação da Constituição. A jurisprudência do STF é uníssona nesse sentido, como explicitado no *Habeas Corpus* n. 93.250/MS, de relatoria da Ministra Ellen Gracie:

> Na contemporaneidade, não se reconhece a presença de direitos absolutos, mesmo de estatura de direitos fundamentais previstos no art. 5.º, da Constituição Federal, e em textos de Tratados e Convenções Internacionais em matéria de direitos humanos. Os critérios e métodos da razoabilidade e da proporcionalidade se afiguram fundamentais neste contexto, de modo a não permitir que haja prevalência de determinado direito ou interesse sobre outro de igual ou maior estatura jurídico-valorativa. (Brasil, 2008g)

No mesmo sentido, insere-se a Ação Direta de Inconstitucionalidade n. 2.566, Medida Cautelar, julgada em 22 de fevereiro de 2004, Relator Ministro Sydney Sanches: "Ademais, não se pode esquecer que não há direitos absolutos, ilimitados e ilimitáveis" (Brasil, 2004d), e o Recurso Extraordinário n. 455.283 AgR/RR, de relatoria do Ministro Eros Grau, julgado em 28 de março de 2006:

> Inexistem garantias e direitos absolutos. As razões de relevante interesse público ou as exigências derivadas do princípio de convivência das liberdades permitem, ainda que excepcionalmente, a restrição de prerrogativas individuais ou coletivas. (Brasil, 2006f)

Assim, a imunidade tributária pode ser relativizada por diversos preceitos constitucionais, como a livre concorrência[r] e a função social da propriedade[s].

O modo mais seguro para resolver a antinomia dos preceitos constitucionais é o sistema da ponderação, segundo a lição de Roberto Barroso:

> *A doutrina mais tradicional divulga como mecanismo adequado à solução de tensões entre normas a chamada* ponderação de bens ou valores. *Trata-se de uma linha de raciocínio que procura identificar o bem jurídico tutelado por cada uma delas, associá-lo a um determinado valor, isto é, ao princípio constitucional ao qual se reconduz, para, então, traçar o âmbito de incidência de cada norma, sempre tendo como referência máxima as decisões fundamentais do constituinte. A doutrina tem rejeitado, todavia, a predeterminação rígida da ascendência de determinados valores e bens jurídicos, como resultaria, por exemplo, da absolutização da proposição* in dúbio pro libertate. *Se é certo, por exemplo, que a liberdade deve, de regra, prevalecer sobre meras conveniências do Estado, poderá ela ter de ceder, em determinadas circunstâncias, diante da necessidade de segurança e de proteção da coletividade.* (Barroso, 1996, p. 103)

Digno de destaque, Marcelo Novelino (2013, p. 155, grifo do original), com lucidez, esgota o procedimento da ponderação, com as seguintes conclusões:

> *As regras tradicionais de hermenêutica têm se revelado insuficientes para a solução de colisões entre princípios, cuja superação impõe restrições e sacrifícios a um ou a ambos os lados. A ponderação se apresenta como*

---
r. STF.RE n. 597.165-AgR (Brasil, 2014f) e RE n. 422.941 (Brasil, 2006d). No mesmo sentido: AI n. 754.769-AgR (Brasil, 2012g); ADI n. 1.950 (Brasil, 2006a); RE n. 205.193 (Brasil, 1997b).

s. STF. ADI n. 2.213 (Brasil, 2004c); Mandado de Segurança n. 25.284 (Brasil, 2010c).

uma técnica de decisão a ser utilizada para solucionar tais conflitos, sobretudo nos casos difíceis (hard cases). Por meio da ponderação de interesses opostos é estabelecida uma relação de precedência condicionada que diz sob quais condições um princípio precede ao outro". "A lei de colisão é formulada por ALEXY nos seguintes termos: 'as condições sob as quais um princípio prevalece sobre outro constituem o pressuposto fático de uma regra que expressa a consequência jurídica do princípio precedente'". [...] "O procedimento utilizado na ponderação pode ser estruturado em três etapas, sendo as duas primeiras de preparação para a ponderação propriamente dita". "A primeira consiste na (a) **identificação das normas e seu agrupamento** conforme a direção para a qual apontam. Em seguida, devem ser analisadas as (b) **circunstâncias do caso concreto e suas repercussões**. Após essas duas etapas preparatórias, deve-se atribuir o (c) **peso relativo** aos elementos e estabelecer a intensidade da preferência de cada grupo de normas ('ponderação propriamente dita')". "Por possuírem o mesmo grau hierárquico, somente diante das circunstâncias do caso concreto será possível verificar o peso de cada princípio envolvido e a intensidade de sua preferência. A relação de preferência de um princípio sobre o outro é condicionada, vale dizer, em condições diversas o resultado pode ser diferente. Isso ocorre em razão do caráter dos princípios (**mandamentos de otimização**), entre os quais não existe uma relação absoluta de preferência e cujas ações e situações às quais se referem não são passíveis de quantificação". "Ao propor a utilização da teoria dos princípios como a melhor forma de solucionar as colisões de direitos fundamentais, ALEXY esclarece que o postulado da proporcionalidade em sentido estrito pode ser formulado como uma **lei de ponderação**, com o seguinte enunciado: 'quanto mais intensa se revelar a intervenção em um dado direito fundamental, maiores hão de se revelar os fundamentos justificadores dessa intervenção'. De acordo com o jusfilósofo alemão, a **ponderação propriamente dita** se desenvolve em três planos: (c.1) definição da intensidade da intervenção; (c.2) análise da importância dos fundamentos justificadores da intervenção; e (c.3) realização da ponderação em sentido restrito.

Nessa esteira, todo mandamento constitucional é relativizado, uma vez que sempre estará apto a ser confrontado por outro mandamento fundamental. A jurisprudência do STF é consciente desse desiderato, como expresso nos trechos repetidos a seguir:

> *Inexistem garantias e direitos absolutos. As razões de relevante interesse público ou as exigências derivadas do princípio de convivência das liberdades permitem, ainda que excepcionalmente, a restrição de prerrogativas individuais ou coletivas. (STF. RE 455.283 AgR/RR, rel. Min. Eros Grau.* (Brasil, 2006f)

> *Ademais, não se pode esquecer que não há direitos absolutos, ilimitados e ilimitáveis. (STF. ADI n. 2.566 MC/DF, rel. Min. Sydney Sanches)* Brasil. (2004d)

Assim, o princípio da imunidade tributária não deve ser absoluto, deve ser ponderado por princípios fundamentais como o da livre concorrência, da livre iniciativa, dentre outros como a função social da propriedade, pois a mera pretensão de gozo de incentivos fiscais, com a substituição artificiosa de uma empresa por uma associação "sem fins lucrativos", tem o condão de burlar a livre concorrência. O Estado que ignora a realidade fere a segurança jurídica e a coletividade.

O mecanismo mais seguro de operar a ponderação relativizadora da Constituição diante dela própria encontra respaldo no princípio da proporcionalidade/razoabilidade. Sobre esses princípios, mais uma vez, é válida a doutrina de Marcelo Novelino (2013, p. 404, grifo do original), a saber:

> *Por seu turno, o **postulado da proporcionalidade** exige que a restrição imposta a um determinado direito fundamental seja adequada, necessária e proporcional em sentido estrito.*
> *Nesse contexto, o princípio da reserva legal vem sendo gradativamente convertido pela doutrina constitucionalista no **princípio da reserva legal proporcional**. A **legitimidade** dos meios utilizados e dos fins*

*perseguidos pelo legislador dependerá da adequação das medidas adotadas para fomentar os objetivos almejados, da necessidade de sua utilização, assim como da prevalência das vantagens do fim em relação às desvantagens do meio, a serem equacionadas mediante um juízo de ponderação (**proporcionalidade em sentido estrito**).*[t]

É importante também conferir a doutrina de Luis Roberto Barroso e Ana Paula Barcellos, a saber:

O princípio da razoabilidade ou da proporcionalidade, termos aqui empregados de modo fungível, não está expresso na Constituição, mas tem seu fundamento nas ideias de devido processo legal substantivo e na de justiça. Trata-se de um valioso instrumento de proteção dos direitos fundamentais e do interesse público, por permitir o controle da discricionariedade dos atos do Poder Público e por funcionar como a medida com que uma norma deve ser interpretada no caso concreto para a melhor realização do fim constitucional nela embutido ou decorrente do sistema. Em resumo sumário, o princípio da razoabilidade permite ao Judiciário invalidar atos legislativos ou administrativos quando: [...] c) não haja proporcionalidade em sentido estrito, ou seja, o que se perde com a medida é de maior do que aquilo que se ganha (proporcionalidade em sentido estrito). (Barroso; Barcellos, 2003, p. 332)

---

t. Ives Gandra também deve ser ressaltado: "No âmbito do direito constitucional, que o acolheu e reforçou, a ponto de impô-lo à obediência não apenas das autoridades administrativas, mas também de juízes e legisladores, esse princípio acabou se tornando consubstancial à própria ideia de Estado de Direito pela sua íntima ligação com os direitos fundamentais, que lhe dão suporte e, ao mesmo tempo, dele dependem para se realizar. Essa interdependência se manifesta especialmente nas colisões entre bens ou valores igualmente protegidos pela Constituição, conflitos que só se resolvem de modo justo ou equilibrado fazendo-se apelo ao subprincípio da **proporcionalidade em sentido estrito**, o qual é indissociável da ponderação de bens e, ao lado da **adequação** e da **necessidade**, compõe a **proporcionalidade em sentido amplo**". (Martins, 2013, p. 252, grifo do original).

Na jurisprudência, a maestria do voto vencedor do Ministro Gilmar Mendes, no RE n. 349.703/RS, ao delinear os termos do princípio da proporcionalidade na antinomia de preceitos constitucionais, encontra-se pautado a seguir:

> Portanto, a doutrina constitucional mais moderna enfatiza que, em se tratando de imposição de restrição a determinados direitos, deve-se indagar não apenas sobre a admissibilidade constitucional da restrição eventualmente fixada (reserva legal), mas também sobre a compatibilidade das restrições estabelecidas com o princípio da proporcionalidade. Essa orientação, que permitiu converter o princípio da reserva legal (Gesetzesvorbehalt) no princípio da reserva legal proporcional (Vonbehalt des verhältnismässigen Gesetzes), pressupõe não só a legitimidade dos meios utilizados e dos fins perseguidos pelo legislador, mas também a adequação desses meios para consecução dos objetivos pretendidos (Geeignetheit) e a necessidade de sua utilização (Notwendigkeit oder Erforderlichkeit). O subprincípio da adequação (Geeignetheit) exige que as medidas interventivas adotadas mostrem-se aptas a atingir os objetivos pretendidos. O subprincípio da necessidade (Notwendigkeit oder Erforderlichkeit) significa que nenhum meio menos gravoso para o indivíduo revelar-se-ia igualmente eficaz na consecução dos objetivos pretendidos. Em outros termos, o meio não será necessário se o objetivo almejado puder ser alcançado com a adoção de medida que se revele a um só tempo adequada e menos onerosa. Um juízo definitivo sobre a proporcionalidade da medida há também de resultar da rigorosa ponderação e do possível equilíbrio entre o significado da intervenção para o atingido e os objetivos perseguidos pelo legislador (proporcionalidade em sentido estrito). (Brasil, 2009h, p. 42-43)

Por fim, o grande mestre J. J. Canotilho (1992, p. 617), com peculiar e usual precisão e simplicidade, merece ser citado:

> *Este princípio, atrás considerado como um sub-princípio densificador do Estado de direito democrático [...] significa, no âmbito específico das leis restritivas de direitos, liberdades e garantias, que qualquer limitação, feita por lei ou com base na lei, deve ser adequada (apropriada), necessária (exigível) e proporcional (com justa medida). A exigência da adequação aponta para a necessidade de a medida restritiva ser apropriada para a prossecução dos fins invocados pela lei (conformidade com os fins). A exigência da necessidade pretende evitar a adoção de medidas restritivas de direitos, liberdades e garantias que, embora adequadas, não são necessárias para se obterem os fins de proteção visados pela Constituição ou a lei.*

Assim, para a aplicação do princípio da proporcionalidade (em sentido amplo), deve-se estar presente a tríade adequação, realidade e proporcionalidade em sentido estrito, levada em consideração nessa ordem.

a. Adequação

Conforme a pacífica jurisprudência do STF, no RE n. 606.107/RS, Relatora Ministra Rosa Weber, para conceder máxima efetividade ao instituto da imunidade tributária, deve ser aplicada a interpretação teleológica do preceito imunizante:

> *Esta Suprema Corte, nas inúmeras oportunidades em que debatida a questão da hermenêutica constitucional aplicada ao tema das imunidades, adotou a interpretação teleológica do instituto, a emprestar-lhe abrangência maior, com escopo de assegurar à norma supralegal máxima efetividade. (Brasil, 2013i)*

Sobre a interpretação teleológica, Luis Roberto Barroso ensina: "As normas devem ser aplicadas atendendo, fundamentalmente, ao seu espírito e à sua finalidade. Chama-se teleológico o método interpretativo que procura revelar o fim da norma, o valor ou bem jurídico visado pelo ordenamento com a edição de dado preceito" (Barroso, 1996, p. 129-130).

Portanto, para investigar a adequação da aplicação da imunidade deve-se interpretar o preceito imunizante segundo o método teleológico, investigando sua finalidade.

b. Necessidade

Para ser enquadrada como imune, a entidade deve necessitar do benefício, uma vez que a desoneração fiscal não pode ser configurada como uma intervenção estatal para a ocorrência de elevação artificial de lucros. Nessa linha de raciocínio, a jurisprudência se posiciona da seguinte forma no RE n. 253.472:

> *A desoneração não deve ter como efeito colateral relevante a quebra dos princípios da livre concorrência e do exercício de atividade profissional ou econômica lícita. Em princípio, o sucesso ou a desventura empresarial devem pautar-se por virtudes e vícios próprios do mercado e da administração, sem que a intervenção do Estado seja favor preponderante*[u]. (Brasil, 2011c)

Com efeito, se a entidade não necessitar do benefício, vale dizer, a desoneração for mera estratégia para prevalecimento no mercado, a imunidade não deverá ser concedida.

c. Proporcionalidade em sentido estrito

A análise da preponderância da imunidade tributária sobre outros preceitos constitucionais perpassa pelo princípio da proporcionalidade, partindo-se do pressuposto princípio da isonomia tributária e que a mera condição de entidade não induz, por si só, à imunidade, bem como à renúncia de receita.

Para tanto, como exemplo, tomaremos uma entidade educacional que almeja imunidade tributária. Assim, são necessários os seguintes questionamentos:

---

u. No mesmo sentido: RE n. 458.164 (Brasil, 2011d); RE n. 253.394 (Brasil, 2003d); AI n. 558.682 (Brasil, 2012e).

> Quais são qualidades inerentes que autorizam o efeito imunizante? Qual é a justa medida para que o ensino público não financie o ensino privado? Como impedir que a população mais carente não financie o ensino da mais abastada?

Para alcançar a resposta para tais questões é suficiente o emprego do bom senso. Se na entidade educacional que pleiteia imunidade tributária, em sua concepção finalística, não houver distinção relevante com as demais empresas educacionais vocacionadas ao ensino com fins lucrativos, a imunidade deverá ser teleologicamente considerada sem efeito, sob o princípio da proporcionalidade em sentido estrito.

A imunidade tributária deve ser restrita a entidades que oferecem o ensino, mas sejam instituições sociais que promovam realmente a inclusão[v], não meramente uma manobra para atendimento a requisitos legais de forma artificial. Deve ser atendido o interesse coletivo em sua máxima relevância[w], sob pena de fomentar o financiamento do ensino privado pelo público, um manifesto contrassenso, portanto.

----

v. Sobre as instituições de ensino privadas, Ferrarezi (2001, p. 6) pondera: "O principal objetivo da mudança na qualificação é a delimitação, dentro do universo do Terceiro Setor, das organizações que realmente são sem fins lucrativos e efetivamente voltadas para a produção de bens e serviços de caráter público. Muitas das organizações consideradas filantrópicas que prestam serviços de educação e saúde privados, embora obrigados por lei a destinar parte de seus serviços de forma gratuita, na realidade têm fins lucrativos e não estão voltadas inteiramente ao bem comum, já que são presididas pela lógica do mercado".

w. A jurisprudência do STF assume a seguinte posição: "A imunidade prevista no art. 150, VI, c, da Constituição em benefício das instituições de ensino busca incentivar a cooperação entre o Poder Público e a iniciativa privada na concretização do direito social à educação". STF. RE n. 378.666 AgR (Brasil, 2012l). No mesmo sentido: "IMUNIDADE – CAPACIDADE ATIVA TRIBUTÁRIA. A imunidade encerra exceção constitucional à capacidade ativa tributária, cabendo interpretar os preceitos regedores de forma estrita". **(STF. RE n. 564.413/SC. Rel. Min. Marco Aurélio. Julg. 12/08/2010. Repercussão Geral. Brasil, 2010e). Conferir também:** "Em se tratando de imunidade tributária a interpretação há de ser restritiva, atentando sempre para o escopo pretendido pelo legislador". (STF. RE n. 566.259/RS. Rel. Min. Ricardo Lewandowski. Julg. 12/08/2010. Repercussão Geral. Brasil, 2010f).

Na esteira da função social da propriedade, nos termos do art. 5º, inciso XXIII e art. 182, parágrafo 2º, ambos da Constituição Federal, o exame da proporcionalidade em sentido estrito deve ser entendido segundo as seguintes diretrizes:

a. a imunidade tributária não pode ser motivo de escusa para a aplicação das normas ambientais e de uso e ocupação do solo, segundo o plano diretor e demais legislações ambientais;
b. a ociosidade temporária do imóvel, para fins de manutenção da imunidade, deve ser objeto de plano de manejo a ser apresentado ao setor competente da municipalidade, podendo, mediante justificativa plausível, ser prorrogado suficientemente o prazo de uso ou ocupação do imóvel, obedecidos os manejos ambientais;
c. o não cumprimento das metas do plano de manejo ambiental ou de uso de ocupação do solo, sem justificativa relevante, ensejará a perda da imunidade tributária em relação ao imóvel, estando sujeitas às penalidades constantes dos parágrafos 3º e 4º do art. 182 da Constituição Federal.

Quaisquer interpretações que relativizem as normas de conteúdo ambiental e urbanístico da Constituição, do Estatuto das Cidades, legislações dos planos diretores, bem como demais normas ambientais em favor da manutenção da imunidade tributária, ofende a proporcionalidade em sentido estrito.

Feitas estas considerações sobre imunidade tributária, passaremos a abordar o fundo patrimonial previsto na Lei n. 13.800, de 4 de janeiro de 2019.

10.2 Fundo Patrimonial da Lei n. 13.800/2019: a inserção da sistemática dos endowments no ordenamento jurídico brasileiro

Com a Lei n. 13.800/2019, foram inseridos no ordenamento jurídico brasileiro os fundos patrimoniais como uma estratégia de financiamento de ações do terceiro setor via recursos privados. Esse instituto não é propriamente uma novidade, uma vez que, pelo mundo a fora, esse sistema já é conhecido e amplamente utilizado. No âmbito internacional, o que ora conhecemos como fundos patrimoniais são reconhecidos como *endowments*. A seguir, exporemos as noções gerais desse instituto estratégico de crucial importância.

Noções gerais sobre endowments

Endowment, em tradução livre, corresponde a "doação" e incorpora a noção de financiamento pelo setor privado de ações de interesse coletivo.

Nos Estados Unidos, pioneiros na sistematização da matéria, existem inúmeras *endowments*, sendo as mais famosas a Universidade de Harvard (a maior do mundo), com uma receita operacional de 40 bilhões de dólares e a Massachusetts Institute of Tecnology (MIT), com uma receita operacional de 17,4 bilhões de dólares (Padilha; Costa, 2021).

Na França, em 2008, com a lei de modernização econômica foi criado um tipo jurídico próprio de *endowment*, sendo a constituição, forma de governança e gestão do patrimônio relativamente simples. Assim, foram criadas centenas de instituições nesses moldes, mobilizando cerca de 1,3 bilhões de euros. A *endowment* mais famosa na França é o Museu do Louvre, com um patrimônio de 290 milhões de dólares (Padilha; Costa, 2021).

No Reino Unido, por sua vez, o regime das *endowments* é muito semelhante ao modelo americano, seguindo uma norma (Charities Act 2016) que as regula entre outras matérias, sendo fiscalizada por uma agência reguladora (Charity Comission). A lei britânica, que engloba o País de Gales, confere certa liberdade às entidades, no que se refere a governança e políticas de resgates (Padilha; Costa, 2021).

Na República Tcheca, na década de 1990, 1% do valor arrecadado com as privatizações ali verificadas foi destinado para um Fundo de Investimento em Fundações. Tais recursos fomentaram a composição de fundos patrimoniais em mais de 70 fundações. A escolha dessas fundações foi objeto de um longo processo para resguardar a elegibilidade e transparência, obrigando essas instituições a publicar critérios de doações, relatórios anuais, membros do conselho, entre outras informações (Padilha; Costa, 2021).

Feita essa abordagem inicial a respeito das *endowments*, estudaremos a Lei n. 13.800/2019, a seguir.

Lei n. 13.800/2019 e fundos patrimoniais.

A Lei n. 13.800/2019 dispõe sobre a constituição de fundos patrimoniais com o objetivo de arrecadar, gerir e destinar doações de pessoas físicas e jurídicas privadas para programas, projetos e demais finalidades de interesse público.

Segundo o art. 1º, parágrafo único, os fundos patrimoniais constituídos nos termos dessa Lei poderão apoiar instituições relacionadas à educação, à ciência, à tecnologia, à pesquisa e à inovação, à cultura, à saúde, ao meio ambiente, à assistência social, ao desporto, à segurança pública, aos direitos humanos e a demais finalidades de interesse público.

Nessa lei, são estabelecidas as seguintes definições em seu art. 2º:

I – instituição apoiada: instituição pública ou privada sem fins lucrativos e os órgãos a ela vinculados dedicados à consecução de finalidades de interesse público e beneficiários de programas, projetos ou atividades financiadas com recursos de fundo patrimonial;
II – organização gestora de fundo patrimonial: instituição privada sem fins lucrativos instituída na forma de associação ou de fundação privada com o intuito de atuar exclusivamente para um fundo na captação e na gestão das doações oriundas de pessoas físicas e jurídicas e do patrimônio constituído;

III - organização executora: instituição sem fins lucrativos ou organização internacional reconhecida e representada no País, que atua em parceria com instituições apoiadas e que é responsável pela execução dos programas, dos projetos e de demais finalidades de interesse público;
IV - fundo patrimonial: conjunto de ativos de natureza privada instituído, gerido e administrado pela organização gestora de fundo patrimonial com o intuito de constituir fonte de recursos de longo prazo, a partir da preservação do principal e da aplicação de seus rendimentos;
V - principal: somatório da dotação inicial do fundo e das doações supervenientes à sua criação;
VI - rendimentos: o resultado auferido do investimento dos ativos do fundo patrimonial;
VII - instrumento de parceria: acordo firmado entre a organização gestora de fundo patrimonial e a instituição apoiada, que estabelece o vínculo de cooperação entre as partes e que determina a finalidade de interesse público a ser apoiada, nos termos desta Lei;
VIII - termo de execução de programas, projetos e demais finalidades de interesse público: acordo firmado entre a organização gestora de fundo patrimonial, a instituição apoiada e, quando necessário, a organização executora, que define como serão despendidos os recursos destinados a programas, projetos ou atividades de interesse público.
(Brasil, 2019a)

A finalidade dos fundos patrimoniais, segundo o art. 3º da Lei, é orientado a constituir fonte de recursos de longo prazo para o fomento das instituições apoiadas e para a promoção, por meio de instrumentos de parceria e de execução de programas, projetos e demais finalidades de interesse público.

O fundo patrimonial terá como fontes de recursos, nos termos do art. 13 da lei:

I – os aportes iniciais;
II – as doações financeiras e de bens móveis e imóveis e o patrocínio de pessoas físicas, de pessoas jurídicas privadas, nacionais ou estrangeiras, de Estados estrangeiros e de organismos internacionais e multilaterais;
III – os ganhos de capital e os rendimentos oriundos dos investimentos realizados com seus ativos;
IV – os recursos derivados de locação, empréstimo ou alienação de bens e direitos ou de publicações, material técnico, dados e informações;
V – os recursos destinados por testamento, nos termos do Código Civil;
VI – as contribuições associativas;
VII – as demais receitas patrimoniais e financeiras;
VIII – a exploração de direitos de propriedade intelectual decorrente de aplicação de recursos do fundo patrimonial;
IX – a venda de bens com a marca da instituição apoiada; e
X – os recursos provenientes de outros fundos patrimoniais. (Brasil, 2019a)

Ainda quanto às fontes de recursos, a Lei estabelece as seguintes regras:

§ 1º A utilização dos recursos do fundo patrimonial observará os instrumentos respectivos, especialmente quanto à cláusulas relativas a termo, condição e encargo.
§ 2º Na hipótese de bens imóveis ou de bens móveis não pecuniários, a organização gestora de fundo patrimonial poderá realizar:
I – a utilização em suas atividades ou para as atividades da instituição apoiada;
II – a locação; ou
III – a alienação para a sua conversão em pecúnia, a fim de facilitar os investimentos.

§ 3º A organização gestora de fundo patrimonial poderá receber doação de bem cujo instrumento contenha cláusula de inalienabilidade pelo prazo de até 10 (dez) anos, mediante parecer favorável do Comitê de Investimentos e aprovação expressa do Conselho de Administração.

§ 4º No caso de doação de bens não pecuniários, sob condição resolutiva ou com encargo, a organização gestora de fundo patrimonial poderá alienar o bem, hipótese em que o termo e a condição serão sub-rogados no preço obtido.

§ 5º O encargo sobre doação poderá consistir na obrigatoriedade do emprego da doação e de seus rendimentos em determinado programa, projeto ou atividade e em moção de agradecimento ou menção nominal ao doador.

§ 6º No instrumento de doação, o doador declarará expressamente que os bens doados não são produto de crime ou oriundos de atividades ilícitas e responsabilizar-se-á pelos efeitos decorrentes da falsidade de declaração, o que será dispensado na hipótese de doações decorrentes de obrigação assumida em termos de ajuste de conduta, acordos de leniência e colaboração premiada.

§ 7º A organização gestora de fundo patrimonial que tenha celebrado instrumento de parceria com cláusula de exclusividade com instituição pública apoiada apenas poderá aceitar doação se tiver capacidade de pagamento das obrigações tributárias ou não tributárias dela decorrentes ou na hipótese de comprovação de suporte do ônus pelo doador.

§ 8º Observado o disposto no § 7º deste artigo, no caso de organização gestora de fundo patrimonial que tenha celebrado instrumento de parceria com cláusula de exclusividade com instituição pública apoiada, as obrigações tributárias ou não tributárias decorrentes da doação poderão ser custeadas pela organização gestora, mediante parecer favorável do Comitê de Investimentos e aprovação do Conselho de Administração.

§ 9º As doações permanentes restritas de propósito específico e as doações de propósito específico são alcançadas pelos arts. 18 e 26 da Lei nº 8.313, de 23 de dezembro 1991[x], desde que estejam em conformi-

IIIIIIIIIIIIIIIIIIIIIIIIII
x. Art. 18. Com o objetivo de incentivar as atividades culturais, a União facultará às pessoas físicas ou jurídicas a opção pela aplicação de parcelas do Imposto sobre a Renda, a título de doações ou patrocínios, tanto no apoio direto a projetos culturais apresentados por pessoas físicas ou por pessoas jurídicas de natureza cultural, como por meio de contribuições ao FNC, nos termos do art. 5º, inciso II, desta Lei, desde que os projetos atendam aos critérios estabelecidos no art. 1º desta Lei. §1º Os contribuintes poderão deduzir do imposto de renda devido as quantias efetivamente despendidas nos projetos elencados no § 3º, previamente aprovados pelo Ministério da Cultura, nos limites e nas condições estabelecidos na legislação do imposto de renda vigente, na forma de: a) doações; e b) patrocínios. § 2º As pessoas jurídicas tributadas com base no lucro real não poderão deduzir o valor da doação ou do patrocínio referido no parágrafo anterior como despesa operacional. § 3º As doações e os patrocínios na produção cultural, a que se refere o § 1º, atenderão exclusivamente aos seguintes segmentos: a) artes cênicas; b) livros de valor artístico, literário ou humanístico; c) música erudita ou instrumental; d) exposições de artes visuais; e) doações de acervos para bibliotecas públicas, museus, arquivos públicos e cinematecas, bem como treinamento de pessoal e aquisição de equipamentos para a manutenção desses acervos; f) produção de obras cinematográficas e videofonográficas de curta e média metragem e preservação e difusão do acervo audiovisual; e g) preservação do patrimônio cultural material e imaterial; h) construção e manutenção de salas de cinema e teatro, que poderão funcionar também como centros culturais comunitários, em Municípios com menos de 100.000 (cem mil) habitantes. [...] Art. 26. O doador ou patrocinador poderá deduzir do imposto devido na declaração do Imposto sobre a Renda os valores efetivamente contribuídos em favor de projetos culturais aprovados de acordo com os dispositivos desta Lei, tendo como base os seguintes percentuais: I – no caso das pessoas físicas, oitenta por cento das doações e sessenta por cento dos patrocínios; II – no caso das pessoas jurídicas tributadas com base no lucro real, quarenta por cento das doações e trinta por cento dos patrocínios. § 1º A pessoa jurídica tributada com base no lucro real poderá abater as doações e patrocínios como despesa operacional. § 2º O valor máximo das deduções de que trata o *caput* deste artigo será fixado anualmente pelo Presidente da República, com base em um percentual da renda tributável das pessoas físicas e do imposto devido por pessoas jurídicas tributadas com base no lucro real. § 3º Os benefícios de que trata este artigo não excluem ou reduzem outros benefícios, abatimentos e deduções em vigor, em especial as doações a entidades de utilidade pública efetuadas por pessoas físicas ou jurídicas. § 4º VETADO. § 5º O Poder Executivo estabelecerá mecanismo de preservação do valor real das contribuições em favor de projetos culturais, relativamente a este Capítulo. (Brasil, 1991b)

dade com o mecanismo previsto pelo inciso III do caput do art. 2º desta Lei[y].

Art. 14 O fundo patrimonial poderá receber as seguintes modalidades de doação, quando admitidas em seu ato constitutivo:
I – doação permanente não restrita;
II – doação permanente restrita de propósito específico; e
III – doação de propósito específico.

§ 1º A doação permanente não restrita é um recurso cujo principal é incorporado ao patrimônio permanente do fundo patrimonial e não pode ser resgatado, e os rendimentos podem ser utilizados em programas, projetos e demais finalidades de interesse público.

§ 2º A doação permanente restrita de propósito específico é um recurso cujo principal é incorporado ao patrimônio permanente do fundo patrimonial e não pode ser resgatado, e os rendimentos podem ser utilizados em projetos relacionados ao propósito previamente definido no instrumento de doação.

§ 3º A doação de propósito específico é um recurso atribuído a projeto previamente definido no instrumento de doação, que não pode ser imediatamente utilizado e que deve ser incorporado ao patrimônio permanente do fundo patrimonial para fins de investimento, cujo principal pode ser resgatado pela organização gestora de fundo patrimonial de acordo com os termos e as condições estabelecidos no instrumento de doação, observado o disposto no art. 15 da Lei n. 13.800/2019[z].

|||||||||||||||||||||||||

y. Art. 2º O Pronac será implementado por meio dos seguintes mecanismos: [...] III – Incentivo a projetos culturais. (Brasil, 2019a)

z. Art. 15. Na hipótese prevista no § 3º do art. 14 desta Lei, poderá ser utilizado até 20% (vinte por cento) do valor da doação durante o exercício em que ela ocorrer, se assim dispuserem os doadores e mediante deliberação favorável dos membros do Conselho de Administração. Parágrafo Único. Excepcionalmente, o limite previsto no caput deste artigo poderá ser flexibilizado mediante anuência do Conselho de Administração quando se tratar de doação de propósito específico para a recuperação ou a preservação de obras e patrimônio e para as intervenções emergenciais para manutenção dos serviços prestados pela instituição apoiada. (Brasil, 2019a)

§ 4º *As modalidades de doação não ensejarão qualquer tipo de distribuição de rendimentos ou de retribuição obrigacional, patrimonial ou financeira aos doadores.*

§ 5º *Na hipótese de doações vinculadas a um propósito específico, eventual saldo remanescente após o término do projeto deverá ser aplicado no fundo patrimonial, e os seus rendimentos deverão ser utilizados no referido propósito.*

§ 6º *Em sobrevindo fato que torne impossível ou inútil o propósito específico a que foi vinculada a doação, aplicar-se-á doravante o regime da doação permanente não restrita.*

Art. 15 Na hipótese prevista no § 3º do art. 14 desta Lei[aa], *poderá ser utilizado até 20% (vinte por cento) do valor da doação durante o exercício em que ela ocorrer, se assim dispuserem os doadores e mediante deliberação favorável dos membros do Conselho de Administração.*

Parágrafo Único. Excepcionalmente, o limite de 20% poderá ser flexibilizado mediante anuência do Conselho de Administração quando se tratar de doação de propósito específico para a recuperação ou a preservação de obras e patrimônio e para as intervenções emergenciais para manutenção dos serviços prestados pela instituição apoiada.

Art. 16 A organização gestora de fundo patrimonial poderá destinar apenas os rendimentos do principal a projetos da instituição apoiada, descontada a inflação do período e ressalvado o disposto no art. 15 desta Lei.

Parágrafo Único. Em casos excepcionais, a organização gestora de fundo patrimonial poderá resgatar até 5% (cinco por cento) do principal do fundo patrimonial, a cada ano, calculado sobre o patrimônio líquido do fundo patrimonial, desde que o somatório dessas autorizações não

---

aa. A doação de propósito específico é um recurso atribuído a projeto previamente definido no instrumento de doação, que não pode ser imediatamente utilizado e que deve ser incorporado ao patrimônio permanente do fundo patrimonial para fins de investimento, cujo principal pode ser resgatado pela organização gestora de fundo patrimonial de acordo com os termos e as condições estabelecidos no instrumento de doação, observado o disposto no art. 15 desta Lei. (Brasil, 2019a)

ultrapasse, em qualquer tempo, o total de 20% (vinte por cento) do principal na data do primeiro resgate, mediante decisão do Conselho de Administração, com parecer favorável do Comitê de Investimentos e plano de recomposição do valor resgatado do principal.
Art. 17 É vedada a transferência de recursos da administração pública direta, autárquica, fundacional e de empresa estatal dependente, incluída a instituição apoiada, para fundos patrimoniais.
§ 1º Os fundos patrimoniais não contarão com garantias por parte da administração pública direta ou indireta.
§ 2º A organização gestora de fundo patrimonial responderá por suas obrigações até o limite dos bens e dos direitos integrantes do fundo patrimonial. (Brasil, 2019a)

Conforme o art. 5º da Lei n. 13.800/2019, sem prejuízo das formalidades legais, foram estabelecidos requisitos mínimos para os atos constitutivos da organização gestora de fundo patrimonial, que deverá conter:

I – a denominação, que incluirá a expressão "gestora de fundo patrimonial";
II – as instituições apoiadas ou as causas de interesse público às quais se destinam as doações oriundas de pessoas físicas e jurídicas a serem captadas e geridas, que só poderão ser alteradas mediante aprovação de quórum qualificado, a ser definido em seu estatuto;
III – a forma de representação ativa e passiva, judicial e extrajudicial, as regras de composição, o funcionamento, as competências, a forma de eleição ou de indicação dos membros do Conselho de Administração, do Comitê de Investimentos e do Conselho Fiscal, ou órgãos semelhantes, sem prejuízo da previsão de outros órgãos, e a possibilidade de os doadores poderem ou não compor algum desses órgãos;
IV – a forma de aprovação das políticas de gestão, de investimento, de resgate e de aplicação dos recursos do fundo patrimonial, observado o disposto no art. 21 desta Lei;
V – os mecanismos de transparência e prestação de contas, conforme descritos no art. 6º desta Lei;

VI - a vedação de destinação de recursos a finalidade distinta da prevista no estatuto e de outorga de garantias a terceiros sobre os bens que integram o fundo patrimonial;
VII - as regras para dissolução, liquidação e transferência de patrimônio da organização gestora de fundo patrimonial, observado o disposto na Seção VII deste Capítulo; e
VIII - as regras do processo de encerramento do instrumento de parceria e do termo de execução de programas, projetos e demais finalidades de interesse público, observadas as diretrizes da Seção VII deste Capítulo. (Brasil, 2019a)

Adicionalmente, são estabelecidas as seguintes regras de constituição:

§ 1º A ata de constituição da organização gestora de fundo patrimonial, o estatuto e, se houver, os instrumentos que formalizaram as transferências para o aporte inicial serão registrados.
§ 2º Na hipótese de que trata o parágrafo único do art. 3º desta Lei, o registro de que trata o § 1º deste artigo será realizado com a participação da autoridade máxima da instituição apoiada.
§ 3º Os administradores providenciarão, no prazo de 30 (trinta) dias, contado da data do registro dos documentos relativos à constituição da organização gestora de fundo patrimonial, a publicação da certidão de registro em seu sítio eletrônico e o arquivamento no registro civil de pessoas jurídicas competente. (Brasil, 2019a, art. 5º)

Além das disposições já elencadas, a lei, em seu art. 6º, estabeleceu obrigações quanto ao funcionamento da organização gestora, a saber:

Art. 6º A organização gestora de fundo patrimonial:
I - manterá contabilidade e registros em consonância com os princípios gerais da contabilidade brasileira, incluída a divulgação em seu sítio eletrônico das demonstrações financeiras e da gestão e aplicação de recursos, com periodicidade mínima anual;

II – possuirá escrituração fiscal de acordo com as normas do Sistema Público de Escrituração Digital da Secretaria da Receita Federal do Brasil do Ministério da Fazenda aplicáveis à sua natureza jurídica e ao seu porte econômico;

III – divulgará em seu sítio eletrônico os relatórios de execução dos instrumentos de parceria e dos termos de execução de programas, projetos e demais finalidades de interesse público firmados e a indicação dos valores despendidos, das atividades, das obras e dos serviços realizados, discriminados por projeto, com periodicidade mínima anual;

IV – apresentará, semestralmente, informações sobre os investimentos e, anualmente, sobre a aplicação dos recursos do fundo patrimonial mediante ato do Conselho de Administração, com parecer do Comitê de Investimentos ou de instituição contratada para esse fim;

V – adotará mecanismos e procedimentos internos de integridade, de auditoria e de incentivo à denúncia de irregularidades; e

VI – estabelecerá códigos de ética e de conduta para seus dirigentes e funcionários.

Art. 7º A partir da data de publicação desta Lei, as demonstrações financeiras anuais das organizações gestoras de fundos patrimoniais com patrimônio líquido superior a R$ 20.000.000,00 (vinte milhões de reais), atualizado pelo Índice Nacional de Preços ao Consumidor Amplo (IPCA), serão submetidas a auditoria independente, sem prejuízo dos mecanismos de controle. (Brasil, 2019a)

Foi também disciplinada pela lei a estrutura básica da organização gestora que deverá conter um Conselho de Administração, um Comitê de Investimentos e um Conselho Fiscal.

Ao Conselho de Administração compete deliberar sobre:

I – o estatuto social, as normas internas relativas à política de investimentos, as normas de administração e as regras de resgate e utilização dos recursos, bem como publicizá-las;

II - as demonstrações financeiras e a prestação de contas da organização gestora de fundo patrimonial, bem como aprová-las e publicizá-las;
III - a composição do Comitê de Investimentos ou a contratação de que trata o § 1º do art. 10 desta Lei;
IV - a composição do Conselho Fiscal; e
V - a celebração dos instrumentos de parceria, suas alterações e as hipóteses de sua suspensão. (Brasil, 2019a, art. 9º)

Ao Comitê de Investimentos compete:

I - recomendar ao Conselho de Administração a política de investimentos e as regras de resgate e de utilização dos recursos;
II - coordenar e supervisionar a atuação dos responsáveis pela gestão dos recursos, a ser executada de acordo com a política de investimentos aprovada pelo Conselho de Administração; e
III - elaborar relatório anual sobre as regras dos investimentos financeiros, do resgate e da utilização dos recursos e sobre a gestão dos recursos do fundo patrimonial. (Brasil, 2019a, art. 10º)

Ao Conselho Fiscal compete emitir parecer ao Conselho de Administração sobre as seguintes matérias:

I - fiscalização da atuação dos responsáveis pela gestão de fundo patrimonial, de acordo com as normas internas aprovadas pelo Conselho de Administração; e
II - avaliação anual das contas da organização gestora de fundo patrimonial. (Brasil, 2019a, art. 11)

Essa sistemática de *endowment*, segundo a Lei n. 13.800/2019, é formalizada entre a organização gestora e a entidade apoiada por meio de instrumento de parceria; e, na hipótese de instituição pública apoiada, serão firmados também termos de execução de programas, projetos e demais finalidades de interesse público (Brasil, 2019a).

O art. 18, parágrafo único, da lei rege que o

> *instrumento de parceria de que trata o* caput *deste artigo estabelecerá a formação de vínculo de cooperação entre a instituição apoiada e a organização gestora de fundo patrimonial, sem gerar de imediato obrigações de dispêndio de recursos, as quais, no caso de instituição pública apoiada, decorrem da celebração de cada termo de execução de programas, projetos e demais finalidades de interesse público.* (Brasil, 2019a)

Esse instrumento, que poderá ter prazo indeterminado e constituir título executivo extrajudicial, contém cláusulas obrigatórias a saber:

> *I – a qualificação das partes;*
> *II – as regras gerais para a celebração de termo de execução de programas, projetos e demais finalidades de interesse público entre as partes, tais como a condição para a transferência de recursos para programas, projetos e atividades de interesse da instituição apoiada;*
> *III – o objeto específico da parceria; e*
> *IV – os direitos da organização gestora de fundo patrimonial, tais como o direito de usar o nome da instituição apoiada nas ações destinadas à arrecadação de doações.* (Brasil, 2019a, art. 19, § 1º)

Na hipótese de cláusula de exclusividade com entidade pública apoiada, são estabelecidas as seguintes cláusulas obrigatórias adicionais:

> *I – o objeto específico em benefício exclusivo da instituição apoiada;*
> *II – as providências com vistas ao atendimento das recomendações expedidas pela instituição apoiada, bem como as regras de transferência de patrimônio, nos termos da Seção VII deste Capítulo; e*
> *III – os critérios objetivos verificáveis de seleção da instituição financeira custodiante autorizada pelo Banco Central a operar no País e contratada para manter a custódia dos ativos financeiros do fundo patrimonial.* (Brasil, 2019a, art. 19, § 2º)

No que concerne à aplicação dos recursos dos fundos patrimoniais, a Lei n. 13.800/2019 estabeleceu as seguintes regras:

Art. 20. A aplicação financeira dos recursos do fundo patrimonial obedecerá às diretrizes e aos limites prudenciais estabelecidos pelo Conselho Monetário Nacional, para o caso particular dos fundos patrimoniais de organização gestora que tenha celebrado instrumento de parceria com cláusula de exclusividade com instituição pública apoiada, ou, em sua ausência, para uma das modalidades de fundos de investimento regulados pela CVM, conforme aplicável.

Art. 21. A destinação dos recursos do fundo patrimonial para programas, projetos e atividades de interesse da instituição pública apoiada será precedida da celebração de termo de execução de programas, projetos e demais finalidades de interesse público entre a instituição apoiada, a organização gestora de fundo patrimonial e, quando necessário, a organização executora.

Parágrafo Único. Para cada programa, projeto ou atividade será firmado termo de execução, que indicará:

I – o objeto do ajuste;

II – o cronograma de desembolso;

III – a forma como será apresentada a prestação de contas;

IV – os critérios para avaliação de resultados; e

V – as responsabilidades da instituição apoiada, da organização gestora de fundo patrimonial e, quando necessário, da organização executora.

Art. 22. É vedada a destinação de recursos para pagamento de despesas correntes de instituições públicas apoiadas, exceto para:

I – obras, inclusive para adaptação e conservação de bens imóveis, equipamentos, materiais, serviços, estudos necessários ao fomento, ao desenvolvimento, à inovação e à sustentabilidade da instituição pública apoiada;

II – bolsas de estudos e prêmios por destaque nas áreas de pesquisa, inovação, desenvolvimento, tecnologia e demais áreas de interesse da instituição pública apoiada;

III – capacitação e qualificação necessárias para o aperfeiçoamento do capital intelectual da instituição apoiada; e

IV – auxílios financeiros destinados à execução e à manutenção de projetos decorrentes de doações ou do patrimônio do fundo, aos programas e redes de pesquisa, ao desenvolvimento e inovação, diretamente ou em parceria, ou destinados a ações de divulgação científica e tecnológica para a realização de eventos científicos, à participação de estudantes e de pesquisadores em congressos e em eventos científicos e à editoração de revistas científicas.

§ 1º Os recursos previstos nos termos de execução de programas, projetos e demais finalidades de interesse público não substituem as dotações orçamentárias regulares das referidas instituições públicas apoiadas.

§ 2º É vedada a utilização de recursos do fundo patrimonial para instituir ou custear programas de benefícios assemelhados a programas de remuneração e previdência a dirigentes, a servidores e a empregados da instituição pública apoiada.

Art. 23. Constituirão despesas da organização gestora de fundo patrimonial, custeadas pelos recursos do fundo patrimonial, aquelas consideradas necessárias e usuais para a manutenção das atividades de gestão, incluídos gastos com material permanente e de consumo, aluguéis, auditorias, salários, tributos, taxas e honorários profissionais relativos à gestão dos recursos. (Brasil, 2009a)

Beatriz Callais (2019) sintetiza o regime dos *endowments* segundo a Lei n. 13.800/2019 da seguinte forma:

Em 2018, por conta das dificuldades financeiras enfrentadas pelas instituições públicas quando se trata de conservação do patrimônio e investimento em pesquisa, desenvolvimento e inovação, os endowments migraram para o cenário legislativo. Os projetos de lei que tramitavam no Congresso Nacional tomaram forma e, em setembro de 2018, o ex- -presidente Michel Temer promulgou a MP 851/18, medida provisória para autorizar parcerias para execução de programas, projetos e demais finalidades de interesse público com organizações gestoras de fundos patrimoniais.

Embora as conversas sobre o assunto tenham evoluído, a MP recebeu muitas críticas sobre a burocracia na criação dos fundos. Em janeiro de 2019, o presidente Jair Bolsonaro mudou novamente o cenário dos "endowments". Bolsonaro deferiu o projeto de lei com veto parcial (veto no artigo III, que retirou o incentivo fiscal de doação para os "endowments"). Além disso, a burocracia se manteve apenas na área das instituições públicas, que precisam de um acordo acertado para decidir onde o recurso será despendido. A partir deste marco legal, os fundos patrimoniais passaram a exercer obrigações fiscais e regulatórias. A lei 13.800/19 faz com que os fundos passem a ser fiscalizados de perto desde as suas constituições até o cumprimento de suas atividades.

Neste ponto, questionamos: quem pode se beneficiar do fundo patrimonial? Sobre a questão, Pasqualin (2019, p. 20) explicita que:

A Lei dos Fundos Patrimoniais nasceu para beneficiar prioritariamente as instituições públicas relacionadas à educação, à ciência, à tecnologia, à pesquisa e à inovação, à cultura, à saúde, ao meio ambiente, à assistência social, ao desporto, à segurança pública, aos direitos humanos e demais finalidades de interesse público. Mas, na expressão da própria Lei 13.800/19, as instituições apoiadas pela OGFP também podem ser privadas, sem fins lucrativos, dedicadas à consecução de finalidades de interesse público. Quais seriam as finalidades de interesse público? Quando se tratar de uma OGFP instituída com o objetivo de apoiar exclusivamente instituições públicas, caberá às autoridades públicas envolvidas justificar o interesse e a finalidade pública da instituição apoiada, de acordo com os princípios de administração pública previstos em nossa Constituição Federal. A princípio, toda atuação governamental existe para a consecução de uma finalidade de interesse público. Com relação às instituições apoiadas de natureza privada, sem fins lucrativos, a Lei 13.800/19 determinou a obrigação de se dedicarem à consecução de finalidades de interesse público.

Sobre quem pode se qualificar como organização gestora, Pasqualin (2019, p. 21-22) disserta da seguinte forma:

> *Como a Organização Gestora de Fundo Patrimonial (OGFP) deve ser constituída sob a forma de uma associação ou uma fundação privada, toda e qualquer pessoa, física ou jurídica, com capacidade civil para tanto, pode constituir uma OGFP. A única obrigação que a Lei dos Fundos Patrimoniais trouxe foi a anuência prévia do dirigente máximo da instituição pública apoiada, quando a OGFP se destinar exclusivamente a ela. A necessidade de tal anuência se aplica, naturalmente, à OGFP que se dedicar exclusivamente a instituições privadas, dado que a OGFP deverá ter autorização para captar recursos se utilizando da marca, imagem e reputação da instituição apoiada. Questão a ser avaliada com maior cautela, caso a caso, é se a própria instituição apoiada de natureza privada poderia ser uma das instituidoras da OGFP em seu benefício exclusivo e qual seria o ato jurídico a viabilizar: uma cisão parcial de seu patrimônio, a participação na assembleia geral de constituição, com ou sem obrigação de integralização de patrimônio social, a instituição de uma fundação para o fim de gerir seu Fundo Patrimonial, entre outras. Nesses casos, é importante avaliar se a instituição apoiada não estaria, ao destinar patrimônio próprio à OGFP, lesando direito de credores, assim como se despindo de patrimônio que, em futuro próximo, seria necessário para fazer frente a despesas previsíveis, sendo crucial avaliar, criteriosamente, se, antes de constituir e fazer uma dotação a Fundo Patrimonial, ainda que em seu benefício, a instituição apoiada não deveria constituir, em seu próprio patrimônio, um fundo de reserva e provisões para despesas e custos previsíveis.*

Desde a edição da lei em exame, somente se tem notícia da criação de um Fundo Patrimonial gerido pela Fundação Rogério Jonas Zylbersztejn, que leva o nome do empresário homônimo, falecido aos 58 anos em 2018, dedicada a causas sociais e culturais[ab] e a PUC-Rio,

---
ab. Conferir PRIMEIRA..., 2019.

a primeira voltada a financiar uma universidade brasileira (Santos, 2020). No entanto, existem fundos patrimoniais criados anteriormente à edição da Lei n. 13.800/2019, tais como, Fundação Bradesco (criado em 1956), Fundação Maria Cecília Souto Vidigal (criado em 1965), Instituto Unibanco (criado em 1982) e Instituto Itaú Social (criado em 1993) (Fabiani, 2019, p. 172).

Portaria n. 5.918/2019 e apoio do Ministério da Ciência e Tecnologia a projetos de CT&I

A Portaria n. 5.918, de 29 de outubro de 2019, dispõe sobre o

> *apoio institucional do Ministério da Ciência, Tecnologia, Inovações e Comunicações – MCTIC a quaisquer entidades privadas, sem fins lucrativos, que atuam ou pretendam atuar como organizações gestoras de fundos patrimoniais, que tenham como objetivo arrecadar, gerir e destinar doações de pessoas físicas e jurídicas privadas para instituições, públicas ou privadas, que desenvolvem atividades de ciência, tecnologia, pesquisa ou inovação.* (Brasil, 2019d, art. 1º)

O apoio previsto na portaria envolve as seguintes ações por parte do MCTIC:

> *Art. 2º O apoio institucional do MCTIC dar-se-á no sentido de:*
> *I – auxiliar na captação de recursos privados para destinação aos fundos patrimoniais de CT&I, por meio da busca de potenciais parceiros doadores, nacionais ou estrangeiros;*
> *II – articular, junto a órgãos e entidades do governo, para a redução de burocracia, com o intuito de fomentar a constituição e consolidação dos fundos patrimoniais que objetivem destinar recursos às atividades de ciência, tecnologia, pesquisa e inovação.*
> *III – estabelecer um ambiente para divulgação de quais os programas, projetos e demais atividades de interesse público na área de ciência,*

tecnologia, pesquisa ou inovação, os fundos patrimoniais de CT&I objetivam financiar com seus recursos, com vistas a aproximá-los a potenciais parceiros doadores, nacionais e estrangeiros.
Parágrafo Único. O apoio institucional do MCTIC deverá estar alinhado com a Estratégia Nacional de Ciência, Tecnologia e Inovação – ENCTI e os temas priorizados pelo MCTIC. (Brasil, 2019d)

Conforme o art. 3º da portaria, o Fundo Patrimonial de Ciência, Tecnologia e Inovação,

constituirá fonte de recursos de longo prazo a ser investido com objetivos de preservar seu valor, gerar receita e constituir fonte regular e estável de recursos para o fomento das atividades de ciência, tecnologia, pesquisa ou inovação, que se dará por meio da aquisição de bens, contratação de pessoal ou fornecimento de materiais, equipamentos ou serviços essenciais para a realização dessas atividades. (Brasil, 2019d)

A portaria estabelece, ainda, as seguintes regras:

§ 1º O fundo será instituído e administrado por organização gestora, nos termos do art. 6º da Lei nº 13.800, de 2019, e seu patrimônio deverá ser contábil, administrativa e financeiramente segregado, para todos os fins, do patrimônio de seus instituidores, da instituição apoiada e, quando necessário, da organização executora.
§ 2º A organização gestora deverá providenciar o registro do fundo no Cadastro Nacional de Pessoa Jurídica para que tenha identificação própria.
§ 3º O fundo deverá ter regulamento próprio, elaborado em conformidade com as disposições da Lei nº 13.800, de 2019, e com as regras estatuárias e demais normas internas da organização gestora, devendo prever, pelo menos, as regras relativas a política de investimentos, de resgastes dos recursos, bem como as relacionadas à alienação de bens e direitos integrantes de seu patrimônio.

§ 4º O regulamento previsto no § 3º deverá definir os parâmetros gerais para a aceitação de doação permanente restrita de propósito específico e doação de propósito específico, podendo, inclusive, definir um patamar mínimo para doações dessa natureza.

§ 5º O fundo deverá ser estruturado visando ao equilíbrio entre crescimento e estabilidade.

Art. 4º A organização gestora, com o intuito de reduzir custos administrativos, limitará a taxa de administração a, no máximo, 5% a.a. (cinco por cento ao ano) do patrimônio líquido do fundo patrimonial de CT&I, salvo comprovada impossibilidade de custear suas despesas com essa limitação.

Art. 5º A gestão e a aplicação financeira dos recursos do fundo patrimonial de CT&I deverão ser realizadas de forma ética, transparente, responsável e eficiente, conforme o disposto nos arts. 6º e 20 da Lei nº 13.800, de 2019, e as seguintes diretrizes:

I – a política de investimentos prezará pela sustentabilidade de longo prazo do fundo e aumento de sua rentabilidade e capacidade financeira;

II – as metas de rendimento deverão ser prudentes e levarão em conta fatores de risco e a inflação, para garantir a sustentabilidade do fundo;

III – os investimentos do fundo serão realizados de modo a minimizar o risco de grandes perdas, por meio da aplicação de recursos em um ou mais portfólios diversificados que maximizem o retorno dos investimentos, com níveis conservadores de exposição a riscos.

Art. 6º A utilização dos rendimentos dos recursos do fundo deverá conservar o seu valor principal, observando-se a modalidade de doação recebida pelo fundo.

§ 1º A regra do caput poderá ser excepcionada nas hipóteses previstas no art. 14 e no parágrafo único do art. 15, da Lei nº 13.800, de 2019.

§ 2º Para a utilização do valor da doação de propósito específico durante o exercício em que ela ocorrer, prevista no art. 14 da Lei nº 13.800, de 2019, o patrimônio líquido deverá ser superior a um patamar mínimo que garanta a sustentabilidade do fundo patrimonial de CT&I.

Art. 7º As parcelas dos recursos provenientes dos rendimentos do fundo patrimonial de CT&I que não forem utilizadas para os fins apontados no termo de execução devem retornar ao fundo para reinvestimento, mantendo-se as características do tipo de doação original.

Art. 8º A organização gestora deverá solicitar à instituição apoiada e, quando necessário, à organização executora, a elaboração de documento, a ser encaminhado na forma e no prazo previamente estabelecidos pelo MCTIC, que contenha a descrição detalhada, com estimativa de custos, dos programas, projetos ou atividades que pretendem ser financiados com recursos do fundo patrimonial de CT&I.

Parágrafo Único. O documento de que trata o caput *visa especificar quais os serviços serão prestados ou quais os produtos que serão entregues por ocasião da execução de programas, projetos e demais finalidades de interesse público na área de ciência, tecnologia, pesquisa e inovação, e conterá os elementos necessários e suficientes, com nível de precisão adequado para caracterizar o objeto do termo de execução correspondente.*

Art. 9º Cumpridas as formalidades da Lei nº 13.800, de 2019, e observadas as disposições desta portaria, as entidades elegíveis ao apoio institucional do MCTIC deverão formalizar seu interesse por meio do preenchimento de formulário eletrônico disponível no sítio do MCTIC, anexando toda documentação exigível.

Parágrafo Único. Para viabilizar o apoio institucional, as entidades aptas, nos termos previstos no caput, se necessário, poderão firmar acordo de cooperação com o MCTIC, que visa a obtenção de doações oriundas de pessoas físicas e jurídicas privadas para futura execução de programas, projetos e demais finalidades de interesse público na área de ciência, tecnologia, pesquisa e inovação. (Brasil, 2019d)

Com efeito, foram assinados termos de apoio institucional do MCTIC com Confies, Fundação Coppetec, Fundação de Apoio e Desenvolvimento ao Ensino, Pesquisa e Extensão (Fadepe), Fundação Arthur Bernardes (Funarbe), Fundação de Desenvolvimento da Pesquisa

(Fundep), Fundação Uniselva e a Fundação de Desenvolvimento de Tecnópolis (Funtec), conforme informado pelo Ministério de Ciência, Tecnologia e Inovação (Agência Espacial Brasileira, 2020)

Feitas essas considerações, serão abordados os incentivos fiscais a que poderão estar sujeitas as doações e as organizações gestoras dos fundos patrimoniais, bem como sugestões de ampliação de incentivos.

Incentivos fiscais

A Lei n. 13.800/2019 é um importante instrumento para o terceiro setor; contudo, necessita de definição de garantias mais sólidas às doações, com definição de incentivos fiscais robustos à solidificação do sistema[ac].

Em sua redação original, foi prevista, nos arts. 28, 29 e 30, a alteração do art. 13, parágrafo 2º, incisos II e III da Lei n. 9.249/1995; do art. 12, incisos IX e X e parágrafo 1º; e do art. 22 da Lei n. 9.532/1997, com os seguintes teores:

Lei n. 9.249/1995:

> *II – as efetuadas a organizações gestoras de fundo patrimonial que apoiam instituições públicas, nas áreas de ensino superior, de educação profissional e tecnológica ou instituições científicas, tecnológicas e de inovação públicas de que trata a Lei nº 10.973, de 2 de dezembro de 2004, ou às instituições de ensino e pesquisa cuja criação tenha sido autorizada por lei federal e que preencham os requisitos previstos nos incisos I e II do caput do art. 213 da Constituição Federal, até o limite de 1,5% (um e meio por cento) do lucro operacional, antes de computada a sua dedução e a de que trata o inciso III deste parágrafo;*
>
> *III – as efetuadas a organizações gestoras de fundo patrimonial que apoiam instituições públicas relacionadas à educação, à ciência, à tecnologia, à pesquisa e à inovação, à cultura, à saúde, ao meio ambiente, à assistência social, ao desporto, à segurança pública e aos direitos humanos e as efetuadas a entidades civis legalmente constituídas no*

---
ac. Sobre o tema, conferir Santos, 2020.

Brasil, sem fins lucrativos, que prestem serviços gratuitos em benefício de empregados da pessoa jurídica doadora, e de respectivos dependentes, ou em benefício da comunidade onde atuem, até o limite de 2% (dois por cento) do lucro operacional da pessoa jurídica, antes de computada a sua dedução, observadas as seguintes regras:

a) as doações, quando em dinheiro, serão feitas mediante crédito em conta corrente bancária diretamente em nome da entidade beneficiária ou da organização gestora de fundo patrimonial;

b) a pessoa jurídica doadora manterá em arquivo, à disposição da fiscalização, declaração, segundo modelo aprovado pela Secretaria da Receita Federal do Brasil, fornecida pela entidade beneficiária ou pela organização gestora de fundo patrimonial, em que a entidade ou a organização gestora comprometem-se a aplicar integralmente os recursos recebidos na realização de seus objetivos sociais, com identificação da pessoa física responsável pelo seu cumprimento, e a não distribuir lucros a associados, sob nenhuma forma ou pretexto. (Brasil, 1995c, art. 13, § 2º)

Lei n. 9.250/1995:

IX – as doações feitas a organizações gestoras de fundo patrimonial que apoiam instituições públicas de ensino superior, de educação profissional e tecnológica ou instituições científicas, tecnológicas e de inovação públicas de que trata a Lei nº 10.973, de 2 de dezembro de 2004;

X – as doações feitas a organizações gestoras de fundo patrimonial que apoiam instituições públicas relacionadas à educação, à ciência, à tecnologia, à pesquisa e à inovação, à cultura, à saúde, ao meio ambiente, à assistência social, ao desporto, à segurança pública e aos direitos humanos.

§ 1º A soma das deduções a que se referem os incisos I a X do caput *deste artigo não poderá reduzir o imposto devido em mais de 12% (doze por cento).* (Brasil, 1995d, art. 12)

Lei n. 9.532/1997:

> *Art. 22. A soma das deduções a que se referem os incisos I, II, III, IX e X do* caput *do art. 12 da Lei nº 9.250, de 26 de dezembro de 1995, fica limitada a 6% (seis por cento) do valor do imposto devido, não aplicáveis limites específicos a quaisquer dessas deduções.* (Brasil, 1997a)

No entanto, os arts. 28, 29 e 30 da Lei n. 13.800/2019 foram vetados, mediante as seguintes razões de veto:

> *As proposições com possibilidades de benefícios tributários dos quais decorram potencial renúncia de receitas devem atender aos requisitos da legislação orçamentária e financeira, em especial, o artigo 14 da Lei Complementar nº 101, de 2000 (LRF), o artigo 114 da Lei nº 13.473, de 2017 (LDO-2018) e o art. 113 do Ato das Disposições Constitucionais Transitórias (ADCT).* (Brasil, 2019c)

Mais uma vez, o terceiro setor sofre a influência de crises sistêmicas oriundas de desonerações irresponsáveis direcionadas ao setor produtivo e pela carência de reformas estruturantes para o satisfatório crescimento com sustentabilidade.

Assim, expressamente, a lei em exame somente prevê em seu art. 13, parágrafo 9º, um único incentivo, ou seja, aquele previsto na Lei n. 8.313, de 23 de dezembro 1991 (Lei de Incentivo à Cultura) (Brasil, 1991b), restrito, por óbvio, a atividades culturais.

No entanto, mesmo que não expresso, as associações e as fundações que operem como organização gestora de fundo patrimonial poderão gozar de imunidade tributária caso se enquadrarem nas disposições do art. 150, inciso VI, alínea "c" da Constituição Federal e caso se adequarem às disposições dos arts. 9º e 14 do CTN[ad].

Adicionalmente, se a organização gestora detiver Certificado de Entidade Beneficente de Assistência Social, uma vez obedecidos

---
ad. Sobre a imunidade tributária, conferir Seção 10.1, deste capítulo.

os preceitos legais previstos na Lei Complementar n. 187, de 16 de dezembro de 2021 (Brasil, 2021a), igualmente gozará da imunidade prevista no art. 195, parágrafo 7º da Constituição Federal, incidente sobre a quota patronal da previdência social.

Apesar dos vetos verificados, não se exclui o incentivo genérico de doações previsto no art. 13, parágrafo 2º, da Lei n. 9.249, de 26 de dezembro de 1995, com a seguinte redação:

> § 2º *Poderão ser deduzidas as seguintes doações:*
> *I – as de que trata a Lei nº 8.313, de 23 de dezembro de 1991;*
> *II – as efetuadas às instituições de ensino e pesquisa cuja criação tenha sido autorizada por lei federal e que preencham os requisitos dos incisos I e II do art. 213 da Constituição Federal*[ae]*, até o limite de um e meio por cento do lucro operacional, antes de computada a sua dedução e a de que trata o inciso seguinte;*
> *III – as doações, até o limite de dois por cento do lucro operacional da pessoa jurídica, antes de computada a sua dedução, efetuadas a entidades civis, legalmente constituídas no Brasil, sem fins lucrativos, que prestem serviços gratuitos em benefício de empregados da pessoa jurídica doadora, e respectivos dependentes, ou em benefício da comunidade onde atuem, observadas as seguintes regras:*
> *a) as doações, quando em dinheiro, serão feitas mediante crédito em conta corrente bancária diretamente em nome da entidade beneficiária;*
> *b) a pessoa jurídica doadora manterá em arquivo, à disposição da fiscalização, declaração, segundo modelo aprovado pela Secretaria da Receita Federal, fornecida pela entidade beneficiária, em que esta se compromete a aplicar integralmente os recursos recebidos na realização de seus objetivos sociais, com identificação da pessoa física responsável*

---

ae. Art. 213. Os recursos públicos serão destinados às escolas públicas, podendo ser dirigidos a escolas comunitárias, confessionais ou filantrópicas, definidas em lei, que: I – comprovem finalidade não lucrativa e apliquem seus excedentes financeiros em educação; II – assegurem a destinação de seu patrimônio a outra escola comunitária, filantrópica ou confessional, ou ao Poder Público, no caso de encerramento de suas atividades. (Brasil, 1988)

pelo seu cumprimento, e a não distribuir lucros, bonificações ou vantagens a dirigentes, mantenedores ou associados, sob nenhuma forma ou pretexto;

c) a entidade beneficiária deverá ser organização da sociedade civil, conforme a Lei no 13.019, de 31 de julho de 2014, desde que cumpridos os requisitos previstos nos nos arts. 3º e 16 da Lei nº 9.790, de 23 de março de 1999, independentemente de certificação. (Redação dada pela Lei nº 13.204, de 2015). (Brasil, 1995d)

Percebemos, na alínea "c", do inciso III, do parágrafo 2º do art. 13, a remissão às OSCs, disciplinadas pela Lei n. 13.019, de 31 de julho de 2014 (Brasil, 2014b). Nessa última norma, no art. 2º, inciso I, alínea "a", considera-se organização da sociedade civil:

*entidade privada sem fins lucrativos que não distribua entre os seus sócios ou associados, conselheiros, diretores, empregados, doadores ou terceiros eventuais resultados, sobras, excedentes operacionais, brutos ou líquidos, dividendos, isenções de qualquer natureza, participações ou parcelas do seu patrimônio, auferidos mediante o exercício de suas atividades, **e que os aplique integralmente na consecução do respectivo objeto social, de forma imediata ou por meio da constituição de fundo patrimonial** ou fundo de reserva.* (Brasil, 2014b, grifo nosso)

Notamos que as organizações gestoras de fundos patrimoniais são consideradas OSCs para os fins da Lei n. 13.019/2014, fazendo jus ao incentivo fiscal (Brasil, 2014b).

As remissões aos arts. 3º e 16 da Lei n. 9.790, de 23 de março de 1999 (Brasil, 1999b) somente prestam a delimitar o que realmente é considerado "interesse público", pois as entidades gestoras atuarão sempre de forma correlata e o parágrafo único do art. 3º da Lei n. 9.790/1999 estabelece uma margem extensiva de atuação, a saber:

Art. 3º [...]
Parágrafo Único. Para os fins deste artigo, a dedicação às atividades nele previstas configura-se mediante a execução direta de projetos, programas, planos de ações correlatas, por meio da doação de recursos físicos, humanos e financeiros, ou ainda pela prestação de serviços intermediários de apoio a outras organizações sem fins lucrativos e a órgãos do setor público que atuem em áreas afins. (Brasil, 1999b)

O art. 16 da Lei n. 9.790/1999, com todo o acerto, exclui qualquer incentivo fiscal a entidades que participem de "campanhas de interesse político-partidário ou eleitorais, sob quaisquer meios ou formas" (Brasil, 1999b).

Assim, podemos concluir que as razões de veto ao art. 28 da Lei n. 13.800/2019 não se sustentam porque o incentivo já existe e as doações a fundos patrimoniais já gozam dos incentivos previstos no art. 13, parágrafo 2º, da Lei n. 9.249/1995 por expressa previsão legal.

No entanto, o legislador, em breve, após realizadas as reformas estruturantes e retomado o ritmo de crescimento com a revisão de desonerações que foram concedidas de forma irresponsável, poderia ir além no que concerne aos incentivos fiscais aos fundos patrimoniais, podendo seguir uma forma mais semelhante com aqueles oferecidos aos *endowments* americanos.

Quanto ao Imposto de Transmissão Causa Mortis e Doação (ITCMD) de competência dos estados e do Distrito Federal, incide a vedação constante do art. 151, inciso III, da CF, que veda à União instituir isenções de tributos de competência dos estados, do Distrito Federal e dos municípios. No entanto, quando a União estiver na condição de representante do Estado Federal, a jurisprudência do STF mantém a posição exposta no RE n. 543.943 AGR/PR, Relator Ministro Celso de Mello, julgado em 30 de novembro de 2010:

A cláusula de vedação inscrita no art. 151, inciso III, da Constituição – que proíbe a concessão de isenções tributárias heterônomas – é inoponível ao Estado Federal brasileiro (vale dizer, à República Federativa do Brasil), incidindo, unicamente, no plano das relações institucionais domésticas que se estabelecem entre as pessoas políticas de direito público interno. Doutrina. Precedentes. – Nada impede, portanto, que o Estado Federal brasileiro celebre tratados internacionais que veiculem cláusulas de exoneração tributária em matéria de tributos locais (como o ISS, p. ex.), pois a República Federativa do Brasil, ao exercer o seu treaty-making power, *estará praticando ato legítimo que se inclui na esfera de suas prerrogativas como pessoa jurídica de direito internacional público, que detém – em face das unidades meramente federadas – o monopólio da soberania e da personalidade internacional. – Considerações em torno da natureza político-jurídica do Estado Federal. Complexidade estrutural do modelo federativo. Coexistência, nele, de comunidades jurídicas parciais rigorosamente parificadas e coordenadas entre si, porém subordinadas, constitucionalmente, a uma ordem jurídica total. Doutrina.* (Brasil, 2011e)

No que concerne às doações internacionais, conforme o art. 155, parágrafo 1º, inciso III, alínea "a", a Constituição Federal dispõe que:

Art. 155. Compete aos Estados e ao Distrito Federal instituir impostos sobre:
I – transmissão causa mortis e doação, de quaisquer bens ou direitos;
[...]
§ 1º O imposto previsto no inciso I: [...]
III – terá competência para sua instituição regulada por lei complementar:
a) se o doador tiver domicílio ou residência no exterior. (Brasil, 1988)

No entanto, essa lei complementar ainda não foi editada e, em face desse vácuo legislativo, o STF reconheceu a repercussão geral ao Tema n. 825[af], que trata da

---

[af] STF. RE n. 851.108/RG. Rel. Min. Dias Toffoli (2021c). Repercussão geral reconhecida em julgamento proferido em 25/06/2015. No entanto, o mérito já foi julgado (conferir nota a seguir).

possibilidade de os Estados-membros fazerem uso de sua competência legislativa plena, com fulcro no art. 24, § 3º, da Constituição e no art. 34, § 3º, do ADCT, ante a omissão do legislador nacional em estabelecer as normas gerais pertinentes à competência para instituir o Imposto sobre Transmissão Causa Mortis ou Doação de quaisquer Bens ou Direitos – ITCMD, nas hipóteses previstas no art. 155, § 1º, III, a e b, da Lei Maior. (Brasil, 2021c, p. 36)

No entanto, o STF fixou tese no sentido de que:

É vedado aos estados e ao Distrito Federal instituir o ITCMD nas hipóteses referidas no art. 155, § 1º, III, da Constituição Federal sem a intervenção da lei complementar exigida pelo referido dispositivo constitucional. (Brasil, 2021c, p. 3)

Assim, a Corte Suprema remediou um manifesto desserviço ao sistema de *endowments* no Brasil, pois se deferisse a competência estadual, restaria inviabilizada as doações estrangeiras a fundos patrimoniais brasileiras que poderiam prestar um crucial serviço à coletividade, como a defesa do meio ambiente, parcerias tecnológicas de alto valor agregado e demais ações que dependem de doações estrangeiras para o devido custeio.

Feitas essas considerações sobre os fundos patrimoniais, passaremos a abordar os programas tecnológicos.

10.3 Grandes programas tecnológicos: aliança do setor público com o setor privado

Os grandes programas tecnológicos são importantes modalidades de intervenção pública em matéria de ciência e tecnologia. São iniciativas coordenadas de apoio à atividade de pesquisa e desenvolvimento com objetivos e metas suficientemente definidas. Essa coordenação é feita almejando uma vantagem muito específica: a facilidade de captação dos resultados provenientes da ação pública (Furtado; Costa Filho, 2002, p. 6).

Um panorama analisando conclusões embasadas nos trabalhos da Organização para a Cooperação e o Desenvolvimento Econômicos (OCDE) pode ser traduzido do estudo a seguir, nas Relações Ciência--Indústria (RCI), que força um pensamento mais cooperativo da ciência, como transcrito:

> *De qualquer maneira – e essa é a principal conclusão que retemos do exercício comparativo da OCDE, referenciado ao longo do artigo – as instituições públicas de pesquisa, as universidades e as empresas industriais revelam-se em ótimas condições para determinar a melhor maneira de intensificar suas interações e atividades de cooperação na prática. Na verdade, são os governos que têm a responsabilidade de estabelecer as regras básicas, os marcos institucionais e os incentivos mais adequados que devem ser concedidos às empresas e às instituições de pesquisa. A ação política é, portanto, considerada de extrema importância e, para a totalidade dos países, imprescindível ao bom desempenho das RCI e de seu impacto sobre o processo de inovação. Nesse sentido, a título de conclusão, sintetizamos abaixo as principais implicações políticas e recomendações que emanam dos trabalhos da OCDE sobre o assunto, que foram amplamente discutidas na Conferência Internacional Benchmarking Industry-Science Relationships, realizada em Berlim em 2000, e em outros importantes foros da Organização – assegurar um quadro adequado para a proteção dos direitos de propriedade intelectual, com a fixação de regras e orientações claras relativas aos direitos da instituição executora e, ao mesmo tempo, garantindo aos pesquisadores o recebimento de uma participação nos "royalties"; – melhorar a gestão das RCI nas universidades e nos institutos de pesquisa, através da adoção, dentre outros recursos, de atividades regulares de prospecção tecnológica e de novos instrumentos voltados à identificação e definição de prioridades que reflitam as necessidades da indústria; – promover e fortalecer a implicação das PME no processo de inovação, e estimular a criação de "spin-offs", como meio que permite às universidades estender amplamente suas licenças de*

tecnologia; – atrair e reter recursos humanos qualificados, com vistas a manter talentos e evitar a "fuga de cérebros"; isso implica perspectivas de melhora profissional e salarial, e a garantia de boas condições para o exercício das atividades de pesquisa; – eliminar as barreiras e a falta de incentivos ao treinamento ou alocação temporária de pesquisadores do setor público e de universitários nas empresas, por intermédio de reformas legislativas ou da flexibilização do regime de trabalho desses pesquisadores; – melhorar e fortalecer os esforços de avaliação da P&D pública, com a adoção de novos critérios que considerem os esforços de comercialização dos resultados das pesquisas realizadas nas universidades e nos institutos de pesquisa; – responder à globalização das atividades de P&D, através da abertura dos programas nacionais à participação de empresas estrangeiras e da criação de novos estímulos para que os institutos de pesquisa e universidades fortaleçam seus vínculos com empresas estrangeiras; – reforçar as atuais estruturas cooperativas de inovação, fazendo com que o fomento às RCI esteja articulado com uma estratégia política global de inovação baseada em polos e em redes. (Gusmão, 2002, p. 356)

O Poder Público, por meio das agências governamentais, das empresas, das instituições de pesquisa e desenvolvimento, mediante parceria, desenvolve e divide funções básicas com outras instituições. As funções mais importantes podem ser enumeradas na concepção, no financiamento, na gestão, na execução da pesquisa e o uso do conhecimento.

A trajetória do desenvolvimento do trabalho, devendo estar criteriosamente definida em metas a serem alcançadas e o plano de desembolso e contrapartida, se houver, deve estar, de igual forma, suficientemente determinada ou com possibilidade de determinação. Geralmente, o Poder Público poderá delegar tais encargos a uma agência governamental, que ficará encarregada da concepção, planejamento e monitoramento do programa. Os parceiros (fabricantes, centros de pesquisas, universidades etc.), ficam encarregados da execução da P&D e fabricação da inovação.

A execução do objeto, conforme o art. 11 da Lei n. 9.790/1999, será acompanhada e fiscalizada pelo Poder Público, pelo órgão específico à atividade fomentada e pelo conselho mencionado no art. 10º, parágrafo 1º, da mesma lei (Brasil, 1999b).

Os resultados atingidos com a execução do projeto devem ser analisados por uma comissão de avaliação, composta de comum acordo entre o órgão parceiro e a Oscip. Essa comissão encaminhará à autoridade competente um relatório conclusivo sobre a avaliação procedida, sem prejuízo de controle social previsto na legislação e, conforme o art. 12 da lei em exame, os responsáveis pela fiscalização, ao tomar conhecimento de ilegalidade, têm o dever de dar ciência da irregularidade ao Tribunal de Contas, sob pena de responsabilidade solidária.

Há diversas modalidades de grandes programas tecnológicos, segundo maior ou menor especificidade. Os projetos mais específicos são denominados *programas verticais*. Esses programas envolvem um conjunto de inovações, formando um sistema tecnológico. De outro lado, existem os programas horizontais, que envolvem o desenvolvimento de um conjunto de *know-how* com "alto potencial de difusão em fase pré-competitiva" (Furtado; Costa Filho, 2002, p. 7).

Essa classificação é oportuna porque revela um diferencial entre tais modalidades de projetos. No caso dos programas verticais, os objetivos técnicos são bem definidos e pressupõem um arranjo institucional, no qual prevalece uma dimensão setorial. E, mesmo que claramente definidos os objetivos técnicos, há diversos graus de conhecimentos básicos e aplicados nesses programas. Ainda nos programas verticais, existem variantes, que são: os que requerem um maior desenvolvimento tecnológico, pois os conhecimentos básicos já estão disponíveis (exemplo da exploração do xisto).

Há também aqueles programas cujos conhecimentos básicos ainda serão desenvolvidos, sendo necessário maior avanço para solver grandes desafios. Exemplos desse último problema são: a viagem espacial a grandes distâncias e a produção de energia limpa a partir da fissão a frio (Furtado; Costa Filho, 2002, p. 7).

Atualmente, os programas horizontais ocupam maior espaço de interesse, pois "postula-se a necessidade de deixar a área de desenvolvimento e aplicar recursos públicos na área de pesquisa pré-competitiva com alto poder de difusão" (Furtado; Costa Filho, 2002, p. 8). Eis aí a importância das pequenas e médias empresas no processo de difusão e a necessidade de integrá-las em redes nacionais de inovadores (Furtado; Costa Filho, 2002, p. 40).

No Brasil, apesar de existirem exemplos de programas verticais, estes não guardam características similares aos projetos desenvolvidos no exterior. Enquadram-se nessa categoria projetos desenvolvidos por Embraer, Telebrás e Petrobras. É necessário lembrar o programa espacial brasileiro, no final da década de 1970, coordenado pelo Centro Técnico Aeroespacial (CTA) e pelo Instituto Nacional de Pesquisas Espaciais, com vistas à Missão Espacial Completa Brasileira (Mecb), cujo trabalho incluía desenvolver um lançador de satélites (VLS-1), cinco satélites (SCD 1, 2 e 3 e SSR 1 e 2), bem como operacionalizar o Centro de Lançamento de Alcântara (CLA).

Outro programa de destaque no Brasil refere-se à soja. Essa oleaginosa é o produto agrícola mais relevante nas exportações brasileiras. A exportação de seus grãos, do farelo e do óleo corresponde a 14 bilhões de reais do total de 55 bilhões alcançados pela agricultura no ano de 2001. No *ranking* mundial de produção do produto, com uma safra de 172 milhões de toneladas globais em 2000/2001, ou seja, 60% da produção mundial de oleaginosas, o Brasil ocupa o segundo lugar, com uma safra de 40 milhões de toneladas em 2000/2001, atrás somente dos Estados Unidos, com uma safra de 75 milhões de toneladas no mesmo ano (Chiarello, 2002, p. 45-60).

A soja é, majoritariamente, utilizada como insumo para produção animal e para a indústria de óleos e gorduras, que consomem 90% da produção nacional. Além dessa utilização, a soja está sendo aplicada como matéria-prima para produtos com maior valor agregado, como ingredientes funcionais e/ou nutricionais por outras indústrias de alimentos. Esse emprego pode ser verificado na Tabela 10.1:

Tabela 10.1 – Destinação principal e valor de comercialização da soja e seus derivados

PRODUTO	UTILIZAÇÃO	USD/TONELADA
Soja grão	*Crushing*	150 – 170
Farelo	Alimentação animal	180 – 200
Óleo bruto	Indústria de óleos e gorduras	250 – 400
Farinhas	Indústrias variadas	400 – 700
Proteína texturizada	Substituto de carnes	500 – 1.000
Fibras	Ração animal e ingredientes para alimentos funcionais	650 – 1.400
Proteínas concentradas	Indústria de embutidos cárneos	1.300 – 2.000
Lecitinas	Aditivo alimentar	500 – 4.000
Proteínas isoladas	Indústria de embutidos cárneos e ingrediente para alimentos funcionais	2.500 – 4.000
Fitoquímicos (isoflavonas)	Ingredientes para alimentos funcionais	1.000 – 10.000

FONTE: CHIARELLO, 2002, P. 46.

Alimento funcional, de forma genérica, "é o alimento ou ingrediente alimentar que, além de suas propriedades nutricionais, pode acarretar benefícios à saúde quando consumidos [sic] como parte de uma dieta saudável" (Chiarello, 2002, p. 47).

Essa aplicação decorre de recentes estudos relativos à longevidade, e a aderência a esse consumo, principalmente, nos países desenvolvidos, corresponde a uma grande fatia de mercado. Estima-se que esse mercado global supera a casa de 100 bilhões de dólares/ano. Esse segmento comporta três categorias principais: alimentos naturais/orgânicos (18% do mercado global), suplementos (36%) e alimentos funcionais (37%).

Como é demonstrado, o segmento da soja comporta uma oportunidade estratégica para aumentar a participação em exportações de alto valor agregado. Para dar sustentação ao crescimento do mercado e competitividade, as pesquisas devem ser intensificadas e priorizadas. O estabelecimento de focos de desenvolvimento de novas tecnologias, com um ganho real na balança comercial, estimula investimentos em parcerias entre os setores público e privado, que podem perfeitamente ser inseridos no contexto dos fundos setoriais. Assim, Chiarello (2002, p. 56) explicita:

> *A implementação de uma plataforma tecnológica como a Embrapa, a Anvisa, as universidades, os institutos de pesquisas, as agências financiadoras, os representantes das entidades médicas, de proteção ao consumidor e do meio ambiente, o setor privado, além dos ministérios governamentais, seria de grande oportunidade tanto para detalhar e priorizar uma agenda mais ampla de P&D, quanto para criar um ambiente mais favorável ao estabelecimento de parcerias para o cumprimento desta agenda. Quem ganha é o país e, comprovadas as evidências científicas em estudo, a saúde da população brasileira.*

Feitas essas considerações sobre parcerias estratégicas entre o setor público e o privado, abordaremos a contabilidade do terceiro setor no próximo capítulo.

Capítulo 11
Contabilidade do terceiro setor

Com a evolução dos marcos regulatórios afetos ao terceiro setor, o Conselho Federal de Contabilidade reconheceu a necessidade de adequação de sua escrituração, uma vez que a aplicação pura e simples da Lei n. 6.404, de 15 de dezembro de 1976, Lei das S/A, não atende a seus preceitos peculiares.

No entanto, abordaremos as noções básicas da contabilidade antes da normativa específica, qual seja, a Interpretação Técnica Geral (ITG) 2002, para fins de contextualização e didática.

11.1 Noções básicas sobre contabilidade

A definição de contabilidade foi sedimentada no 1º Congresso Brasileiro de Contabilistas, ocorrido no Rio de Janeiro, em 1924, da seguinte forma: "A contabilidade é a Ciência que estuda e pratica as funções de orientação, controle e registro relativas à administração econômica" (Montoto, 2012, p. 25).

O campo de aplicação da contabilidade é a *"azienda"*, ou seja, a entidade com ou sem fins lucrativos. Seu objeto é o patrimônio da entidade e suas funções práticas básicas são duas: 1) administrativa e 2) econômica. O objetivo fundamental da contabilidade é o controle das operações da entidade com vistas a seu planejamento. Esse controle é feito mediante métodos peculiares, cujo aprofundamento foge ao escopo do presente livro. O que interessa, de fato, é a delimitação das contas patrimoniais e das contas de resultado (Montoto, 2012).

Primeiramente, esclarecemos que "conta" consiste em um item das demonstrações contábeis que indica o lançamento de um valor, que pode ser presente ou futuro.

As contas patrimoniais fazem parte do Balanço Patrimonial (BP) da entidade. Segundo Iudícibus et al. (2010, p.17), Balanço Patrimonial é "uma das mais importantes demonstrações contábeis, por meio do qual podemos apurar a situação patrimonial e financeira de uma entidade em determinado momento, dentro de certas regras. Nessa demonstração, estão claramente evidenciados o Ativo, o Passivo e o Patrimônio Líquido da entidade".

Ainda considerando a noção de contas patrimoniais, é necessária a compreensão da Fórmula Fundamental da Contabilidade (Iudícibus et al., 2010, p. 20). Significa dizer: o total dos ativos é igual à soma do total dos passivos com o total do Patrimônio Líquido. Tal fórmula pode ser esquematizada a seguir:

FÓRMULA FUNDAMENTAL DA CONTABILIDADE		
ATIVO =	PASSIVO +	PATRIMÔNIO LÍQUIDO

Essa fórmula é importante porque ditará a disposição do Balanço Patrimonial conforme exposto na Figura 11.1:

Figura 11.1 – Esquematização da Fórmula Fundamental

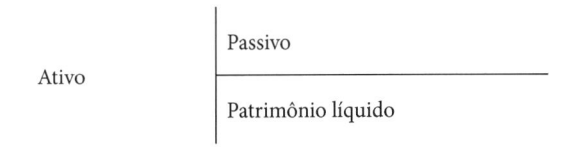

Ativo	Passivo
	Patrimônio líquido

Conceitualmente, entende-se por Ativo (A) o "recurso controlado pela entidade como resultado de eventos passados", sendo trambém um recurso econômico (CFC, 2019, itens 4.3-4.4). Vale dizer: são os bens e direitos que compõem o patrimônio da entidade.

O Passivo (P), por sua vez, "é uma obrigação presente da entidade de transferir um recurso econômico como resultado de eventos passados" (CFC, 2019, item 4.26). Em outras palavras, passivo é uma obrigação exigível por terceiros.

Por fim, Patrimônio Líquido (PL) "é a participação residual nos ativos da entidade após a dedução de todos os seus passivos" (CFC, 2019, item 4.63). Vale dizer: é a participação dos sócios nos ativos da entidade após a subtração dos passivos, segundo a seguinte variação da fórmula fundamental da contabilidade:

> Patrimônio líquido = Ativo − Passivo

O Ativo, o Passivo e o Patrimônio Líquido são os principais grupos de contas do Balanço Patrimonial. Cada um desses grupos de contas é desdobrado em outros subgrupos de contas e estes, por sua vez, em contas, que são os elementos da demonstração. Logo a seguir, demonstraremos um exemplo de plano de contas, mas cada entidade elaborará seu próprio plano de contas, de acordo com as especificidades de sua atividade operacional.

Já as contas de resultado compõem a Demonstração do Resultado do Exercício (DRE), a qual se presta a reproduzir a dinâmica da entidade em dado exercício, demonstrando as receitas, as deduções dessas receitas, os custos, as despesas, os tributos incidentes sobre o resultado, as participações societárias etc.

Da composição de todos esses fatores, apura-se o lucro ou prejuízo do exercício. Uma vez apurado esse lucro/prejuízo, esse valor integrará o Balanço Patrimonial, no grupo de contas "Patrimônio Líquido" (que nada mais é do que o patrimônio dos sócios da entidade), compondo a conta lucros ou prejuízos acumulados.

Feitos esses comentários, trataremos sobre os lançamentos, que muitas dúvidas geram naqueles que não compreendem a ciência peculiar da contabilidade. Para melhor assimilação, discorreremos sobre as formas de lançamento contábil de acordo com o grupo de contas.

Antes disso, temos de explicitar que existem lançamentos "a crédito" e "a débito", sendo que a soma dos valores dos lançamentos, em ambas as hipóteses, deve ser a mesma. Vale dizer: a soma dos lançamentos a crédito deve ser igual à soma dos lançamentos a débito. Essa noção é essencial para a contabilidade e se insere na definição de **partidas dobradas**.

Assim, existem algumas regras convencionais para cada grupo de contas que podem ser explicitadas da seguinte forma:

a. os lançamentos que aumentam o Ativo são lançados "a débito" (D) e os lançamentos que diminuem o Ativo são lançados "a crédito" (C);
b. os lançamentos que aumentam o Passivo são lançados "a crédito" (C) e os lançamentos que diminuem o Passivo são lançados "a débito" (D);
c. os lançamentos que aumentam o Patrimônio Líquido são lançados "a crédito" (C) e os lançamentos que diminuem o Patrimônio Líquido são lançados "a débito" (D).
d. os lançamentos que aumentam as Receitas são lançados "a crédito" (C) e os lançamentos que diminuem as Receitas são lançados "a débito" (D);
e. os lançamentos que aumentam as Despesas são lançados "a débito" (D) e os lançamentos que diminuem as Despesas são lançados "a crédito" (C).

Um modo de auxiliar o operador a compreender essas convenções sobre lançamentos pode ser deduzido do seguinte: os ativos da entidade são auferidos por intermédio de um crédito de terceiros (p. ex., um financiamento ou crédito de fornecedores), caracterizador de um passivo, ou de uma contribuição dos sócios (pela integralização do capital social ou aportes realizados), caracterizador de um Patrimônio Líquido.

Dessa forma, os ativos sempre estarão em situação de débito, ou perante terceiros (passivo), ou perante os próprios sócios em seu direito residual (Patrimônio Líquido). Assim, quando há uma criação de ativos, estes devem ser lançados a débito.

A Lei n. 6.404/1976 regulamenta a escrituração contábil tratando do Balanço Patrimonial em seu art. 178 e, em seu art. 187, trata da Demonstração do Resultado do Exercício. O art. 178 está assim disposto:

Art. 178. No balanço, as contas serão classificadas segundo os elementos do patrimônio que registrem, e agrupadas de modo a facilitar o conhecimento e a análise da situação financeira da companhia.

§ 1º No ativo, as contas serão dispostas em ordem decrescente de grau de liquidez dos elementos nelas registrados, nos seguintes grupos:
I – ativo circulante; e (Incluído pela Lei nº 11.941, de 2009)
II – ativo não circulante, composto por ativo realizável a longo prazo, investimentos, imobilizado e intangível. (Incluído pela Lei nº 11.941, de 2009)
§ 2º No passivo, as contas serão classificadas nos seguintes grupos:
I – passivo circulante; (Incluído pela Lei nº 11.941, de 2009)
II – passivo não circulante; e (Incluído pela Lei nº 11.941, de 2009)
III – Patrimônio Líquido, dividido em capital social, reservas de capital, ajustes de avaliação patrimonial, reservas de lucros, ações em tesouraria e prejuízos acumulados. (Incluído pela Lei nº 11.941, de 2009)
§ 3º Os saldos devedores e credores que a companhia não tiver direito de compensar serão classificados separadamente. (Brasil, 1976)

No art. 179, a Lei n. 6.404/1976 dispõe sobre o ativo, segregando-o em: ativo circulante, ativo realizável a longo prazo, investimentos, ativo imobilizado e intangível. Esse dispositivo tem a seguinte redação:

Art. 179. As contas serão classificadas do seguinte modo:
I – no ativo circulante: as disponibilidades, os direitos realizáveis no curso do exercício social subseqüente e as aplicações de recursos em despesas do exercício seguinte;
II – no ativo realizável a longo prazo: os direitos realizáveis após o término do exercício seguinte, assim como os derivados de vendas, adiantamentos ou empréstimos a sociedades coligadas ou controladas (artigo 243), diretores, acionistas ou participantes no lucro da companhia, que não constituírem negócios usuais na exploração do objeto da companhia;

III – *em investimentos*: *as participações permanentes em outras sociedades e os direitos de qualquer natureza, não classificáveis no ativo circulante, e que não se destinem à manutenção da atividade da companhia ou da empresa;*

IV – *no ativo imobilizado: os direitos que tenham por objeto bens corpóreos destinados à manutenção das atividades da companhia ou da empresa ou exercidos com essa finalidade, inclusive os decorrentes de operações que transfiram à companhia os benefícios, riscos e controle desses bens; (Redação dada pela Lei nº 11.638, de 2007)*

V – *(Revogado pela Lei nº 11.941, de 2009)*

VI – *no intangível: os direitos que tenham por objeto bens incorpóreos destinados à manutenção da companhia ou exercidos com essa finalidade, inclusive o fundo de comércio adquirido. (Incluído pela Lei nº 11.638, de 2007)*

Parágrafo Único. Na companhia em que o ciclo operacional da empresa tiver duração maior que o exercício social, a classificação no circulante ou longo prazo terá por base o prazo desse ciclo. (Brasil, 1976)

A disposição do ativo de uma entidade, como se apresenta em um Balanço Patrimonial, pode ser observado conforme mostra a Figura 11.2.

Figura 11.2 – Esquematização do Ativo, segundo a Lei n. 6404/1976

	20x1	20x0
ATIVO		
Circulante		
Caixa e Equivalentes de Caixa		
Caixa		
Banco C/Movimento		
Aplicações Financeiras		

(continua)

(Figura 11.2 – conclusão)

Créditos a Receber		
Crédito de Clientes		
Adiantamentos a Empregados		
Adiantamentos a Fornecedores		
Tributos a Recuperar		
Despesas Antecipadas		
Estoques		
Produtos Próprios para Venda		
Almoxarifado/Material de Expediente		
Não Circulante		
Realizável a Longo Prazo		
Aplicações Financeiras Longo Prazo		
Valores a Receber Longo Prazo		
Investimentos		
Investimentos Permanentes		
Imobilizado		
Bens sem Restrição		
Bens com Restrição		
(–) Depreciação Acumulada		
Intangível		
Direitos de Uso de Softwares		
Direitos de Autor e de Marcas		
(–) Amortização Acumulada		

A mesma lei, em seu art. 180, define o passivo da seguinte forma:

Art. 180. As obrigações da companhia, inclusive financiamentos para aquisição de direitos do ativo não circulante, serão classificadas no passivo circulante, quando se vencerem no exercício seguinte, e no passivo não circulante, se tiverem vencimento em prazo maior, observado o disposto no parágrafo único do art. 179 desta Lei. (Redação dada pela Lei n. 11.941, de 2009). (Brasil, 1976)

A disposição do passivo de uma entidade, como se apresenta em um Balanço Patrimonial, pode ser observado da seguinte forma:

Figura 11.3 – Esquematização do Passivo, segundo a Lei n. 6404/1976

	20x1	20x0
PASSIVO		
Circulante		
Fornecedores de bens e serviços		
Obrigações com Empregados		
Obrigações Tributárias		
Empréstimos e Financiamentos a Pagar		
Não Circulante		
Empréstimos e Financiamentos a Pagar Longo Prazo		

O Patrimônio Líquido, último grupo de contas patrimoniais, é definido no art. 182 da Lei n. 6.404/1976 da seguinte forma:

Art. 182. A conta do capital social discriminará o montante subscrito e, por dedução, a parcela ainda não realizada.

§ 1º Serão classificadas como reservas de capital as contas que registrarem:

a) a contribuição do subscritor de ações que ultrapassar o valor nominal e a parte do preço de emissão das ações sem valor nominal que ultrapassar a importância destinada à formação do capital social, inclusive nos casos de conversão em ações de debêntures ou partes beneficiárias;

b) o produto da alienação de partes beneficiárias e bônus de subscrição;

§ 2º Será ainda registrado como reserva de capital o resultado da correção monetária do capital realizado, enquanto não capitalizado.

§ 3º Serão classificadas como ajustes de avaliação patrimonial, enquanto não computadas no resultado do exercício em obediência ao regime de competência, as contrapartidas de aumentos ou diminuições de valor atribuídos a elementos do ativo e do passivo, em decorrência da sua avaliação a valor justo, nos casos previstos nesta Lei ou, em normas expedidas pela Comissão de Valores Mobiliários, com base na competência conferida pelo § 3º do art. 177 desta Lei. (Redação dada pela Lei nº 11.941, de 2009)

O terceiro setor

§ 4º Serão classificados como reservas de lucros as contas constituídas pela apropriação de lucros da companhia.

§ 5º As ações em tesouraria deverão ser destacadas no balanço como dedução da conta do Patrimônio Líquido que registrar a origem dos recursos aplicados em sua aquisição. (Brasil, 1976)

A disposição do Patrimônio Líquido de uma entidade, como se apresenta em um Balanço Patrimonial, pode ser observado da seguinte forma:

Figura 11.4 – *Esquematização do Patrimônio Líquido, segundo a Lei n. 6404/1976*

	20x1	20x0
PATRIMÔNIO LÍQUIDO		
Capital Social		
Outras Reservas		
Ajustes de Avaliação Patrimonial		
Lucro ou Prejuízo Acumulado		

Ingressando, outrossim, nas disposições sobre as contas de resultado e de escrituração da Demonstração dos Resultados do Exercício, o art. 187 da Lei n. 6.404/1976 dispõe:

Art. 187. A demonstração do resultado do exercício discriminará:
I – a receita bruta das vendas e serviços, as deduções das vendas, os batimentos e os impostos;
II – a receita líquida das vendas e serviços, o custo das mercadorias e serviços vendidos e o lucro bruto;
III – as despesas com as vendas, as despesas financeiras, deduzidas das receitas, as despesas gerais e administrativas, e outras despesas operacionais;
IV – o lucro ou prejuízo operacional, as outras receitas e as outras despesas; (Redação dada pela Lei nº 11.941, de 2009)
V – o resultado do exercício antes do Imposto sobre a Renda e a provisão para o imposto;

VI – *as participações de debêntures, empregados, administradores e partes beneficiárias, mesmo na forma de instrumentos financeiros, e de instituições ou fundos de assistência ou previdência de empregados, que não se caracterizem como despesa; (Redação dada pela Lei nº 11.941, de 2009)*

VII – *o lucro ou prejuízo líquido do exercício e o seu montante por ação do capital social.*

§ 1º Na determinação do resultado do exercício serão computados:

a) as receitas e os rendimentos ganhos no período, independentemente da sua realização em moeda; e

b) os custos, despesas, encargos e perdas, pagos ou incorridos, correspondentes a essas receitas e rendimentos. (Brasil, 1976)

A disposição das contas de resultado de uma entidade, como se apresenta em uma Demonstração do Resultado do Exercício, pode ser ilustrado conforme a Figura 11.5:

Figura 11.5 – Esquematização da Demonstração do Resultado do Exercício

	20x1	20x0
RECEITA BRUTA		
(–) Deduções		
(–) Devoluções		
(–) Abatimentos		
(–) Descontos Incondicionais Concedidos		
(–) ISS sobre Vendas		
(–) ICMS sobre Vendas		
(–) PIS e COFINS sobre Vendas		
(=) RECEITA OPERACIONAL LIQUIDA		
(–) Custo de Vendas ou Serviços		
(=) RESULTADO OPERACIONAL BRUTO		
(–) Despesas com vendas		
(–) Despesas gerais ou administrativas		

(continua)

(Figura 11.5 - conclusão)

(–) Outras despesas operacionais		
(+) Outras receitas operacionais		
(–) Despesas financeiras		
(+) Receitas financeiras		
(=) **RESULTADO OPERACIONAL LIQUIDO**		
(+) Outras receitas		
(–) Outras despesas		
(=) **RESULTADO ANTES DO IR E CSLL**		
(–) CSLL ou despesa com provisão para CSLL		
(–) Despesa com provisão de imposto de renda		
(=) **RESULTADO APÓS O IMPOSTO DE RENDA**		
(–) Despesas com participações societárias sobre o lucro		
(=) **RESULTADO LÍQUIDO DO EXERCÍCIO**		

Tratadas as noções gerais sobre a contabilidade, comentaremos a contabilidade específica das entidades sem fins lucrativos.

11.2 Contabilidade das entidades sem fins lucrativos

Primeiramente, cabe uma contextualização do tema para situar o leitor da necessidade de uma contabilização específica para as entidades do terceiro setor.

Contextualização da contabilidade das entidades sem fins lucrativos

O Conselho Federal de Contabilidade, atento às alterações sociais e às peculiaridades das entidades sem fins lucrativos, foi forçado a se mobilizar para atender à congruência de suas normas contábeis internacionais. A seguir, transcrevemos do *Manual de Procedimentos para o Terceiro Setor: aspectos de gestão e contabilidade das entidades de interesse social*:

Em 2007, o Brasil deu o passo definitivo para o processo de convergência de suas normas contábeis aos padrões internacionais de contabilidade, com a edição da Lei n.º 11.638 que alterou a já mencionada Lei n.º 6.404/1976. Posteriormente também foi editada a Lei n.º 11.941/2009, que imprimiu mais força à consolidação desse processo. O Conselho Federal de Contabilidade (CFC), enquanto entidade reguladora brasileira de normas contábeis, iniciou ainda no ano de 2008 uma etapa continuada de adoção das normas internacionais de contabilidade por meio da edição de Resoluções com base nos Pronunciamentos emitidos pelo Comitê de Pronunciamentos Contábeis (CPC). Entre as inúmeras Resoluções editadas pelo CFC, destaca-se a Resolução n.º 1.305/2010 que aprovou a NBC TG 07 e, dessa forma, regulamentou o tratamento contábil da Subvenção e da Assistência Governamentais em processo definitivo de convergência aos padrões internacionais de contabilidade. Esta norma substituiu a Resolução CFC n.º 1.026/2005, abrindo os caminhos para as normas contábeis específicas para as entidades sem finalidades de lucro. Nessa Resolução estão apresentadas definições, regras e procedimentos de contabilização e controle para as subvenções e para as doações realizadas pelo Poder Público, mas que são perfeitamente aplicáveis às doações de fontes privadas. Nesse movimento para a regulação contábil específica no Brasil para as entidades sem finalidade de lucro, o Conselho Federal de Contabilidade deu o passo definitivo, desta vez já dentro do processo de convergência aos padrões internacionais de contabilidade. Mais precisamente a partir de 21/9/2012, o Conselho Federal de Contabilidade, visando consolidar e integrar as resoluções e normas que tratavam das entidades de interesse social, aprovou a Interpretação Técnica ITG 2002 – Entidades Sem Finalidade de Lucros, cujo objetivo é estabelecer critérios e procedimentos contábeis específicos para entidades do Terceiro Setor (fundações e associações), no âmbito das normas internacionais de contabilidade. (CFC, 2015b, p. 31)

A seguir, estudaremos a Interpretação Técnica 2002 (CFC, 2015a).

*ITG 2002 para a elaboração das demonstrações
contábeis das entidades sem fins lucrativos*

O estudo dessa norma contábil será dividido, com fins didáticos, nos seguintes tópicos: a) alcance da aplicação da Interpretação Técnica Geral 2002; b) reconhecimento das receitas; c) disposições específicas das demonstrações contábeis das entidades sem fins lucrativos.

Com relação às demonstrações contábeis, serão estudados somente o Balanço Patrimonial e a demonstração dos resultados do exercício, sendo que o aprofundamento nessa seara foge ao escopo do presente trabalho.

Alcance da ITG 2002

Segundo essa normativa,

> *"a entidade sem fins lucrativos pode ser constituída sob a natureza jurídica de fundação de direito privado, associação, organização social, organização religiosa, partido político e entidade sindical".* Elas podem exercer atividades como *"as de assistência social, saúde, educação, técnico-científica, esportiva, religiosa, política, cultural, beneficente, social e outras, administrando pessoas, coisas, fatos e interesses coexistentes, e coordenados em torno de um patrimônio com finalidade comum ou comunitária".* (CFC, 2015a, itens 2-3)

Segundo a ITG 2002, aplicam-se às entidades sem fins lucrativos os princípios básicos da contabilidade, como: a) entidade, b) continuidade, c) oportunidade, d) registro pelo valor original, e e) competência.

Entende-se por **princípio da entidade** o reconhecimento do patrimônio como objeto da contabilidade segundo sua autonomia patrimonial, além da necessidade da diferenciação de um patrimônio particular na gama dos patrimônios existentes, independentemente de pertencer a uma pessoa, um conjunto de pessoas, uma sociedade ou instituição de qualquer natureza ou finalidade, com ou sem fins lucrativos. Por consequência, nessa acepção, o patrimônio não se confunde com aqueles das pessoas físicas que a compõem. (CFC, 1993a, art. 4º da Resolução n. 750).

O **princípio da continuidade** pressupõe que a entidade continuará em operação no futuro e, portanto, a mensuração e a apresentação dos componentes do patrimônio levam em conta essa circunstância (CFC, 1993a, art. 5º da Resolução n. 750).

Pelo princípio da oportunidade, preconiza-se que, no processo de mensuração e apresentação dos componentes patrimoniais, é necessário produzir informações íntegras e tempestivas (CFC, 1993a, art. 6º da Resolução n. 750).

Já pelo princípio do registro pelo valor original (CFC, 1993a, art. 7º da Resolução n. 750), os componentes do patrimônio devem ser inicialmente registrados pelos valores originais das transações, expressos em moeda nacional. Uma vez integrados ao patrimônio, os componentes patrimoniais, ativos e passivos podem sofrer variações decorrentes dos seguintes fatores:

Custo histórico

6.4. A mensuração ao custo histórico fornece informações monetárias sobre ativos, passivos e respectivas receitas e despesas, utilizando informações derivadas, pelo menos em parte, do preço da transação ou outro evento que deu origem a eles.

[...]

Custo corrente:

6.21. O custo corrente de ativo é o custo de ativo equivalente na data de mensuração, compreendendo a contraprestação que seria paga na data de mensuração mais os custos de transação que seriam incorridos nessa data. O custo corrente de passivo é a contraprestação que seria recebida pelo passivo equivalente na data de mensuração menos os custos de transação que seriam incorridos nessa data. Custo corrente, como custo histórico, é o valor de entrada: reflete preços no mercado em que a entidade adquiriria o ativo ou incorreria no passivo. Assim, é diferente do valor justo, valor em uso e valor de cumprimento, que são valores de saída. Contudo, diferentemente de custo histórico, custo corrente reflete condições na data de mensuração.

> [...]
> Valor justo.
> 6.32. As informações fornecidas mensurando ativos e passivos ao valor justo podem ter valor preditivo porque o valor justo reflete as atuais expectativas dos participantes do mercado sobre o valor, época e incerteza de fluxos de caixa futuros. Essas expectativas são precificadas de modo que reflitam as atuais preferências de risco dos participantes do mercado. Essas informações também podem ter valor confirmatório, fornecendo feedback sobre expectativas anteriores.
> [...]
> Valor em uso e valor de cumprimento
> 6.37. O valor em uso fornece informações sobre o valor presente dos fluxos de caixa estimados do uso de ativo e de sua alienação final. Essas informações podem ter valor preditivo porque podem ser utilizadas ao avaliar as perspectivas de futuros fluxos de entrada de caixa líquidos.
> 6.38. O valor de cumprimento fornece informações sobre o valor presente dos fluxos de caixa estimados necessários para satisfazer o passivo. Assim, o valor de cumprimento pode ter valor preditivo, particularmente se a obrigação for cumprida, em vez de transferida ou liquidada por negociação. (CFC, 2019)

Pelo regime da competência, determina-se que os efeitos das transações e outros eventos sejam reconhecidos nos períodos a que se referem, independentemente do recebimento ou pagamento (CFC, 2019, item 1.17). O regime da competência pressupõe a simultaneidade da confrontação de receitas e de despesas correlatas. (CFC, 2019, item 5.5)

A ITG 2002 continua discorrendo sobre seu alcance, fixando a aplicação subsidiária NBC TG 1000 – Contabilidade para Pequenas e Médias Empresas ou as normas completas (IFRS completas) "naqueles aspectos não abordados por esta Interpretação" (CFC, 2015a, item 4).

O item 5 da ITG 2002 exclui expressamente seu alcance aos "Conselhos Federais, Regionais e Seccionais de profissões liberais, criados por lei federal, de inscrição compulsória, para o exercício legal da profissão" (CFC, 2015a).

Por fim, os itens 6 e 7 da ITG 2002 confere seu alcance nas seguintes hipóteses:

> 6. *Esta Interpretação aplica-se às pessoas jurídicas de direito privado sem finalidade de lucros, especialmente entidade imune, isenta de impostos e contribuições para a seguridade social, beneficente de assistência social e atendimento aos Ministérios que, direta ou indiretamente, têm relação com entidades sem finalidade de lucros e, ainda, Receita Federal do Brasil e demais órgãos federais, estaduais e municipais.*
>
> 7. *Esta Interpretação aplica-se também à entidade sindical, seja confederação, central, federação e sindicato; a qualquer associação de classe; às outras denominações que possam ter, abrangendo tanto a patronal como a de trabalhadores.* (CFC, 2015a)

Feitas as considerações sobre o alcance da ITG 2002, passaremos às regras de reconhecimento das receitas e despesas, para fins do art. 14, inciso III, do Código Tributário Nacional.

Reconhecimento de receitas e despesas segundo o ITG 2002

Iniciando a abordagem do reconhecimento das receitas e despesas, a ITG 2002 vincula esse reconhecimento ao regime de competência (CFC, 2015a, item 8). O regime de competência, já foi aqui abordado. Essa providência é necessária, inclusive, para a elaboração das demonstrações contábeis que serão analisadas posteriormente.

Houve também a preocupação de regular o reconhecimento de doações e subvenções (CFC, 2015a, item 9), em que a ITG 2002 obriga seu reconhecimento no resultado, obedecendo-se à norma "NBC TG 07 – Subvenção e Assistência Governamentais". No entanto, quanto às subvenções, a norma estabelece que somente se aplica a NBC TG 07 para subvenções em caráter particular (CFC, 2015a, item, 8), excluindo sua aplicação para o reconhecimento das imunidades como subvenção, não devendo, neste último caso, seu reconhecimento no resultado do exercício (CFC, 2015a, item, 8).

A NBC TG 07, aprovada pela Resolução CFC n. 1.305, de 25 de novembro de 2010, para as doações e subvenções concedidas em caráter particular, deve ser aplicada, sendo que se destacam, inclusive para fins de doação, as regras inseridas nos seus itens 12 e 15:

> *12. Uma subvenção governamental deve ser reconhecida como receita ao longo do período e confrontada com as despesas que pretende compensar, em base sistemática, desde que atendidas as condições desta Norma. A subvenção governamental não pode ser creditada diretamente no Patrimônio Líquido.*
> *[...]*
> *15. O tratamento contábil da subvenção governamental como receita deriva dos seguintes principais argumentos:*
> *(a) uma vez que a subvenção governamental é recebida de uma fonte que não os acionistas e deriva de ato de gestão em benefício da entidade, não deve ser creditada diretamente no Patrimônio Líquido, mas, sim, reconhecida como receita nos períodos apropriados;*
> *(b) subvenção governamental raramente é gratuita. A entidade ganha efetivamente essa receita quando cumpre as regras das subvenções e cumpre determinadas obrigações. A subvenção, dessa forma, deve ser reconhecida como receita na demonstração do resultado nos períodos ao longo dos quais a entidade reconhece os custos relacionados à subvenção que são objeto de compensação;*
> *(c) assim como os tributos são despesas reconhecidas na demonstração do resultado, é lógico registrar a subvenção governamental que é, em essência, uma extensão da política fiscal, como receita na demonstração do resultado.* (CFC, 2010)

A ITG 2002 também estabelece as seguintes regras para o reconhecimento de receitas e despesas:

> *10. Os registros contábeis devem evidenciar as contas de receitas e despesas, com e sem gratuidade, superávit ou déficit, de forma segregada,*

identificáveis por tipo de atividade, tais como educação, saúde, assistência social e demais atividades.

11. Enquanto não atendidos os requisitos para reconhecimento no resultado, a contrapartida da subvenção, de contribuição para custeio e investimento, bem como de isenção e incentivo fiscal registrados no ativo, deve ser em conta específica do passivo.

12. As receitas decorrentes de doação, contribuição, convênio, parceria, auxílio e subvenção por meio de convênio, editais, contratos, termos de parceira e outros instrumentos, para aplicação específica, mediante constituição, ou não, de fundos, e as respectivas despesas devem ser registradas em contas próprias, inclusive as patrimoniais, segregadas das demais contas da entidade.

13. Os benefícios concedidos pela entidade sem finalidade de lucros a título de gratuidade devem ser reconhecidos de forma segregada, destacando-se aqueles que devem ser utilizados em prestações de contas nos órgãos governamentais[a];.

[...]

15. O valor do superávit ou déficit deve ser incorporado ao Patrimônio Social. O superávit, ou parte de que tenha restrição para aplicação, deve ser reconhecido em conta específica do Patrimônio Líquido.

16. O benefício concedido como gratuidade por meio da prestação de serviços deve ser reconhecido pelo valor efetivamente praticado.

17. Os registros contábeis devem ser segregados de forma que permitam a apuração das informações para prestação de contas exigidas por entidades governamentais, aportadores, reguladores e usuários em geral[b].

18. A dotação inicial disponibilizada pelo instituidor/fundador em ativo monetário ou não monetário, no caso das fundações, é considerada doação patrimonial e reconhecida em conta do patrimônio social.

||||||||||||||||||||||||||

a. Essa disposição será muito importante para as instituições de ensino imunes que oferecem bolsas de estudo.

b. Essa disposição é muito importante para os auditores fiscais que necessitam de demonstrativos que reconheçam corretamente as receitas e despesas.

19. *O trabalho voluntário, inclusive de membros integrantes dos órgãos da administração, no exercício de suas funções, deve ser reconhecido pelo valor justo da prestação do serviço como se tivesse ocorrido o desembolso financeiro.* (CFC, 2015a)

Passaremos, agora, a apresentar as demonstrações contábeis em espécie, o Balanço Patrimonial e a demonstração do resultado do exercício.

Demonstrações contábeis obrigatórias das entidades sem fins lucrativos

A ITG 2002 obriga a elaboração das seguintes demonstrações: Balanço Patrimonial, a Demonstração do Resultado do Período, a Demonstração das Mutações do Patrimônio Líquido, a Demonstração dos Fluxos de Caixa e as Notas Explicativas (CFC, 2015a). Neste livro, no entanto, abordaremos somente o Balanço Patrimonial, a Demonstração do Resultado do Período e as notas explicativas.

Quanto ào Balanço Patrimonial, a denominação da conta *Capital Social* deve ser substituída por *Patrimônio Social*, integrante do grupo *Patrimônio Líquido*. No Balanço Patrimonial e nas Demonstrações do Resultado do Período, as palavras *lucro* ou *prejuízo* devem ser substituídas por *superávit* ou *déficit* do período.

A ITG 2002, em seu item 24, estabelece que na Demonstração do Resultado do Período, "devem ser destacadas as informações de gratuidade concedidas e serviços voluntários obtidos, e divulgadas em notas explicativas por tipo de atividade" (CFC, 2015a).

No que se refere às notas explicativas, a ITG 2002, estabelece a obrigatoriedade do fornecimento das seguintes informações:

(a) contexto operacional da entidade, incluindo a natureza social e econômica e os objetivos sociais;

(b) os critérios de apuração da receita e da despesa, especialmente com gratuidade, doação, subvenção, contribuição e aplicação de recursos;

(c) relação dos tributos objeto de renúncia fiscal;

(d) as subvenções recebidas pela entidade, a aplicação dos recursos e as responsabilidades decorrentes dessas subvenções;

(e) os recursos de aplicação restrita e as responsabilidades decorrentes de tais recursos;

(f) os recursos sujeitos a restrição ou vinculação por parte do doador;

(g) eventos subsequentes à data do encerramento do exercício que tenham, ou possam vir a ter, efeito relevante sobre a situação financeira e os resultados futuros da entidade;

(h) as taxas de juros, as datas de vencimento e as garantias das obrigações em longo prazo;

(i) informações sobre os seguros contratados;

(j) a entidade educacional de ensino superior deve evidenciar a adequação da receita com a despesa de pessoal, segundo parâmetros estabelecidos pela Lei das Diretrizes e Bases da Educação e sua regulamentação;

(k) os critérios e procedimentos do registro contábil de depreciação, amortização e exaustão do ativo imobilizado, devendo ser observado a obrigatoriedade do reconhecimento com base em estimativa de sua vida útil;

(l) segregar os atendimentos com recursos próprios dos demais atendimentos realizados pela entidade;

(m) todas as gratuidades praticadas devem ser registradas de forma segregada, destacando aquelas que devem ser utilizadas na prestação de contas nos órgãos governamentais, apresentando dados quantitativos, ou seja, valores dos benefícios, número de atendidos, número de atendimentos, número de bolsistas com valores e percentuais representativos;

(n) a entidade deve demonstrar, comparativamente, o custo e o valor reconhecido quando este valor não cobrir os custos dos serviços prestados. (CFC, 2015a)

Feitas essas considerações, apresentamos um modelo de Balanço Patrimonial de uma entidade sem fins lucrativos segundo a ITG 2002:

Figura 11.6 – Modelo de Balanço Patrimonial, segundo a ITG 2002

	20x1	20x0
ATIVO		
Circulante		
Caixa e Equivalentes de Caixa		
Caixa		
Banco C/Movimento – Recursos sem Restrição		
Banco C/Movimento – Recursos com Restrição		
Aplicações Financeiras – Recursos sem Restrição		
Aplicações Financeiras – Recursos com Restrição		
Créditos a Receber		
Mensalidades de Terceiros		
Atendimentos Realizados		
Adiantamentos a Empregados		
Adiantamentos a Fornecedores		
Recursos de Parcerias em Projetos		
Tributos a Recuperar		
Despesas Antecipadas		
Estoques		
Produtos Próprios para Venda		
Produtos Doados para Venda		
Almoxarifado / Material de Expediente		
Não Circulante		
Realizável a Longo Prazo		
Aplicações Financeiras – Recursos sem Restrição		
Aplicações Financeiras – Recursos com Restrição		
Valores a Receber		
Investimentos		
Investimentos Permanentes		
Imobilizado		
Bens sem Restrição		
Bens com Restrição		

(continua)

(Figura 11.6 – conclusão)

	20x1	20x0
ATIVO		
(–) Depreciação Acumulada		
Intangível		
Direitos de Uso de Softwares		
Direitos de Autor e de Marcas		
(–) Amortização Acumulada		

	20x1	20x0
PASSIVO + PATRIMÔNIO LÍQUIDO		
Circulante		
Fornecedores de bens e serviços		
Obrigações com Empregados		
Obrigações Tributárias		
Empréstimos e Financiamentos a Pagar		
Recursos de Projetos em Execução		
Recursos de Convênios em Execução		
Subvenções e Assistências Governamentais a Realizar		
Não Circulante		
Empréstimos e Financiamentos a Pagar		
Recursos de Projetos em Execução		
Recursos de Convênios em Execução		
Subvenções e Assistências Governamentais a Realizar		
PATRIMÔNIO LÍQUIDO		
Patrimônio Social		
Outras Reservas		
Ajustes de Avaliação Patrimonial		
Superávit ou Déficit Acumulado		

A ITG também estabelece um modelo de Demonstração do Resultado do Período, como a seguir demonstramos:

Figura 11.7 – Modelo de Demonstração do Resultado do Exercício, segundo a ITG 2002.

	20x1	20x0
RECEITAS OPERACIONAIS		
Com Restrição		
Programa (Atividades) de Educação		
Programa (Atividades) de Saúde		
Programa (Atividades) de Assistência Social		
Programa (Atividades) de Direitos Humanos		
Programa (Atividades) de Meio Ambiente		
Outros Programas (Atividades)		
Gratuidades		
Trabalho Voluntário		
Rendimentos Financeiros		
Sem Restrição		
Receitas de Serviços Prestados		
Contribuições e Doações Voluntárias		
Ganhos na Venda de Bens		
Rendimentos Financeiros		
Outros Recursos Recebidos		
CUSTOS E DESPESAS OPERACIONAIS		
Com Programas (Atividades)		
Educação		
Saúde		
Assistência Social		
Direitos Humanos		
Meio Ambiente		
Gratuidades Concedidas		
Trabalho Voluntário		
RESULTADO BRUTO		
DESPESAS OPERACIONAIS		
Administrativas		
Salários		
Encargos Sociais		

(continua)

(Figura 11.7 – conclusão)

	20x1	20x0
Impostos e Taxas		
Aluguéis		
Serviços Gerais		
Manutenção		
Depreciação e Amortização		
Perdas Diversas		
Outras despesas/receitas operacionais		
OPERAÇÕES DESCONTINUADAS (LÍQUIDO)		
SUPERÁVIT/DÉFICIT DO PERÍODO		

Notem as alterações ao comparar com as demonstrações oriundas da Lei n. 6.404/1976, com as adequações determinadas pela ITG 2002.

11.3 Considerações finais sobre a contabilidade do terceiro setor

Apesar de muitos entenderem que as normas contábeis oriundas do Conselho Federal de Contabilidade não têm efeito normativo amplo, os dois principais marcos regulatórios do terceiro setor imbuem da necessidade de sua observância.

A Lei n. 9.790/1999, em seu art. 4º, inciso VII, alínea "a" vincula as normas contábeis para a prestação de contas, a saber:

> *Art. 4º Atendido o disposto no art. 3º, exige-se ainda, para qualificarem-se como Organizações da Sociedade Civil de Interesse Público, que as pessoas jurídicas interessadas sejam regidas por estatutos cujas normas expressamente disponham sobre:*
> *[...]*
> *VII – as normas de prestação de contas a serem observadas pela entidade, que determinarão, no mínimo:*
> *a) a observância dos princípios fundamentais de contabilidade e das Normas Brasileiras de Contabilidade;* (Brasil, 1999b)

O terceiro setor 341

A Lei n. 13.019, de 31 de julho de 2014, em seu art. 33. Inciso IV, dispõe que:

> *Art. 33. Para celebrar as parcerias previstas nesta Lei, as organizações da sociedade civil deverão ser regidas por normas de organização interna que prevejam, expressamente: (Redação dada pela Lei nº 13.204, de 2015)*
> *[...]*
> *IV – escrituração de acordo com os princípios fundamentais de contabilidade e com as Normas Brasileiras de Contabilidade; (Redação dada pela Lei nº 13.204, de 2015).* (Brasil, 2014b)

Também deverá ser amplamente afirmado que não atenderá os requisitos do art. 9º e 14 do Código Tributário Nacional, caso não haja a adoção da ITG 2002, sujeitando a entidade infratora a suspensão do gozo da imunidade tributária.

Portanto, é basilar a importância da norma contábil estudada, sendo obrigatória sua observância.

Considerações finais

As entidades do terceiro setor, por seu potencial de atuação como espelho de uma sociedade organizada, alcançaram considerável destaque na participação dos rumos estratégicos brasileiros. Esse cenário foi percebido em momento contemporâneo à Constituição Federativa de 1988, com a garantia à liberdade de associação para fins lícitos e a independência concedida, em que a interferência estatal em seu funcionamento foi vedada, conforme o art. 5º, inciso XVIII da Constituição Federal (Brasil, 1988).

Somente na década de 1990, contudo, é que a força dessas organizações foi realmente notada, o que culminou na edição da Lei n. 9.790/1999, Lei das Oscips, realçando o caráter de interesse público dessas instituições privadas (Brasil, 1999b). Esse foi um avanço considerável que proporcionou mais agilidade e eficiência aos serviços de interesse público.

Esse ambiente propiciou o desenvolvimento de parcerias e um ganho de resultados impossível no regime clássico de acesso a financiamentos públicos. Houve uma otimização de resultados e uma economia de capital, sem falar no aproveitamento do tempo despendido. Nunca se viu a reunião de tantas vantagens proporcionadas por medidas tão simples, em que só houve uma desburocratização por meio da desestatização da pesquisa de base.

O que não pode ocorrer é a inversão desse caminho vencedor. Em vez de fomentar o surgimento de novos agentes de desenvolvimento no terceiro setor, proporciona-se um retrocesso e uma "autarquização" de entidades cruciais encarregadas de desenvolver esse processo. Atualmente, a desburocratização é necessária, pois não há como desenvolver tecnologias onde não existe um sistema ágil de fomento à pesquisa. Muitas vezes, essa tecnologia pode se tornar obsoleta durante o período de uma licitação.

Essa postura restritiva foi desencadeada por um equivocado entendimento: uma atividade de captação de recursos para o desenvolvimento de projetos desvirtuaria a identidade do terceiro setor. Ser não governamental não impede que uma organização busque financiamento público ou privado para a consecução de seus objetivos. A existência de investimentos oficiais não interfere em sua natureza, pois o que a caracteriza é seu objetivo social e suas consequentes finalidades.

O fato de se obrigar a prestar contas ao Poder Público quando este financiar projetos, conforme o art. 70, *caput* da Constituição Federal de 1988, não interfere na autonomia das entidades do terceiro setor, pois, se assim fosse, uma empresa que tomasse dinheiro público para o desenvolvimento de um projeto seria mitigada igualmente em sua autonomia, o que não ocorre. É necessário mencionar novamente o art. 5º, XVIII, da Constituição Federal vigente.

As organizações do terceiro setor não devem assumir somente o papel filantrópico, mas também devem se preparar para participar da construção de novos rumos e lutar pela busca do êxito nacional, qualquer que seja sua esfera. A parceria entre essas organizações e o Poder Público é estratégica também porque ambos devem almejar o interesse coletivo se qualquer deles praticar os fins a que se destinam. O eventual receio frente a agilidade de sistemas não significa que o Estado deva absorver as organizações do terceiro setor, sob pena de ferir a própria Constituição.

Essas considerações são válidas não só no âmbito federal, mas também em estados e municípios. Absorver as organizações do terceiro setor exigindo que se enquadrem nos estritos moldes institucionais das entidades estatais pode ser um erro. Essa situação acarretará uma perda de eficiência, uma desvantagem no quesito financeiro, bem como um obstáculo ao ágil desenvolvimento sustentável (Freitas, 2000).

Para alcançar o objetivo almejado – desenvolvimento com interesse público –, há de se aplicar o binômio eficácia *versus* oneração com transparência. O sistema estatal passa por uma crise e necessita de parceiros que tenham interesses compatíveis com seus propósitos. Nesse sentido, deve ser norteada a atuação do terceiro setor.

As novas disposições da Lei n. 13.800/2019 e da Portaria n. 5.918/2019 do Ministério da Ciência, Tecnologia e Inovações e Comunicações (MCTIC) são uma nova onda para a atuação do terceiro setor, propiciando financiamentos de longo prazo para que as pesquisas ocorram e para que os centros tecnológicos e educacionais alcancem seu ponto de destaque, mediante financiamento privado de fundos patrimoniais nos moldes do que é mundialmente conhecido como *endowments* (Brasil, 2019a; 2019d).

A busca por sistemas mais ágeis e permanentes para sedimentar resultados deve ser cuidadosamente planejada. Isso não se alcançará com a extinção das parcerias firmadas, mas, sim, com a execução de projetos coerentes com as expectativas da sociedade. Prestar contas das verbas a serem empregadas em projetos não significa ingerência estatal em seu funcionamento interno, mas, em verdade, a obediência aos princípios da legalidade, da impessoalidade, da moralidade, da publicidade, da economicidade e da eficiência, sempre tomando como base uma interpretação, conforme a realidade dos fatos, a finalidade coletiva e, principalmente, com inteligência[a]. Ultrapassar esses limites poderá configurar um desvio de finalidade, tendo em vista o impasse à otimização do desenvolvimento nacional sustentável.

Com efeito, nesta segunda edição, foram feitas algumas inclusões que merecem destaque. A primeira delas foi o detalhamento da imunidade tributária. As instituições que gozam de imunidade tributária necessitam voltar sua atuação ao interesse coletivo e não adotá-la

---

a. "Deve o direito ser interpretado inteligentemente: não de modo que a ordem legal envolva um absurdo, prescreva inconveniências, vá ter conclusões inconsistentes ou impossíveis" (Maximiliano, 1957, p. 210).

meramente como uma forma de planejamento de governança em detrimento da finalidade constitucional do benefício. Enfim, a desoneração deve corresponder a uma contrapartida socialmente relevante, uma vez que não é um preceito absoluto.

Outra inclusão foi a contabilidade do terceiro setor. A pura e simples aplicação da lei das sociedades anônimas não atende ao escopo das entidades sem fins lucrativos, como bem reconhece o Conselho Federal de Contabilidade (CFC). Assim, oferecemos ao leitor um roteiro para a escrituração contábil, detalhando a norma contábil respectiva, qual seja, a ITG 2002.

Por fim, nosso intuito ao produzir este material foi oferecer ao leitor uma obra robusta sobre o tema, reunindo, em um único livro, os principais roteiros para o terceiro setor, oferecendo noções para a constituição das entidades, seu funcionamento, a correta escrituração contábil e a correta elaboração dos projetos básicos e planos de trabalho para as mais diversas parcerias, bem como todas as informações atuais sobre o setor.

Referências

AGÊNCIA ESPACIAL BRASILEIRA. **MCTIC assina sete termos de apoio a fundos patrimoniais e endowment**. 5 jun. 2020. Disponível em: <https://www.gov.br/aeb/pt-br/assuntos/noticias/mctic-assina-sete-termos-de-apoio-a-fundos-patrimoniais-e-endowment>. Acesso em: 29 dez. 2021.

ALVES, F. de A. **Fundações, organizações sociais, agências executivas**: organizações da sociedade civil de interesse público e demais modalidades de prestação de serviços públicos. São Paulo: LTr, 2000.

BALEEIRO, A. **Direito tributário brasileiro**. 12. ed. Rio de Janeiro: Forense, 2013.

BARROSO, L. R. **Curso de direito constitucional contemporâneo**. São Paulo: Saraiva, 2009.

BARROSO, L. R. **Interpretação e aplicação da Constituição**: fundamentos de uma dogmática constitucional transformadora. 7. ed. São Paulo: Saraiva, 1996.

BARROSO, L. R.; BARCELLOS, A. P. A nova interpretação constitucional e o papel dos princípios no direito brasileiro. **Revista de Direito da Procuradoria Geral**, Rio de Janeiro, v. 57, 2003.

BETIOLI, A. B. **Introdução ao direito**. 5. ed. São Paulo: Letras & Letras, 1995.

BRASIL. Constituição (1946). **Diário Oficial da União**, Brasília, DF, 19 set. 1946. Disponível em: <http://www.planalto.gov.br/ccivil_03/constituicao/constituicao46.htm>. Acesso em: 28 dez. 2021.

BRASIL. Constituição (1988). **Diário Oficial da União**, Poder Legislativo, Brasília, DF, 5 out. 1988. Disponível em: <http://www.planalto.gov.br/ccivil_03/constituicao/constituicao.htm>. Acesso em: 17 dez. 2021.

BRASIL. Constituição (1988). Emenda Constitucional n. 8, de 15 de agosto de 1995. **Diário Oficial da União**, Poder Legislativo, Brasília, DF, 16 ago. 1995a. Disponível em: <http://www.planalto.gov.br/ccivil_03/constituicao/emendas/emc/emc08.htm>. Acesso em: 25 dez. 2021.

BRASIL. Constituição (1988). Emenda Constitucional n. 9, de 9 de novembro de 1995. **Diário Oficial da União**, Poder Legislativo, Brasília, DF, 10 nov. 1995b. Disponível em:<http://www.planalto.gov.br/ccivil_03/constituicao/emendas/emc/emc09.htm>. Acesso em: 25 dez. 2021.

BRASIL. Constituição (1988). Emenda Constitucional n. 19, de 4 de junho de 1998. **Diário Oficial da União**, Brasília, DF, 5 jun. 1998a. Disponível em: <http://www.planalto.gov.br/ccivil_03/Constituicao/Emendas/Emc/emc19.htm>. Acesso em: 28 dez. 2021.

BRASIL. Consultoria Geral da República. Parecer n. 24, de 23 de janeiro de 1991. **Diário Oficial da União**, Brasília, DF, 25 jan. 1991a. Disponível em: <http://www.fiscosoft.com.br/indexsearch.php?PID=5423>. Acesso em: 28 dez. 2021.

BRASIL. Decreto de 29 de julho de 1998. **Diário Oficial da União**, Poder Executivo, Brasília, DF, 30 jul. 1998b. Disponível em: <https://www.planalto.gov.br/ccivil_03/dnn/anterior%20a%202000/1998/dnn7076.htm>. Acesso em: 28 dez. 2021.

BRASIL. Decreto n. 949, de 5 de outubro de 1993. **Diário Oficial da União**, Poder Executivo, Brasília, DF, 6 out. 1993a. Disponível em: <http://www.planalto.gov.br/ccivil_03/decreto/antigos/d949.htm>. Acesso em: 23 dez. 2021.

BRASIL. Decreto n. 2.487, de 2 de fevereiro de 1998. **Diário Oficial da União**, Poder Executivo, Brasília, DF, 4 fev. 1998c. Disponível em: <http://www.planalto.gov.br/ccivil_03/decreto/D2487.htm>. Acesso em: 25 dez. 2021.

BRASIL. Decreto n. 2.488, de 2 de fevereiro de 1998. **Diário Oficial da União**, Poder Executivo, Brasília, DF, 4 fev. 1998d. Disponível em: <http://www.planalto.gov.br/ccivil_03/decreto/D2488.htm>. Acesso em: 25 dez. 2021.

BRASIL. Decreto n. 2.536, de 6 de abril de 1998. **Diário Oficial da União**, Poder Executivo, Brasília, DF, 7 abr. 1998e. Disponível em: <http://www.planalto.gov.br/ccivil_03/decreto/D2536.htm>. Acesso em: 23 dez. 2021.

BRASIL. Decreto n. 3.100, de 30 de junho de 1999. **Diário Oficial da União**, Poder Executivo, Brasília, DF, 1 jul. 1999a. Disponível em: <http://www.planalto.gov.br/ccivil_03/decreto/d3100.htm>. Acesso em: 23 dez. 2021.

BRASIL. Decreto n. 3.540, de 11 de julho de 2000. **Diário Oficial da União**, Poder Executivo, Brasília, DF, 12 jul. 2000a. Disponível em: <http://www.planalto.gov.br/ccivil_03/decreto/D3540.htm>. Acesso em: 27 dez. 2021.

BRASIL. Decreto n. 8.242, de 23 de maio de 2014. **Diário Oficial da União**, Poder Executivo, Brasília, DF, 26 maio. 2014a. Disponível em: <http://www.planalto.gov.br/ccivil_03/_ato2011-2014/2014/decreto/d8242.htm>. Acesso em: 23 dez. 2021.

BRASIL. Decreto n. 8.726, de 27 de abril de 2016. **Diário Oficial da União**, Poder Executivo, Brasília, DF, 27 abr. 2016a. Disponível em: <http://www.planalto.gov.br/ccivil_03/_ato2015-2018/2016/decreto/d8726.htm>. Acesso em: 26 dez. 2021.

BRASIL. Decreto n. 50.517, de 2 de maio de 1961. **Diário Oficial da União**, Poder Executivo, Brasília, DF, 3 maio 1961. Disponível em: <http://www.planalto.gov.br/ccivil_03/decreto/1950-1969/d50517.htm>. Acesso em: 23 dez. 2021.

BRASIL. Decreto n. 93.872, de 23 de dezembro de 1986. **Diário Oficial da União**, Poder Executivo, Brasília, DF, 26 dez. 1986. Disponível em: <http://www.planalto.gov.br/ccivil_03/decreto/D93872.htm>. Acesso em: 27 dez. 2021.

BRASIL. Decreto-Lei n. 1.598, de 26 de dezembro de 1977. **Diário Oficial da União**, Poder Executivo, Brasília, DF, 27 dez. 1977a. Disponível em:<http://www.planalto.gov.br/ccivil_03/decreto-lei/del1598.htm>. Acesso em: 23 dez. 2021.

BRASIL. Decreto-Lei n. 4.657, de 4 de setembro de 1942. **Diário Oficial da União**, Poder Executivo, Brasília, DF, 6 set. 1942. Disponível em: <http://www.planalto.gov.br/ccivil_03/Decreto-Lei/Del4657.htm>. Acesso em: 26 dez. 2021.

BRASIL. Lei n. 91, de 28 de agosto de 1935. **Diário Oficial da União**, Poder Executivo, Brasília, DF, 29 ago. 1935. Disponível em: <https://www2.camara.leg.br/legin/fed/lei/1930-1939/lei-91-28-agosto-1935-398006-normaatualizada-pl.html>. Acesso em: 23 dez. 2021

BRASIL. Lei n. 4.320, de 17 de março de 1964. **Diário Oficial da União**, Poder Legislativo, Brasília, DF, 18 mar. 1964. Disponível em: <http://www.planalto.gov.br/ccivil_03/leis/l4320.htm>. Acesso em: 28 dez. 2021.

BRASIL. Lei n. 5.172, de 25 de outubro de 1966. **Diário Oficial da União**, Poder Legislativo, Brasília, DF, 27 out. 1966. Disponível em: <http://www.planalto.gov.br/ccivil_03/leis/l5172compilado.htm>. Acesso em: 28 dez. 2021.

BRASIL. Lei n. 6.404, de 15 de dezembro de 1976. **Diário Oficial da União**, Poder Executivo, Brasília, DF, 16 dez. 1976. Disponível em: <http://www.planalto.gov.br/ccivil_03/leis/l6404consol.htm>. Acesso em: 23 dez. 2021.

BRASIL. Lei n. 8.313, de 23 de dezembro de 1991. **Diário Oficial da União**, Poder Executivo, Brasília, DF, 24 dez. 1991b. Disponível em: <http://www.planalto.gov.br/ccivil_03/leis/l8313cons.htm>. Acesso em: 29 dez. 2021.

BRASIL. Lei n. 8.661, de 2 de junho de 1993. **Diário Oficial da União**, Poder Executivo, Brasília, DF, 3 jun. 1993b. Disponível em: <https://legislacao.presidencia.gov.br/atos/?tipo=LEI&numero=8661&ano=1993&ato=a08c3YU5ENFpWTcf1>. Acesso em: 30 dez. 2021.

BRASIL. Lei n. 8.666, de 21 de junho de 1993. **Diário Oficial da União**, Poder Legislativo, Brasília, DF, 22 jun. 1993c. Disponível em: <http://www.planalto.gov.br/ccivil_03/leis/l8666cons.htm>. Acesso em: 23 dez. 2021.

BRASIL. Lei n. 8.958, de 20 de dezembro de 1994. **Diário Oficial da União**, Poder Legislativo, Brasília, DF, 21 dez. 1994. Disponível em: <http://www.planalto.gov.br/ccivil_03/leis/l8958.htm>. Acesso em: 17 dez. 2021.

BRASIL. Lei n. 9.249, de 26 de dezembro de 1995. **Diário Oficial da União**, Poder Executivo, Brasília, DF, 27 dez. 1995c. Disponível em: <http://www.planalto.gov.br/ccivil_03/leis/l9249.htm>. Acesso em: 29 dez. 2021.

BRASIL. Lei n. 9.250, de 26 de dezembro de 1995. **Diário Oficial da União**, Poder Executivo, Brasília, DF, 27 dez. 1995d. Disponível em: <http://www.planalto.gov.br/ccivil_03/leis/l9250.htm>. Acesso em: 29 dez. 2021.

BRASIL. Lei n. 9.532, de 10 de dezembro de 1997. **Diário Oficial da União**, Poder Executivo, Brasília, DF, 11 dez. 1997a. Disponível em:<http://www.planalto.gov.br/ccivil_03/leis/l9532.htm>. Acesso em: 26 dez. 2021.

BRASIL. Lei n. 9.637, de 15 de maio de 1998. **Diário Oficial da União**, Poder Executivo, Brasília, DF, 16 maio 1998f. Disponível em: <http://www.planalto.gov.br/ccivil_03/leis/l9637.htm>. Acesso em: 23 dez. 2021.

BRASIL. Lei n. 9.649, de 27 de maio de 1998. **Diário Oficial da União**, Poder Executivo, Brasília, DF, 28 maio 1998g. Disponível em: <http://www.planalto.gov.br/ccivil_03/leis/l9649compilado.htm>. Acesso em: 25 dez. 2021.

BRASIL. Lei n. 9.790, de 23 de março de 1999. **Diário Oficial da União**, Poder Executivo, Brasília, DF, 24 mar. 1999b. Disponível em: <http://www.planalto.gov.br/ccivil_03/leis/l9790.htm>. Acesso em: 17 dez. 2021.

BRASIL. Lei n. 10.406, de 10 de janeiro de 2002. **Diário Oficial da União**, Poder Legislativo, Brasília, DF, 12 jan. 2002a. Disponível em: <http://www.planalto.gov.br/ccivil_03/leis/2002/L10406compilada.htm>. Acesso em: 17 dez. 2021.

BRASIL. Lei n. 10.539, de 23 de setembro de 2002. **Diário Oficial da União**, Poder Legislativo, Brasília, DF, 25 set. 2002b. Disponível em: <https://www2.camara.leg.br/legin/fed/lei/2002/lei-10539-23-setembro-2002-473118-norma-pl.html>. Acesso em: 23 dez. 2021.

BRASIL. Lei n. 10.637, de 30 de dezembro de 2002. **Diário Oficial da União**, Poder Executivo, Brasília, DF, 31 dez. 2002c. Disponível em: <http://www.planalto.gov.br/ccivil_03/leis/2002/l10637.htm>. Acesso em: 28 dez. 2021.

BRASIL. Lei n. 11.788, de 25 de setembro de 2008. **Diário Oficial da União**, Poder Legislativo, Brasília, DF, 26 set. 2008a. Disponível em: <http://www.planalto.gov.br/ccivil_03/_ato2007-2010/2008/lei/l11788.htm>. Acesso em: 28 dez. 2021.

BRASIL. Lei n. 13.019, de 31 de julho de 2014. **Diário Oficial da União**, Poder Executivo, Brasília, DF, 1 ago. 2014b. Disponível em: <http://www.planalto.gov.br/ccivil_03/_ato2011-2014/2014/lei/l13019.htm>. Acesso em: 23 dez. 2021.

BRASIL. Lei n. 13.105, de 16 de março de 2015. **Diário Oficial da União**, Poder Legislativo, Brasília, DF, 17 mar. 2015a. Disponível em: <http://www.planalto.gov.br/ccivil_03/_ato2015-2018/2015/lei/l13105.htm>. Acesso em: 26 dez. 2021.

BRASIL. Lei n. 13.151, de 28 de julho de 2015. **Diário Oficial da União**, Poder Legislativo, Brasília, DF, 28 jul. 2015b. Disponível em: <http://www.planalto.gov.br/ccivil_03/_ato2015-2018/2015/lei/l13151.htm>. Acesso em: 17 dez. 2021.

BRASIL. Lei n. 13.204, de 14 de dezembro de 2015. **Diário Oficial da União**, Poder Executivo, Brasília, DF, 15 dez. 2015c. Disponível em: <http://www.planalto.gov.br/ccivil_03/_ato2015-2018/2015/lei/l13204.htm>. Acesso em: 23 dez. 2021.

BRASIL. Lei n. 13.655, de 25 de abril de 2018. **Diário Oficial da União**, Poder Legislativo, Brasília, DF, 26 abr. 2018a. Disponível em: <http://www.planalto.gov.br/ccivil_03/_ato2015-2018/2018/lei/L13655.htm>. Acesso em: 28 dez. 2021.

BRASIL. Lei n. 13.800, de 4 de janeiro de 2019. **Diário Oficial da União**, Poder Executivo, Brasília, DF, 7 jan. 2019a. Disponível em: <http://www.planalto.gov.br/ccivil_03/_ato2019-2022/2019/lei/L13800.htm>. Acesso em: 29 dez. 2021.

BRASIL. Lei n. 13.874, de 20 de setembro de 2019. **Diário Oficial da União**, Poder Executivo, Brasília, DF, 20 set. 2019b. Disponível em: <http://www.planalto.gov.br/ccivil_03/_ato2019-2022/2019/lei/L13874.htm>. Acesso em: 23 dez. 2021.

BRASIL. Lei n. 13.999, de 18 de maio de 2020. **Diário Oficial da União**, Poder Legislativo, Brasília, DF, 19 maio. 2020a. Disponível em: <http://www.planalto.gov.br/ccivil_03/_ato2019-2022/2020/lei/L13999.htm>. Acesso em: 23 dez. 2021.

BRASIL. Lei Complementar n. 73, de 10 de fevereiro de 1993. **Diário Oficial da União**, Poder Legislativo, Brasília, DF, 11 fev. 1993f. Disponível em: <https://www.planalto.gov.br/ccivil_03/LEIS/LCP/Lcp73.htm>. Acesso em: 28 dez. 2021.

BRASIL. Lei Complementar n. 101, de 4 de maio de 2000. **Diário Oficial da União**, Poder Legislativo, Brasília, DF, 5 maio 2000b. Disponível em: <http://www.planalto.gov.br/ccivil_03/leis/lcp/lcp101.htm>. Acesso em: 27 dez. 2021.

BRASIL. Lei Complementar n. 104, de 11 de janeiro de 2001. **Diário Oficial da União**, Poder Executivo, Brasília, DF, 11 jan. 2001b. Disponível em: <http://www.planalto.gov.br/ccivil_03/leis/lcp/lcp104.htm>. Acesso em: 28 dez. 2021.

BRASIL. Lei Complementar n. 109, de 29 de maio de 2001. **Diário Oficial da União**, Poder Executivo, Brasília, DF, 29 maio 2001a. Disponível em: <http://www.planalto.gov.br/ccivil_03/leis/lcp/lcp109.htm>. Acesso em: 29 dez. 2021.

BRASIL. Lei Complementar n. 116, de 31 de julho de 2003. **Diário Oficial da União**, Poder Legislativo, Brasília, DF, 1 ago. 2003a. Disponível em: <http://www.planalto.gov.br/ccivil_03/leis/lcp/lcp116.htm>. Acesso em: 28 dez. 2021.

BRASIL. Lei Complementar n. 187, de 16 de dezembro de 2021. **Diário Oficial da União**, Poder Legislativo, Brasília, DF, 17 dez. 2021a. Disponível em: <https://legislacao.presidencia.gov.br/atos/?tipo=LCP&numero=187&ano=2021&ato=8d6oXRU9UMZpWTd46>. Acesso em: 28 dez. 2021.

BRASIL. Medida Provisória n. 2.123-29, de 23 de fevereiro de 2001. **Diário Oficial da União**, Poder Executivo, Brasília, DF, 24 fev. 2001c. Disponível em: <http://www.planalto.gov.br/ccivil_03/mpv/antigas_2001/2123-29.htm>. Acesso em: 23 dez. 2021.

BRASIL. Mensagem de veto n. 15, de 4 de janeiro de 2019. **Diário Oficial da União**, Brasília, DF, 7 jan. 2019c. Disponível em: <http://www.planalto.gov.br/ccivil_03/_ato2019-2022/2019/Msg/VEP/VEP-15.htm>. Acesso em: 29 dez. 2021.

BRASIL. Congresso Nacional. Parecer n. 89, de 27 de novembro de 2015. Brasília, DF, 27 nov. 2015d. Disponível em: <https://fundacoes.mppr.mp.br/arquivos/File/Parecer_n_89_2015_Comissao_Mista.pdf>. Acesso em: 25 dez. 2021.

BRASIL. Conselho de Justiça Federal. Enunciado 534. In: JORNADA DE DIREITO CIVIL, 6., 2013. Brasília, DF. **Anais...** Brasília, DF: Conselho da Justiça Federal, 2013a. Disponível em: <https://www.cjf.jus.br/enunciados/enunciado/145>. Acesso em: 23 dez. 2021.

BRASIL. Ministério da Ciência, Tecnologia e Inovações e Comunicações. Portaria n. 5.918, de 29 de outubro de 2019. **Diário Oficial da União**, Brasília, DF, 30 out. 2019d. Disponível em:<https://www.in.gov.br/web/dou/-/portaria-n-5918-de-29-de-outubro-de-2019-224427257>. Acesso em: 29 dez. 2021.

BRASIL. Ministério da Fazenda. Secretaria do Tesouro Nacional. Instrução Normativa n. 1, de 15 de janeiro de 1997. Celebração de convênios. **Diário Oficial da União**, Brasília, DF, 31 jan. 1997a. Disponível em: <https://www.gov.br/sudene/pt-br/centrais-de-conteudo/in0011997-pdf>. Acesso em: 28 dez. 2021.

BRASIL. Ministério da Justiça e Segurança Pública. **Nova lei universaliza e desburocratiza acesso a benefícios de organizações da sociedade civil.** Brasília, 15 dez 2015e. Disponível em: <https://www.justica.gov.br/news/nova-lei-universaliza-e-desburocratiza-acesso-a-beneficios-de-organizacoes-da-sociedade-civil>. Acesso em: 28 dez. 2021.

BRASIL. Ministério da Previdência e Assistência Social. Conselho Nacional de Assistência Social. Resolução n. 31, de 24 de fevereiro de 1999. **Diário Oficial da União**, Brasília, DF, 26 fev. 1999c. Disponível em: <http://www.mds.gov.br/webarquivos/legislacao/assistencia_social/resolucoes/1999/Resolucao%20CNAS%20no%2031-%20de%2024%20de%20fevereiro%20de%201999.pdf>. Acesso em: 28 dez. 2021.

BRASIL. Ministério da Previdência e Assistência Social. Conselho Nacional de Assistência Social. Resolução n. 177, de 24 de agosto de 2000. **Diário Oficial da União**, Brasília, DF, 24 ago. 2000c. Disponível em: <https://www.legisweb.com.br/legislacao/?id=97083l>. Acesso em: 19 out. 2021.

BRASIL. Ministério do Desenvolvimento Social e Combate à Fome. Conselho Nacional de Assistência Social. Resolução n. 14, de 15 maio de 2014. **Diário Oficial da União**, Brasília, DF, 16 maio. 2014c. Disponível em: <http://blog.mds.gov.br/redesuas/resolucao-no-14-de-15-maio-de-2014/> Acesso em: 29 dez. 2021.

BRASIL. Superior Tribunal de Justiça. Agravo Regimental no Agravo de Instrumento n. 900.568/RJ. Julgado em 5 de agosto de 2008. Relator: Ministro Luiz Fux. **Diário da Justiça Eletrônico**, Brasília, DF, 11 set. 2008b. Disponível em: <https://scon.stj.jus.br/SCON/GetInteiroTeorDoAcordao?num_registro=200700804710&dt_publicacao=11/09/2008> Acesso em: 28 dez. 2021.

BRASIL. Superior Tribunal de Justiça. Agravo Regimental no Agravo em Recurso Especial n. 100.911/RJ. Julgado em 10 de abril de 2012. Relator: Ministro Humberto Martins. **Diário da Justiça**, Brasília, DF, 19 abr. 2012a. Disponível em <https://scon.stj.jus.br/SCON/GetInteiroTeorDoAcordao?num_registro=201103002037&dt_publicacao=19/04/2012>. Acesso em: 28 dez. 2021.

BRASIL. Superior Tribunal de Justiça. Agravo Regimental no Agravo em Recurso Especial n. 105.288/SP. Julgado em 20 de março de 2012. Relator: Ministro Humberto Martins. **Diário da Justiça Eletrônico**, Brasília, DF, 28 mar. 2012b. Disponível em: <https://scon.stj.jus.br/SCON/GetInteiroTeorDoAcordao?num_registro=201102442517&dt_publicacao=28/03/2012>. Acesso em: 28 dez. 2021.

BRASIL. Superior Tribunal de Justiça. Agravo Regimental no Agravo em Recurso Especial n. 239.268/MG. Julgado em 6 de dezembro de 2012. Relator: Ministro Mauro Campbell Marques. **Diário da Justiça Eletrônico**, Brasília, DF, 12 dez. 2012c. Disponível em: <https://scon.stj.jus.br/SCON/GetInteiroTeorDoAcordao?num_registro=201202100820&dt_publicacao=12/12/2012>. Aceswso em: 28 dez. 2021.

BRASIL. Superior Tribunal de Justiça. Agravo Regimental no Agravo em Recurso Especial n. 304.126/RJ. Julgado em 13 de agosto de 2013. Relator: Ministro Benedito Gonçalves. **Diário da Justiça Eletrônico**, Brasília, DF, 22 ago. 2013b. Disponível em: <https://scon.stj.jus.br/ SCON/GetInteiroTeorDoAcordao?num_registro=201300530351&dt_publicacao=22/08/2013>. Acesso em: 27 dez. 2021.

BRASIL. Superior Tribunal de Justiça. Agravo Regimental no Agravo em Recurso Especial n. 380.953/ES. Julgado em 7 de novembro de 2013. Relatora: Ministra Eliana Calmon. **Diário da Justiça Eletrônico**, Brasília, DF, 14 nov. 2013c. Disponível em: <https://scon.stj.jus.br/SCON/ GetInteiroTeorDoAcordao?num_registro=201302530150&dt_publicacao=14/11/2013>. Acesso em: 28 dez. 2021.

BRASIL. Superior Tribunal de Justiça. Agravo Regimental no Agravo em Recurso Especial n. 493.525/MG. Julgado em 8 de maio de 2014. Relator: Ministro Napoleão Nunes Maia Filho. **Diário da Justiça Eletrônico**, Brasília, DF, 19 maio. 2014d. Disponível em: <https://scon.stj.jus.br/ SCON/GetInteiroTeorDoAcordao?num_registro=201400678611&dt_publicacao=19/05/2014>. Acesso em: 28 dez. 2021.

BRASIL. Superior Tribunal de Justiça. Agravo Regimental no Recurso Especial n. 1.215.119/RJ. Julgado em 22 de março de 2011. Relator: Ministro Humberto Martins. **Diário da Justiça Eletrônico**, Brasília, DF, 4 abr. 2011a. Disponível em: <https://scon.stj.jus.br/SCON/ GetInteiroTeorDoAcordao?num_registro=201001680335&dt_publicacao=04/04/2011>. Acesso em: 28 dez. 2021.

BRASIL. Superior Tribunal de Justiça. Agravo Regimental no Recurso Especial n. 1.233.942/RJ. Julgado em 18 de setembro de 2012. Relator: Ministro Teori Albino Zavascki. **Diário da Justiça Eletrônico**, Brasília, DF, 26 set. 2012d. Disponível em <https://scon.stj.jus.br/SCON/ GetInteiroTeorDoAcordao?num_registro=201100224313&dt_publicacao=26/09/2012>. Acesso em: 28 dez. 2021.

BRASIL. Superior Tribunal de Justiça. Agravo Regimental no Recurso Especial n. 1.301.276/RJ. Julgado em 1 de abril de 2014.Relator: Ministro Ari Pargendler. **Diário da Justiça Eletrônico**, Brasília, DF, 11 abr. 2014e. Disponível em: <https://scon.stj.jus.br/SCON/GetInteiroTeorDoAcordao?num_registro=201103121180&dt_publicacao=11/04/2014>. Acesso em: 28 dez. 2021.

BRASIL. Superior Tribunal de Justiça. Agravo Regimental no Recurso Especial n. 1.483.780/PE. Julgado em 23 de junho de 2015. Relator: Ministro Napoleão Nunes Maia Filho. **Diário da Justiça**, Brasília, DF, 5 ago. 2015f. Disponível em: <https://scon.stj.jus.br/SCON/GetInteiroTeorDoAcordao?num_registro=201402464783&dt_publicacao=05/08/2015>. Acesso em: 26 dez. 2021.

BRASIL. Superior Tribunal de Justiça. Recurso Especial n. 221.892/RJ. Julgado em 16 de março de 2004. Relator: Ministro Milton Luiz Pereira. Relator: p/ Acórdão: Ministro José Delgado. **Diário da Justiça**, Brasília, DF, 26 abr. 2004a. Disponível em: <https://scon.stj.jus.br/SCON/GetInteiroTeorDoAcordao?num_registro=199900593766&dt_publicacao=26/04/2004>. Acesso em: 28 dez. 2021.

BRASIL. Superior Tribunal de Justiça. Recurso Especial n. 227.293/RJ. Julgado em 16 de março de 2004. Relator: Ministro José Delgado. **Diário da Justiça**. Brasília, DF, 26 abr. 2004b. Disponível em: <https://scon.stj.jus.br/SCON/GetInteiroTeorDoAcordao?num_registro=199900745965&dt_publicacao=26/04/2004>. Acesso em: 28 dez. 2021.

BRASIL. Superior Tribunal de Justiça. Recurso Especial n. 707.315/DF. Julgado em 3 de maio de 2007. Relator: Ministro Luiz Fux. **Diário da Justiça**, Brasília, DF, 14 fev. 2008c. Disponível em: <https://scon.stj.jus.br/SCON/GetInteiroTeorDoAcordao?num_registro=200401695194&dt_publicacao=14/02/2008>. Acesso: 28 dez. 2021.

BRASIL. Superior Tribunal de Justiça. Recurso Especial n. 737.719/MG. Julgado em 18 de dezembro de 2008.Relatatora: Ministra Denise Arruda. **Diário da Justiça Eletrônico**, Brasília, DF, 11 fev. 2009b. Disponível em: <https://scon.stj.jus.br/SCON/GetInteiroTeorDoAcordao?num_registro=200500484980&dt_publicacao=11/02/2009>. Acesso em: 29 dez. 2021.

BRASIL. Superior Tribunal de Justiça. Recurso Especial n. 1.052.830/RS. Julgado em 21 de outubro de 2008.Relator: Ministro Francisco Falcão. **Diário da Justiça Eletrônico**, Brasília, DF, 10 nov. 2008d. Disponível em: <https://scon.stj.jus.br/SCON/GetInteiroTeorDoAcordao?num_registro=200800930263&dt_publicacao=10/11/2008>. Acesso em: 28 dez. 2021.

BRASIL. Superior Tribuna de Justiça. Recurso Especial n. 1.111.202/SP. Julgado em 10 de junho de 2009. Relator: Ministro Mauro Campell Marques. **Diário da Justiça Eletrônico**, Brasília, DF, 18 jun. 2009c. Disponível em: <https://scon.stj.jus.br/SCON/GetInteiroTeorDoAcordao?num_registro=200900091426&dt_publicacao=18/06/2009>. Acesso em: 29 dez. 2021.

BRASIL. Superior Tribunal de Justiça. Recurso Especial n. 1.184.765/PA. Julgado em 24 de novembro de 2010. Recurso repetitivo. Relator: Ministro Luiz Fux. **Diário da Justiça eletrônico**, Brasília, DF, 3 dez. 2010a. Disponível em: <https://scon.stj.jus.br/SCON/GetInteiroTeorDoAcordao?num_registro=201000422264&dt_publicacao=03/12/2010>. Acesso em: 16 out. 2021.

BRASIL. Superior Tribunal de Justiça. Recurso Especial n. 1.311.071/SC. Julgado em 21 de março de 2017. Relator: Ministro Ricardo Villas Bôas Cueva. **Diário da Justiça Eletrônico**, Brasília, DF, 24 mar. 2017a. Disponível em: <https://scon.stj.jus.br/SCON/GetInteiroTeorDoAcordao?num_registro=201200608977&dt_publicacao=24/03/2017>. Acesso em: 28 dez. 2021.

BRASIL. Superior Tribunal de Justiça. Recurso Especial n. 1.360.819/RJ. Julgado em 19 de fevereiro de 2013. Relator: Ministro Herman Benjamin. **Diário da Justiça Eletrônico**, Brasília, DF, 7mar. 2013d. Disponível em: <https://scon.stj.jus.br/SCON/GetInteiroTeorDoAcordao?num_registro=201202759449&dt_publicacao=07/03/2013>. Acesso em: 28 dez. 2021.

BRASIL. Superior Tribunal de Justiça. Recurso Especial n. 1.679.330/SP. Julgado em 21 de setembro de 2017. Relator: Ministro Herman Benjamin. **Diário da Justiça Eletrônico**, Brasília, DF, 9 out. 2017b. Disponível em: <https://scon.stj.jus.br/SCON/GetInteiroTeorDoAcordao?num_registro=201701354065&dt_publicacao=09/10/2017>. Acesso em: 28 dez. 2021.

BRASIL. Superior Tribunal de Justiça. Recurso Especial n. 1.682.216/AM. Julgado em 19 de setembro de 2017. Relator: Ministro Herman Min. Benjamin. **Diário da Justiça Eletrônico**, Brasília, DF, 9 out. 2017c. Disponível em <https://scon.stj.jus.br/SCON/GetInteiroTeorDoAcordao?num_registro=201701567236&dt_publicacao=09/10/2017>. Acesso em: 28 dez. 2021.

BRASIL. Superior Tribunal de Justiça. Recurso Ordinário n. 25/BA. Julgado em 4 de julho de 2003. Relatora: Ministra Eliana Calmon. **Diário da Justiça**, Brasília, DF, 20 out. 2003b. Disponível em: <https://scon.stj.jus.br/SCON/GetInteiroTeorDoAcordao?num_registro=200300023467&dt_publicacao=20/10/2003>. Acesso em: 28 dez. 2021.

BRASIL. Supremo Tribunal Federal. Ação Direta de Inconstitucionalidade n. 191. Julgado em 29 de novembro de 2007. Relatora: Ministra Carmen Lucia. **Diário da Justiça Eletrônico**, Brasília, DF, 7 mar. 2008e. Disponível em: <https://redir.stf.jus.br/paginadorpub/paginador.jsp?docTP=AC&docID=513617>. Acesso em: 17 dez. 2021.

BRASIL. Supremo Tribunal Federal. Ação Direta de Inconstitucionalidade n. 1.668/DF. Julgado em 1 de março de 2021. Relator: Ministro Edson Fachin. **Diário da Justiça**, Brasília, DF, 23 mar. 2021b. Disponível em:<https://redir.stf.jus.br/paginadorpub/paginador. jsp?docTP=TP&docID=755400841>. Acesso em: 25 dez. 2021.

BRASIL. Supremo Tribunal Federal. Ação Direta de Inconstitucionalidade n. 1.802. Julgado em 12 de abril de 2018. Relator: Ministro Dias Toffoli. **Diário da Justiça**, Brasília, DF, 3 maio. 2018b. Disponível em: <https://redir.stf.jus.br/paginadorpub/paginador. jsp?docTP=TP&docID=14751409>. Acesso em: 29 dez. 2021.

BRASIL. Supremo Tribunal Federal. Ação Direta de Inconstitucionalidade n. 1.923/DF. Julgado em 16 de abril de 2015. Relator: Ministro Ayres Brito. Relator: p/ Acordão Min. Luiz Fux. **Diário da Justiça**, 17 dez. 2015g. Disponível em: <https://redir.stf.jus.br/paginadorpub/paginador. jsp?docTP=TP&docID=10006961>. Acesso em: 23 dez. 2021.

BRASIL. Supremo Tribunal Federal. Ação Direta de Inconstitucionalidade n. 1.950. Julgado em 3 de novembro de 2005. Relator: Ministro Eros Grau. **Diário da Justiça**, Brasília, DF, 2 jun. 2006a. Disponível em: <https://redir.stf.jus.br/paginadorpub/paginador. jsp?docTP=AC&docID=266808>. Acesso em: 29 dez. 2021.

BRASIL. Supremo Tribunal Federal. Ação Direta de Inconstitucionalidade n. 2.028. Julgado em 2 de março de 2017. Relator: Ministro Joaquim Barbosa. **Diário da Justiça Eletrônico**, Brasília, DF, 8 maio. 2017d. Disponível em: <https://redir.stf.jus.br/paginadorpub/paginador. jsp?docTP=TP&docID=12850820>. Acesso em: 23 dez. 2021.

BRASIL. Supremo Tribunal Federal. Ação Direta de Inconstitucionalidade n. 2.213, Medida Cautelar. Julgado em 4 de abril de 2002. Relator: Ministro Celso de Mello. **Diário da Justiça**, Brasília, DF, 23 abr. 2004c. Disponível em: <https://redir.stf.jus.br/paginadorpub/paginador. jsp?docTP=AC&docID=347486>. Acesso em: 29 dez. 2021.

BRASIL. Supremo Tribunal Federal. Ação Direta de Inconstitucionalidade n. 2.566, Medida Cautelar. Julgado em 22 de maio de 2002. Relator: Ministro Sydney Sanches. **Diário da Justiça**, Brasília, DF, 27 fev. 2004d. Disponível em: <https://redir.stf.jus.br/paginadorpub/paginador.jsp?docTP=AC&docID=347623>. Acesso em: 29 dez. 2021.

BRASIL. Supremo Tribunal Federal. Ação Direta de Inconstitucionalidade n. 2.716. Julgado em 29 de novembro de 2007. Relator: Ministro Eros Grau. **Diário da Justiça Eletrônico**, 7 mar. 2008f. Disponível em: <https://redir.stf.jus.br/paginadorpub/paginador.jsp?docTP=AC&docID=513627>. Acesso em: 26 dez. 2021.

BRASIL. Supremo Tribunal Federal. Ação Direta de Inconstitucionalidade n. 2.794. Julgado em 14 de dezembro de 2006. Relator: Ministro Sepúlveda Pertence. **Diário da Justiça**, Brasília, DF, 30 mar. 2007a. Disponível em:<https://stf.jusbrasil.com.br/jurisprudencia/758502/acao-direta-de-inconstitucionalidade-adi-2794-df>. Acesso em: 28 dez. 2021.

BRASIL. Supremo Tribunal Federal. Ação Direta de Inconstitucionalidade n. 3.026/DF. Julgado em 8 de junho de 2006. Relator: Ministro Eros Grau. **Diário da Justiça**, Brasília, DF, 29 set. 2006b. Disponível em: <https://redir.stf.jus.br/paginadorpub/paginador.jsp?docTP=AC&docID=363283>. Acesso em: 29 dez. 2021.

BRASIL. Supremo Tribunal Federal. Ação Direta de Inconstitucionalidade n. 3.045. Julgado em 10 de ago de 2005. Relator: Ministro Celso de Mello. **Diário da Justiça**, Brasília, DF, 1 jun. 2007b. Disponível em: <https://redir.stf.jus.br/paginadorpub/paginador.jsp?docTP=AC&docID=461974>. Acesso em: 23 dez. 2021.

BRASIL. Supremo Tribunal Federal. Ação Direta de Inconstitucionalidade n. 3.305. Julgado em 3 de setembro de 2006. Relator: Ministro Eros Grau. **Diário da Justiça**, Brasília, DF, 24 nov. 2006c. Disponível em: <https://redir.stf.jus.br/paginadorpub/paginador.jsp?docTP=AC&docID=392168>. Acesso em: 26 dez. 2021.

BRASIL. Supremo Tribunal Federal. Ação Direta de Inconstitucionalidade n. 4.021. Julgado em 3 de outubro de 2019. Relator: Ministro Luiz Fux. **Diário da Justiça Eletrônico**, Brasília, DF, 25 out. 2019e. Disponível em: <https://redir.stf.jus.br/paginadorpub/paginador.jsp?docTP=TP&docID=751246398>. Acesso em: 28 dez. 2021.

BRASIL. Supremo Tribunal Federal. Ação Direta de Inconstitucionalidade n. 4. 697. Julgado em 6 de outubro de 2016. Relator: Ministro Edson Fachin. **Diário da Justiça Eletrônico**, Brasília, DF, 30 mar. 2017e. Disponível em: <https://redir.stf.jus.br/paginadorpub/paginador.jsp?docTP=TP&docID=12660374> Acesso em: 29 dez. 2021.

BRASIL. Supremo Tribunal Federal. Agravo de Instrumento n. 558.682. Julgado em 29 de maio de 2012. Relator: Ministro Joaquim Barbosa. **Diário da Justiça**, Brasília, DF, 19 jun. 2012e. Disponível em: <https://redir.stf.jus.br/paginadorpub/paginador.jsp?docTP=TP&docID=2192717>. Acesso em: 29 dez. 2021.

BRASIL. Supremo Tribunal Federal. Agravo de Instrumento n. 649.457. Julgado em 27 de outubro de 2009. Relatora: Ministra Cármen Lúcia. **Diário da Justiça**, Brasília, DF, 20 nov. 2009d. Disponível em: <https://redir.stf.jus.br/paginadorpub/paginador.jsp?docTP=AC&docID=606082>. Acesso em: 29 dez. 2021.

BRASIL. Supremo Tribunal Federal. Agravo de Instrumento n. 651.138. Julgado em 26 de junho de 2007. Relator: Ministro Eros Grau. **Diário da Justiça**, Brasília, DF,17 ago. 2007c. Disponível em: <https://redir.stf.jus.br/paginadorpub/paginador.jsp?docTP=AC&docID=480108>. Acesso em: 29 dez. 2021.

BRASIL. Supremo Tribunal Federal. Agravo de Instrumento n. 673.463. Julgado em 24 de setembro de 2013. Relator: Ministro Roberto Barroso. **Diário da Justiça**, Brasília, DF, 5 nov. 2013e. Disponível em: <https://redir.stf.jus.br/paginadorpub/paginador.jsp?docTP=TP&docID=4804298>. Acesso em: 29 dez. 2021.

BRASIL. Supremo Tribunal Federal. Agravo de Instrumento n. 690.712. Julgado em 23 de junho de 2009. Relator: Ministro Ricardo Lewandowski. **Diário da Justiça**, Brasília, DF, 14 ago. 2009e. Disponível em: <https://redir.stf.jus.br/paginadorpub/paginador.jsp?docTP=AC&docID=600990>. Acesso em: 29 dez. 2021.

BRASIL. Supremo Tribunal Federal. Agravo de Instrumento n. 740.563. Julgado em 2 de abril de 2013. Relator: Ministro Luiz Fux. **Diário da Justiça**, Brasília, DF, 25 abr. 2013f. Disponível em: <https://redir.stf.jus.br/paginadorpub/paginador.jsp?docTP=TP&docID=3688046>. Acesso em: 29 dez. 2021.

BRASIL. Supremo Tribunal Federal. Agravo de Instrumento n. 749.009. Julgado em 13 de março de 2012. Relator: Ministro Luiz Fux. **Diário da Justiça**, Brasília, DF, 29 mar. 2012f. Disponível em: <https://redir.stf.jus.br/paginadorpub/paginador.jsp?docTP=TP&docID=1863863>. Acesso em: 29 dez. 2021.

BRASIL. Supremo Tribunal Federal. Agravo de Instrumento n. 754.769. Julgado em 18 de setembro de 2012. Relatora: Ministra Cármen Lúcia. **Diário da Justiça**, Brasília, DF, 4 out. 2012g. Disponível em: <https://redir.stf.jus.br/paginadorpub/paginador.jsp?docTP=TP&docID=2874792>. Acesso em: 29 dez. 2021.

BRASIL. Supremo Tribunal Federal. Agravo de Instrumento n. 769.613. Julgado em 9 de março de 2010. Relator: Ministro Eros Grau. **Diário da Justiça**, Brasília, DF, 9 abr. 2010b. Disponível em: <https://redir.stf.jus.br/paginadorpub/paginador.jsp?docTP=AC&docID=610015>. Acesso em: 29 dez. 2021.

BRASIL. Supremo Tribunal Federal. Agravo em Recurso Extraordinário n. 638.315. Julgado em 9 de junho de 2011. Relator: Ministro Cesar Peluso. **Diário da Justiça**, Brasília, DF, 31 ago. 2011b. Disponível em: <https://redir.stf.jus.br/paginadorpub/paginador.jsp?docTP=AC&docID=626887>. Acesso em: 29 dez. 2021.

BRASIL. Supremo Tribunal Federal. Agravo em Recurso Extraordinário n. 658.080. Julgado em 13 de dezembro de 2011. Relator: Ministro Luiz Fux. **Diário da Justiça**, Brasília, DF, 15 fev. 2012h. Disponível em: <http://www.stf.jus.br/portal/inteiroTeor/obterInteiroTeor.asp?idDocumento=1738528>. Acesso em: 29 dez. 2021.

BRASIL. Supremo Tribunal Federal. Agravo em Recurso Extraordinário n. 1.010.350. Julgado em 30 de junho de 2017. Relator: Ministro Roberto Barroso. **Diário da Justiça**, Brasília, DF, 7 ago. 2017f. Disponível em: <https://redir.stf.jus.br/paginadorpub/paginador.jsp?docTP=TP&docID=13298984>. Acesso em: 28 dez. 2021.

BRASIL. Supremo Tribunal Federal. Agravo em Recurso Extraordinário n. 1.171.694. Julgado em 24 de maio de 2019. Relator: Ministro Roberto Barroso. **Diário da Justiça**, Brasília, DF, 5 jun. 2019f. Disponível em: <http://www.stf.jus.br/portal/inteiroTeor/obterInteiroTeor.asp?idDocumento=750018976>. Acesso em: 29 dez. 2021.

BRASIL. Supremo Tribunal Federal. Agravo Regimental em Recurso Ordinário em Mandado de Segurança n. 28.200/DF. Julgado em 16 de outubro de 2017. Relator: Ministro Roberto Barroso. **Diário da Justiça**, Brasília, DF, 27 out. 2017g. Disponível em: <https://redir.stf.jus.br/paginadorpub/paginador.jsp?docTP=TP&docID=13947681>. Acesso em: 28 dez. 2021.

BRASIL. Supremo Tribunal Federal. Embargos de Declaração no Recurso Extraordinário n. 405.267. Julgado em 24 abr. 2012. Relator: Ministro Ricardo Lewandowski. **Diário da Justiça**, Brasília, DF, 14 maio. 2012i. Disponível em: <https://redir.stf.jus.br/paginadorpub/paginador.jsp?docTP=TP&docID=1989363>. Acesso em: 29 dez. 2021.

BRASIL. Supremo Tribunal Federal. Habeas Corpus n. 93.250. Julgado em 10 de junho de 2008. Relatora: Ministra Ellen Gracie. **Diário da Justiça**, Brasília, DF, 27 jun. 2008g. Disponível em: <https://redir.stf.jus.br/paginadorpub/paginador.jsp?docTP=AC&docID=535905>. Acesso em: 29 dez. 2021.

BRASIL. Supremo Tribunal Federal. Mandado de Segurança n. 25.284. Julgado em 17 de junho de 2010. Relator: Ministro Marco Aurélio. **Diário da Justiça**, Brasília, DF, 13 ago. 2010c. Disponível em: <https://redir.stf.jus.br/paginadorpub/paginador.jsp?docTP=AC&docID=613326>. Acesso em: 29 dez. 2021.

BRASIL. Supremo Tribunal Federal. Recurso Extraordinário n. 98.382. Julgado em 12 de novembro de 1982. Relator: Ministro Moreira Alves. **Diário da Justiça**, Brasília, DF, 18 mar. 1983. Disponível em: <https://redir.stf.jus.br/paginadorpub/paginador.jsp?docTP=AC&docID=191298>. Acesso em: 29 dez. 2021.

BRASIL. Supremo Tribunal Federal. Recurso Extraordinário n. 119.256. Julgado em 14 de abril de 1992. Relator: Ministro Moreira Alves. **Diário da Justiça**, Brasília, DF, 29 maio 1992. Disponível em: <https://redir.stf.jus.br/paginadorpub/paginador.jsp?docTP=AC&docID=207224>. Acesso em: 27 dez. 2021.

BRASIL. Supremo Tribunal Federal. Recurso Extraordinário n. 202.987. Julgado em 30 de junho de 2006. Relator: Ministro Joaquim Barbosa. **Diário da Justiça**, Brasília, DF, 25 set. 2009f. Disponível em: <https://redir.stf.jus.br/paginadorpub/paginador.jsp?docTP=AC&docID=603042>. Acesso em: 23 dez. 2021.

BRASIL. Supremo Tribunal Federal. Recurso Extraordinário n. 205.193. Julgado em 25 de fevereiro de 1997. Relator: Ministro Celso de Mello. **Diário da Justiça**, Brasília, DF, 6 jun. 1997b. Disponível em: <https://redir.stf.jus.br/paginadorpub/paginador.jsp?docTP=AC&docID=239757>. Acesso em: 29 dez. 2021.

BRASIL. Supremo Tribunal Federal. Recurso Extraordinário n. 215.741/SE. Julgado em 30 de março 1999. Relator: Ministro Maurício Correa. **Diário da Justiça**, Brasília, DF, 4 jun, 1999d. Disponível em: <https://redir.stf.jus.br/paginadorpub/paginador.jsp?docTP=AC&docID=246278>. Acesso em: 17 dez. 2021.

BRASIL. Supremo Tribunal Federal. Recurso Extraordinário n. 233.843. Julgado em 1 de dezembro de 2009. Relator: Ministro Joaquim Barbosa. **Diário da Justiça**, Brasília, DF, 18 dez. 2009g. Disponível em: <https://redir.stf.jus.br/paginadorpub/paginador.jsp?docTP=AC&docID=606898>. Acesso em: 29 dez. 2021.

BRASIL. Supremo Tribunal Federal. Recurso Extraordinário n. 250.844. Julgado em 29 de maio de 2012. Relator: Ministro Marco Aurélio. **Diário da Justiça**, Brasília, DF, 29 nov. 2012j. Disponível em: <https://redir.stf.jus.br/paginadorpub/paginador.jsp?docTP=TP&docID=3139812>. Acesso em: 28 dez. 2021.

BRASIL. Supremo Tribunal Federal. Recurso Extraordinário n. 250.844. Julgado em 29 de maio de 2012. Voto-Vista Ministro Luiz Fux. **Diário da Justiça**, Brasília, DF, 29 nov. 2012k. Disponível em: <https://redir.stf.jus.br/paginadorpub/paginador.jsp?docTP=TP&docID=3139812>. Acesso em: 28 dez. 2021.

BRASIL. Supremo Tribunal Federal. Recurso Extraordinário n. 251.772. Julgado em 24 de junho de 2003. Relatora: Ministra Ellen Gracie. **Diário da Justiça**, Brasília, DF, 29 ago. 2003c. Disponível em: <https://redir.stf.jus.br/paginadorpub/paginador.jsp?docTP=AC&docID=258110>. Acesso em: 29 dez. 2021.

BRASIL. Supremo Tribunal Federal. Recurso Extraordinário n. 253.394. Julgado em 26 de novembro de 2002. Relator: Ministro Ilmar Galvão. **Diário da Justiça**, Brasília, DF, 11 abr. 2003d. Disponível em: <https://redir.stf.jus.br/paginadorpub/paginador.jsp?docTP=AC&docID=258274>. Acesso em: 29 dez. 2021.

BRASIL. Supremo Tribunal Federal. Recurso Extraordinário n. 253.472. Julgado em 25 de agosto de 2010. Relator: Ministro Marco Aurélio. Relator p/ Acórdão: Joaquim Barbosa. **Diário da Justiça**, Brasília, DF, 1 fev. 2011c. Disponível em: <https://redir.stf.jus.br/paginadorpub/paginador.jsp?docTP=AC&docID=618164>. Acesso em: 29 dez. 2021.

BRASIL. Supremo Tribunal Federal. Recurso Extraordinário n. 313.840 AgR/DF. Julgado em 13 de agosto de 2013. Relator: Ministro Dias Toffoli. **Diário da Justiça**, Brasília, DF, 15 out. 2013g. Disponível em: <https://redir.stf.jus.br/paginadorpub/paginador.jsp?docTP=TP&docID=4670813>. Acesso em: 29 dez. 2021.

BRASIL. Supremo Tribunal Federal. Recurso Extraordinário n. 325.822. Julgado em 18 de dezembro de 2002. Relatora: Ministra Ilmar Galvão, Relator para Acórdão: Gilmar Mendes. **Diário da Justiça**, Brasília, DF, 14 maio 2004e. Disponível em: <https://redir.stf.jus.br/paginadorpub/paginador.jsp?docTP=AC&docID=260872>. Acesso em: 29 dez. 2021.

BRASIL. Supremo Tribunal Federal. Recurso Extraordinário n. 330.817/RJ – Repercussão Geral. Julgado em 8 de março de 2017. Relator: Ministro Dias Toffoli. **Diário da Justiça**, Brasília, DF, 31 ago. 2017h. Disponível em: <https://redir.stf.jus.br/paginadorpub/paginador.jsp?docTP=TP&docID=13501630>. Acesso em: 29 dez. 2021.

BRASIL. Supremo Tribunal Federal. Recurso Extraordinário n. 349.703/RS. Julgado em 3 de agosto de 2008. Relator para o acórdão: Ministro Gilmar Mendes. **Diário da Justiça Eletrônico**, 5 jun. 2009h. Disponível em: <https://redir.stf.jus.br/paginadorpub/paginador.jsp?docTP=AC&docID=595406>. Acesso em: 30 dez. 2021.

BRASIL. Supremo Tribunal Federal. Recurso Extraordinário n. 375.715. Julgado em 31 de agosto de 2010. Relatora: Ministra Ellen Gracie. **Diário da Justiça**, Brasília, DF,24 set. 2010d. Disponível em: <https://redir.stf.jus.br/paginadorpub/paginador.jsp?docTP=AC&docID=614493>. Acesso em: 29 dez. 2021.

BRASIL. Supremo Tribunal Federal. Recurso Extraordinário n. 378.666 AgR. Julgado em 3 de abril de 2012.Relator: Ministro Ricardo Lewandowski. **Diário da Justiça**, Brasília, DF, 20 abr. 2012l. Disponível em: <https://redir.stf.jus.br/paginadorpub/paginador.jsp?docTP=TP&docID=1929706>. Acesso em: 30 dez. 2021.

BRASIL. Supremo Tribunal Federal. Recurso Extraordinário n. 405.267/ MG. Julgado em 6 de setembro de 2018. Relator: Ministro Edson Fachin. **Diário da Justiça**, Brasília, DF, 18 out. 2018c. Disponível em: <https://redir.stf.jus.br/paginadorpub/paginador. jsp?docTP=TP&docID=748459645>. Acesso em: 29 dez. 2021.

BRASIL. Supremo Tribunal Federal. Recurso Extraordinário n. 422.941. Julgado em 6 de dezembro de 2005. Relator: Ministro Carlos Velloso. **Diário da Justiça**, Brasília, DF, 24 mar. 2006d. Disponível em: <https://redir.stf.jus.br/paginadorpub/paginador. jsp?docTP=AC&docID=368446>. Acesso em: 29 dez. 2021.

BRASIL. Supremo Tribunal Federal. Recurso Extraordinário n. 455.283 AgR. Julgado em 28 de março de 2006. Relator: Ministro Eros Grau. **Diário da Justiça**, Brasília, DF, 5 maio. 2006f. Disponível em: <https://redir.stf.jus.br/paginadorpub/paginador. jsp?docTP=AC&docID=359538>. Acesso em: 29 dez. 2021.

BRASIL. Supremo Tribunal Federal. Recurso Extraordinário n. 458.164. Julgado em 21 jun. 2011. Relator: Ministro Celso de Mello. **Diário da Justiça**, Brasília, DF, 23 ago. 2011d. Disponível em: <https://redir.stf.jus.br/paginadorpub/paginador.jsp?docTP=AC&docID=626422>. Acesso em: 29 dez. 2021.

BRASIL. Supremo Tribunal Federal. Recurso Extraordinário n. 543.943. Julgado em 30 de novembro de 2010. Relator: Ministro Celso de Mello. **Diário da Justiça**, Brasília, DF, 15 fev. 2011e. Disponível em: <https://redir.stf.jus.br/paginadorpub/paginador.jsp?docTP=AC&docID=619003>. Acesso em: 30 dez. 2021.

BRASIL. Supremo Tribunal Federal. Recurso Extraordinário n. 562.351. Julgado em 4 de setembro de 2012. Relator: Ministro Ricardo Lewandowski. **Diário da Justiça**, Brasília, DF, 14 dez. 2012m. Disponível em: <https://redir.stf.jus.br/paginadorpub/paginador. jsp?docTP=TP&docID=3195619>. Acesso em: 29 dez. 2021.

BRASIL. Supremo Tribunal Federal. Recurso Extraordinário n. 564.413. Julgado em 12 de agosto de 2010. Relator: Ministro Marco Aurélio. **Diário da Justiça**, Brasília, DF, 3 nov. 2010e. Disponível em: <https://redir.stf.jus.br/paginadorpub/paginador.jsp?docTP=AC&docID=617645>. Acesso em: 30 dez. 2021.

BRASIL. Supremo Tribunal Federal. Recurso Extraordinário n. 566.259. Julgado em 12 de agosto de 2010. Relator: Ministro Ricardo Lewandowski. **Diário da Justiça**, Brasília, DF, 24 set. 2010f. Disponível em: <https://redir.stf.jus.br/paginadorpub/paginador.jsp?docTP=AC&docID=614536>. Acesso em: 29 dez. 2021.

BRASIL. Supremo Tribunal Federal. Recurso Extraordinário n. 566.622. Julgado em 23 de fevereiro de 2017. Relator: Ministro Marco Aurélio. **Diário da Justiça**, Brasília, DF, 25 abr. 2017i. Disponível em: <https://redir.stf.jus.br/paginadorpub/paginador.jsp?docTP=TP&docID=13413211>. Acesso em: 23 dez. 2021.

BRASIL. Supremo Tribunal Federal. Recurso Extraordinário n. 578.562. Julgado em 21 de maio de 2008. Relator: Ministro Eros Grau. **Diário da Justiça**, Brasília, DF, 12 set. 2008h. Disponível em: <https://redir.stf.jus.br/paginadorpub/paginador.jsp?docTP=AC&docID=547393>. Acesso em: 29 dez. 2021.

BRASIL. Supremo Tribunal Federal. Recurso Extraordinário n. 593.358 AgR. ulgado em 9 de novembro de 2010. Relator: Ministro Ricardo Lewandowski. **Diário da Justiça**, Brasília, DF, 25 mar. 2011f. Disponível em: <https://redir.stf.jus.br/paginadorpub/paginador.jsp?docTP=AC&docID=621034>. Acesso em: 29 dez. 2021.

BRASIL. Supremo Tribunal Federal. Recurso Extraordinário n. 595.676. Julgamento em 8 de março de 2017. Relator: Ministro Marco Aurélio. **Diário da Justiça**, Brasília, DF, 18 dez. 2017j. Disponível em: <https://redir.stf.jus.br/paginadorpub/paginador.jsp?docTP=TP&docID=14217116>. Acesso em: 29 dez. 2021.

BRASIL. Supremo Tribunal Federal. Recurso Extraordinário n. 597.165. Julgado em 28 de outubro de 2014. Relator: Ministro Celso de Mello. **Diário da Justiça**, Brasília, DF, 9 dez. 2014f. Disponível em: <https://redir.stf.jus.br/paginadorpub/paginador.jsp?docTP=TP&docID=7432871>. Acesso em: 29 dez. 2021.

BRASIL. Supremo Tribunal Federal. Recurso Extraordinário n. 599.176. Julgado em 5 de junho de 2014. Relator: Ministro Joaquim Barbosa. **Diário da Justiça**, Brasília, DF, 30 out. 2014g. Disponível em: <https://redir.stf.jus.br/paginadorpub/paginador.jsp?docTP=TP&docID=7065098>. Acesso em: 29 dez. 2021.

BRASIL. Supremo Tribunal Federal. Recurso Extraordinário n. 601.392/PR. Julgado em 28 de fevereiro de 2013. Relator para o acórdão: Ministro Gilmar Mendes. **Diário da Justiça**, Brasília, DF, 5 jun. 2013h. Disponível em: <https://redir.stf.jus.br/paginadorpub/paginador.jsp?docTP=TP&docID=3921744>. Acesso em: 29 dez. 2021.

BRASIL. Supremo Tribunal Federal. Recurso Extraordinário n. 606.107/RS. Julgado em 22 de maio de 2013. Relatora: Ministra Rosa Weber. **Diário da Justiça**, Brasília, DF, 25 nov. 2013i. Disponível em: <https://redir.stf.jus.br/paginadorpub/paginador.jsp?docTP=TP&docID=4919271>. Acesso em: 29 dez. 2021.

BRASIL. Supremo Tribunal Federal. Recurso Extraordinário n. 608.872/MG. Julgado em 23 de fevereiro de 2017. Relator: Ministro Dias Toffoli. **Diário da Justiça**, Brasília, DF, 27 set. 2017k. Disponível em: <https://redir.stf.jus.br/paginadorpub/paginador.jsp?docTP=TP&docID=13686215>. Acesso em: 28 dez. 2021.

BRASIL. Supremo Tribunal Federal. Recurso Extraordinário n. 612.686. Julgado em 6 de fevereiro de 2014. Relator: Ministro Luiz Fux. **Diário da Justiça**, Brasília, DF, 17 mar. 2014h. Disponível em: <https://redir.stf.jus.br/paginadorpub/paginador.jsp?docTP=TP&docID=5440424>. Acesso em: 29 dez. 2021.

BRASIL. Supremo Tribunal Federal. Recurso Extraordinário n. 613.287. Julgado em 2 de agosto de 2011. Relator: Ministro Luiz Fux. **Diário da Justiça**, Brasília, DF, 19 ago. 2011g. Disponível em: <https://redir.stf.jus.br/paginadorpub/paginador.jsp?docTP=AC&docID=626216>. Acesso em: 28 dez. 2021.

BRASIL. Supremo Tribunal Federal. Recurso Extraordinário n. 627.034. Julgado em 27 abr. 2018. Relator: Ministro Roberto Barroso. **Diário da Justiça**, Brasília, DF, 25 maio 2018d. Disponível em: <https://redir.stf.jus.br/paginadorpub/paginador.jsp?docTP=TP&docID=14880958>. Acesso em: 28 dez. 2021.

BRASIL. Supremo Tribunal Federal. Recurso Extraordinário n. 627.051/PE. Julgado em 12 de novembro de 2014. Relator: Ministro Dias Toffoli. **Diário da Justiça**, Brasília, DF, 11 fev. 2015h. Disponível em <https://redir.stf.jus.br/paginadorpub/paginador.jsp?docTP=TP&docID=7719433>. Acesso em: 28 dez. 2021.

BRASIL. Supremo Tribunal Federal. Recurso Extraordinário n. 628.122/SP. Julgado em 19 de junho de 2013. Relator: Ministro Gilmar Mendes. **Diário da Justiça**, Brasília, DF, 30 set. 2013j. Disponível em: <https://redir.stf.jus.br/paginadorpub/paginador.jsp?docTP=TP&docID=4589538>. Acesso em: 29 dez. 2021.

BRASIL. Supremo Tribunal Federal. Recurso Extraordinário n. 636.331. Julgado em 25 de maio de 2017. Relator: Ministro Gilmar Mendes. **Diário da Justiça**, Brasília, DF, 13 nov. 2017l. Disponível em: <https://redir.stf.jus.br/paginadorpub/paginador.jsp?docTP=TP&docID=14028416>. Acesso em: 26 dez. 2021.

BRASIL. Supremo Tribunal Federal. Recurso Extraordinário n. 566.622. Julgado em 23 de fevereiro de 2017. Relator: Ministro Marco Aurélio. **Diário da Justiça**, Brasília, DF, 23 ago. 2017m. Disponível em: <https://redir.stf.jus.br/paginadorpub/paginador.jsp?docTP=TP&docID=13413211>. Acesso em: 26 dez. 2021.

BRASIL. Supremo Tribunal Federal. Recurso Extraordinário n. 662.816. Julgado em 28 fev. 2012. Relator: Ministro Luiz Fux. **Diário da Justiça**, Brasília, DF, 27 mar. 2012n. Disponível em: <https://redir.stf.jus.br/paginadorpub/paginador.jsp?docTP=TP&docID=1851025>. Acesso em: 30 dez. 2021.

BRASIL. Supremo Tribunal Federal. Recurso Extraordinário n. 716.378/SP. Julgado em 7 de agosto de 2019. Relator: Ministro Dias Toffoli. **Diário da Justiça**, Brasília, DF, 30 jun. 2020b. Disponível em: <https://redir.stf.jus.br/paginadorpub/paginador.jsp?docTP=TP&docID=753132907>. Acesso em: 17 dez. 2021.

BRASIL. Supremo Tribunal Federal. Recurso Extraordinário n. 767.332. Julgado em 31 de outubro de 2013. Relator: Ministro Gilmar Mendes. **Diário da Justiça**, Brasília, DF, 22 nov. 2013k. Disponível em: <https://redir.stf.jus.br/paginadorpub/paginador.jsp?docTP=TP&docID=4904092>. Acesso em: 29 dez. 2021.

BRASIL. Supremo Tribunal Federal. Recurso Extraordinário n. 773.992/BA. Julgado em 15 de outubro de 2014. Relator: Ministro Dias Toffoli. **Diário da Justiça**, Brasília, DF,19 fev. 2015i. Disponível em: <https://redir.stf.jus.br/paginadorpub/paginador.jsp?docTP=TP&docID=7795987>. Acesso em: 29 dez. 2021.

BRASIL. Supremo Tribunal Federal. Recurso Extraordinário n. 851.108. Julgado em 1 de março de 2021. Relator: Ministro Dias Tofolli. **Diário da Justiça**, Brasília, DF, 20 abr. 2021c. Disponível em: <https://redir.stf.jus.br/paginadorpub/paginador.jsp?docTP=TP&docID=755628450>. Acesso em: 30 dez. 2021.

BRASIL. Supremo Tribunal Federal. Súmula 324, de 13 de dezembro de 1963. **Diário da Justiça**, Brasília DF, 27 mar. 1963. Disponível em: <https://jurisprudencia.stf.jus.br/pages/search/seq-sumula324/false>. Acesso em: 28 dez. 2021.

BRASIL. Supremo Tribunal Federal. Súmula 657, de 24 de setembro de 2003. **Diário da Justiça**, Brasília DF, 13 out. 2003e. Disponível em: <https://jurisprudencia.stf.jus.br/pages/search/seq-sumula657/false>. Acesso em: 29 dez. 2021.

BRASIL. Supremo Tribunal Federal. Súmula 720. Data de aprovação: 24/09/2003. **Diário da Justiça**, Brasília DF, 13 out. 2003f. Disponível em: <https://jurisprudencia.stf.jus.br/pages/search/seq-sumula720/false>. Acesso em: 29 dez. 2021.

BRASIL. Supremo Tribunal Federal. Súmula Vinculante n. 52, de 18 de junho de 2015. **Diário Oficial da União**, Brasília, DF, 23 jun. 2015j. Disponível em <https://jurisprudencia.stf.jus.br/pages/search/seq-sumula811/false>. Acesso em: 29 dez. 2021.

BRASIL. Tribunal de Contas da União. **Convênios e outros repasses**. 6. ed. Brasília, 2016b. Disponível em: <https://portal.tcu.gov.br/data/files/13/80/53/07/3F03071076A7C107E18818A8/Convenios_outros_repasses_6_edicao_inclui_errata.pdf>. Acesso em: 25 dez. 2021.

BRASIL. Tribunal de Contas da União. Súmula n. 8, de 4 de dezembro de 1973. Relator Octávio Gallotti. **Súmulas n. 001 a 289**. Disponível em: <https://portal.tcu.gov.br/lumis/portal/file/fileDownload.jsp?fileId=8A8182A25753C20F0157679AA5617071&inline=1>. Acesso em: 17 dez. 2021d.

BUENO, C. S. **Manual de direito processual civil**. 4. ed. São Paulo: Saraiva Jur, 2018.

BUGARIN, P. S. O princípio constitucional da eficiência: um enfoque doutrinário multidisciplinar. **Revista do Tribunal de Contas da União**, Brasília, v. 32, n. 87, p. 39-50, jan./mar. 2001. Disponível em: <https://revista.tcu.gov.br/ojs/index.php/RTCU/article/view/919>. Acesso em: 26 dez. 2021.

CALLAIS, B. Criação de primeiro endowment e lei específica abrem caminho para fundos filantrópicos no Brasil. **Forbes**, 18 out. 2019. Disponível em: <https://forbes.com.br/colunas/2019/10/criacao-de-primeiro-endowment-e-lei-especifica-abrem-caminho-para-fundos-filantropicos-no-brasil/>. Acesso em: 29 dez. 2021.

CÂMARA, J. A. Art. 24 da LINDB: irretroatividade de nova orientação geral para anular deliberações administrativas. **Revista de Direito Administrativo**, Rio de Janeiro, p. 113-134, nov. 2018. Disponível em: <https://bibliotecadigital.fgv.br/ojs/index.php/rda/article/view/77652/74315>. Acesso em: 28 dez. 2021.

CANOTILHO, J. J. **Direito constitucional**. 5. ed. Coimbra: Almedina, 1992.

CARVALHO FILHO, J. dos S. **Manual de direito administrativo**. 33. ed. São Paulo: Atlas, 2019.

CAVALCANTI, F. de Q. B. As fundações públicas e a reforma do Estado. **Jus.com.br**, fev. 2001. Disponível em: <http://jus2.uol.com.br/doutrina/texto.asp?id=476>. Acesso em: 17 dez. 2021.

CGEE. Centro de Gestão e Estudos Estratégicos. Relatório de avaliação das unidades de pesquisa do MCT. **Revista Parcerias Estratégicas**, n. 15, out. 2002, p. 149-272. Disponível em: <http://seer.cgee.org.br/index.php/parcerias_estrategicas/article/viewFile/789/722>. Acesso em: 25 dez. 2021.

CFC – Conselho Federal de Contabilidade. Comitê de Pronunciamentos Técnicos. **Pronunciamento Técnico CPC 00** (R2), de 1 de novembro de 2019. Brasília: Conselho Federal de Contabilidade, 10 dez. 2019. Disponível em: <http://www.cpc.org.br/CPC/Documentos-Emitidos/Pronunciamentos/Pronunciamento?Id=80>. Acesso em: 30 dez. 2021.

CFC – Conselho Federal de Contabilidade. Interpretação Técnica ITG 2002 (R1). **Diário Oficial da União**, Brasília, DF, 2 set. 2015a. Disponível em: <https://www1.cfc.org.br/sisweb/SRE/docs/ITG2002(R1).pdf>. Acesso em: 30 dez. 2021.

CFC – Conselho Federal de Contabilidade. **Manual de procedimento para o terceiro setor**: aspectos de gestão e contabilidade para entidades de interesse social. Brasília: CFC; FBC; Profis, 2015b. Disponível em: <https://antigo.plataformamaisbrasil.gov.br/images/manuais/Manual_de_Procedimentos_para_o_Terceiro_Setor.pdf>. Acesso em: 30 dez. 2021.

CFC – Conselho Federal de Contabilidade. Resolução n. 750, de 29 de dezembro de 1993. **Diário Oficial da União**, Brasília, DF, 31 dez. 1993a. Disponível em: <http://www.portaldecontabilidade.com.br/nbc/res750.htm>. Acesso em: 23 dez. 2021.

CFC – Conselho Federal de Contabilidade. Resolução n. 751, de 29 de dezembro de 1993. **Diário Oficial da União**, Brasília, DF, 31 dez. 1993b. Disponível em: <http://www.portaldecontabilidade.com.br/nbc/res751.htm>. Acesso em: 23 dez. 2021.

CFC – Conselho Federal de Contabilidade. Resolução n. 774, de 16 de dezembro de 1994. **Diário Oficial da União**, Brasília, DF, 18 jan. 1995. Disponível em: <https://www1.cfc.org.br/sisweb/SRE/docs/RES_774.pdf>. Acesso em: 23 dez. 2021.

CFC – Conselho Federal de Contabilidade. Resolução n. 803, de 10 de outubro de 1996. Código de Ética. **Diário Oficial da União**, Brasília, DF, 20 nov. 1996. Disponível em: <https://www.legisweb.com.br/legislacao/?id=95805>. Acesso em: 23 dez. 2021.

CFC – Conselho Federal de Contabilidade. Resolução n. 1.305, de 25 de novembro de 2010. **Diário Oficial da União**, Brasília, DF, 2 dez. 2010. Disponível em: <https://www.legisweb.com.br/legislacao/?id=112532>. Acesso em: 30 dez. 2021.

CHIARELLO, M. D. A soja e os alimentos funcionais: oportunidades de parcerias em P&D para os setores público e privado. **Parcerias Estratégicas**, n. 15, p. 45-60, out. 2002. Disponível em: <http://seer.cgee.org.br/index.php/parcerias_estrategicas/article/viewFile/209/203>. Acesso em: 30 dez. 2021.

CÍCERO. **Dos deveres**. Tradução de Alex Marins. São Paulo: Martin Claret, 2001. (Coleção A obra-prima de cada autor).

CINTRA, A. C. de A.; GRINOVER, A. P.; DINAMARCO, C. R. **Teoria geral do processo**. 11. ed. São Paulo: Malheiros, 1995.

COSTA, R. H. **Curso de direito tributário**. 4. ed. São Paulo: Saraiva, 2014.

DICIONÁRIO ONLINE DE PORTUGUÊS. Disponível em: <https://www.dicio.com.br/fomento/>. Acesso em: 27 dez. 2021

DINIZ, G. S. **Direito das fundações privadas**: teoria geral e exercício de atividades econômicas. 2. ed. Porto Alegre: Síntese, 2003.

DINIZ, M. H. **Código civil anotado**. 9. ed. São Paulo: Saraiva, 2003.

DINIZ, M. H. **Código civil anotado**. 15. ed. São Paulo: Saraiva, 2010.

DINIZ, M. H. **Curso de direito civil brasileiro**. 9. ed. São Paulo: Saraiva, 1993.

DI PIETRO, M. S. Z. **Parcerias na administração pública**. 12. ed. Rio de Janeiro: Forense, 2019.

DI PIETRO, M. S. Z. **Parcerias na administração pública**: concessão, permissão, franquia, terceirização e outras formas. 4. ed. São Paulo: Atlas, 2002.

FABIANI, P. J. Advocacy pelos fundos patrimoniais filantrópicos. In: FABIANI, P. J. et al. **Fundos patrimoniais filantrópicos**: sustentabilidade para causas e organizações. São Paulo, 2019. p. 170-188. Disponível em: <https://www.idis.org.br/wp-content/uploads/2019/12/Livro_Fundos_Patrimoniais.pdf>. Acesso em: 29 dez. 2021.

FARIAS, A. M. de O. **Manual de entidades sociais**. Brasília: Ministério da Justiça, dez. 2014. Disponível em: <https://www.novo.justica.gov.br/seus-direitos-2/entidades-sociais/manual-de-entidades-sociais>. Acesso em: 23 dez. 2021.

FERRAREZI, E. **Organização da sociedade civil de interesse público**: a Lei n. 9.790 como alternativa para o terceiro setor. 2. ed. Brasília: Comunidade Solidária, 2001. Disponível em: <https://edisciplinas.usp.br/pluginfile.php/2097413/mod_resource/content/1/Elisabete%20Ferrarezi%20-%20OSCIP%20a%20Lei%20979099%20como%20alternativa%20para%20o%20Terceiro%20Setor.pdf>. Acesso em: 27 dez. 2021.

FIGUEIREDO, L. V. **Curso de direito administrativo**. 6. ed. São Paulo: Malheiros, 2003.

FRANCO, A. de. O microcrédito como componente de uma nova estratégia de desenvolvimento social para o Brasil. In: BARONE, F. M. et al. **Introdução ao microcrédito**. Brasília: Conselho da Comunidade Solidária, 2002, p. 7-9. Prefácio. Disponível em: <https://www.bcb.gov.br/content/publicacoes/outras_pub_alfa/microcredito.pdf>. Acesso em: 23 dez. 2021.

FREITAS, M. E. de. Contexto social e imaginário organizacional moderno. **RAE – Revista de Administração de Empresas**, São Paulo, v. 40, n. 2, p. 6-15, abr./jun. 2000. Disponível em: <https://www.scielo.br/j/rae/a/VSyVLdRT7LJzLqkC8rJCQKn/?format=pdf&lang=pt>. Acesso em: 30 dez. 2021.

FURTADO, A. T.; COSTA FILHO, E. de J. Avaliação de impactos econômicos do Programa do Satélite Sino-Brasileiro (CBERS). **Parcerias Estratégicas**, n. 15, p. 5-44, out. 2002. Disponível em: <http://seer.cgee.org.br/index.php/parcerias_estrategicas/article/viewFile/211/205>. Acesso em: 29 dez. 2021.

GUSMÃO, R. Práticas e políticas internacionais de colaboração ciência-indústria. **Revista Brasileira de Inovação,** v. 1, n. 2, p. 327-360, jul./dez. 2002. Disponível em: <https://periodicos.sbu.unicamp.br/ojs/index.php/rbi/article/view/8648863/15399>. Acesso em: 30 dez. 2021.

HARADA, K. **Direito financeiro e tributário**. 27. ed. São Paulo: Atlas, 2018.

IUDÍCIBUS, S. de et al. **Contabilidade introdutória**. 11. ed. São Paulo: Saraiva, 2010.

JUSTEN FILHO, M. Art. 20 da LINDB: dever de transparência, concretude e proporcionalidade. **Revista de Direito Administrativo**, Rio de Janeiro, p. 13-41, nov. 2018.

JUSTEN FILHO, M. **Comentários à Lei de Licitações e Contratos Administrativos**. 6. ed. São Paulo: Dialética, 1999.

JUSTEN FILHO, M. **O direito das agências reguladoras independentes**. São Paulo: Dialética, 2002.

KELSEN, H. **Teoria geral do direito e do Estado**. 3. ed. São Paulo: M. Fontes, 2000.

KELSEN, H. **Teoria pura do direito**. 6. ed. São Paulo: M. Fontes, 1998.

LEITE, M. A. S. **O terceiro setor e as organizações da sociedade civil de interesse público** – Oscips. Belo Horizonte: Assembleia Legislativa do Estado de Minas Gerais, jun. 2003. Disponível em: <https://www.almg.gov.br/export/sites/default/educacao/sobre_escola/banco_conhecimento/arquivos/pdf/terceiro_setor.pdf>. Acesso em: 27 dez. 2021.

MACHADO SEGUNDO, H. de B. **Código tributário nacional**. 6. ed. São Paulo: Atlas, 2017.

MARTINS FILHO, I. G. da S. O princípio ético do bem comum e a concepção jurídica do interesse público. **Jus.com.br**, dez. 2000. Disponível em: <https://jus.com.br/artigos/11/o-principio-etico-do-bem-comum-e-a-concepcao-juridica-do-interesse-publico/2>. Acesso em: 17 dez. 2021.

MAXIMIANO, A. C. **Administração de projetos**: como transformar ideias em resultados. São Paulo: Atlas, 1997.

MAXIMILIANO, C. **Hermenêutica e aplicação do direito**. 6. ed. Rio de Janeiro: F. Bastos, 1957.

MEIRELLES, H. L. **Direito administrativo brasileiro**. 22. ed. São Paulo: Malheiros, 1997.

MEIRELLES, H. L. **Direito administrativo brasileiro**. 42. ed. São Paulo: Malheiros, 2016.

MELLO, C. A. B. de. **Conteúdo jurídico do princípio da igualdade**. São Paulo: Malheiros, 2003.

MELLO, C. A. B. de. **Curso de direito administrativo**. 17. ed. São Paulo: Malheiros, 2004.

MINARDI, J. **Direito tributário**. 5. ed. Salvador: Jus Podium, 2017.

MONTOTO, E. **Contabilidade geral**. 2. ed. São Paulo: Saraiva, 2012.

NADER, P. **Filosofia do direito**. 2. ed. Rio de Janeiro: Forense, 1992.

NANUS, B.; DOBBS, S. M. **Liderança para o terceiro setor**: estratégias de sucesso para organizações sem fins lucrativos. São Paulo: Futura, 2000.

NIEBUHR, J. de M. **Dispensa e inexigibilidade de licitação pública**. São Paulo: Dialética, 2003.

NOVELINO, M. **Manual de direito constitucional**. 8. ed. São Paulo: Método, 2013.

NUNES, L. A. R. **Manual de introdução ao estudo do direito**. São Paulo: Saraiva, 1999.

PADILHA, A. L.; COSTA, L. D. Os endowments no direito comparado: perspectivas para o Brasil. **Migalhas**, 6 ago. 2021. Disponível em: <https://www.migalhas.com.br/depeso/349673/os-endowments-no-direito-comparado—perspectivas-para-o-brasil>. Acesso em: 29 dez. 2021.

PASQUALIN, P. Aspectos jurídicos dos fundos patrimoniais filantrópicos. In: FABIANI, P. J. et al. **Fundos patrimoniais filantrópicos**: sustentabilidade para causas e organizações. São Paulo, 2019. p. 14-51. Disponível em: <https://www.idis.org.br/wp-content/uploads/2019/12/Livro_Fundos_Patrimoniais.pdf>. Acesso em: 29 dez. 2021.

PAULSEN, L. **Curso de direito tributário completo**. 8. ed. São Paulo: Saraiva, 2017.

PAULSEN, L. **Curso de direito tributário completo**. 10. ed. São Paulo: Saraiva, 2019.

PELUSO, C. (Coord.). **Código civil comentado**. 12. ed. Barueri: Manole, 2018.

PERELMAN, C. **Ética e direito**. São Paulo: M. Fontes, 1999.

PRIMEIRA organização gestora de fundo patrimonial se dedicará a causas sociais e culturais. **Folha de S. Paulo**, 2 set. 2019. Disponível em: <https://www1.folha.uol.com.br/empreendedorsocial/2019/08/primeira-organizacao-gestora-de-fundo-patrimonial-se-dedicaraa-causas-sociais-e-culturais.shtml>. Acesso em: 29 dez. 2021.

RAFAEL, E. J. **Fundações e direito**: 3º setor. São Paulo: Melhoramentos, 1997.

REALE, M. **Filosofia do direito**. 18. ed. São Paulo: Saraiva, 1998.

REALE, M. **Teoria tridimensional do direito**. 5. ed. São Paulo: Saraiva, 2000.

RESENDE, T. de A. **Roteiro do terceiro setor**. Belo Horizonte: Publicare, 1999.

SABBAG, E. **Direito tributário essencial**. 6. ed. São Paulo: Método, 2018.

SAHM, R. Comentários aos arts. 53 a 103. In: MACHADO, C. (Org.). **Código civil interpretado**. 10. ed. Barueri: Manole, 2017. p. 92-152.

SANTOS, A. S. R. dos. Reforma administrativa e o terceiro setor. **Boletim de Direito Administrativo**, São Paulo, v. 16. n. 1, p. 31-32, jan. 2000.

SANTOS, R. Questão tributária ainda é um entrave para uso da Lei dos Fundos Patrimoniais. **Consultor Jurídico**, 8 mar. 2020. Disponível em: <https://www.conjur.com.br/2020-mar-08/tributacao-entrave-uso-lei-fundos-patrimoniais>. Acesso em: 29 dez. 2021.

SCHWARTZMAN, S. A pesquisa científica e o interesse público. **Revista Brasileira de Inovação**, Rio de Janeiro, v. 1, n. 2, p. 361-395, jul./dez. 2002. Disponível em: <https://periodicos.sbu.unicamp.br/ojs/index.php/rbi/article/view/8648864/15400>. Acesso em: 28 dez. 2021.

SILVA, F. D. L. L. da. **Princípio constitucional da igualdade**. Rio de Janeiro: Lumen Juris, 2001.

SILVA, J. A. da. **Curso de direito constitucional positivo**. 23. ed. São Paulo: Malheiros, 2004.

SILVANO, A. P. R. **Fundações públicas e terceiro setor**. Rio de Janeiro: Lumen Juris, 2003.

SZAZI, E. **Terceiro setor**: regulamentação no Brasil. São Paulo: Peirópolis, 2000.

SZKLAROWSKY, L. F. Convênios, consórcios administrativos, ajustes e outros instrumentos congêneres. **Jus.com.br**, out. 1997. Disponível em: <https://jus.com.br/artigos/456/convenios-consorcios-administrativos-ajustes-e-outros-instrumentos-congeneres>. Acesso em: 23 dez. 2021.

SZKLAROWSKY, L. F. Organizações Sociais (Lei n. 9637, de 15 de maio de 1998). **Jus.com.br**, dez. 1998. Disponível em: <https://jus.com.br/artigos/472/organizacoes-sociais>. Acesso em: 23 dez. 2021.

TACHIZAWA, T. **Organizações não governamentais e o terceiro setor**. São Paulo: Atlas, 2002.

TARTUCE, F. **Direito civil**. 13. ed. Rio de Janeiro: Forense, 2017. v. 1.

TARTUCE, F. **Manual de direito civil**. 10. ed. São Paulo: Método, 2020.

TEIXEIRA, J. **A ojeriza à taxa de administração e a possibilidade de pagamento de custos indiretos das entidades sem fins lucrativos pelo Poder Público**. 14 ago. 2018. Disponível em: <https://jteixeira.com.br/taxa-administracao-terceiro-setor/>. Acesso em: 26 dez. 2021.

Sobre o autor

Olsen Henrique Bocchi é especialista em Direito e Negócios Internacionais pela Universidade Federal de Santa Catarina (UFSC), especialista em Direito Civil e Processual Civil pelo Instituto Brasileiro de Pesquisas Socioeconômicas (Inbrape), de Londrina, Paraná, em parceria com a Ordem dos Advogados do Brasil, Subseccional Londrina, e bacharel em Direito pela Universidade Estadual de Londrina (UEL). Desenvolveu pesquisa aplicada sobre a atuação do terceiro setor como vetor estratégico econômico e social

De 1997 a 2010, exerceu advocacia empresarial e tributária e, a partir de 2007, foi gerente jurídico no Grupo Uninter, atuando em direito educacional e empresarial, tributário e no trato com o terceiro setor como docente na área de Prática Jurídica no curso de Direito da Facinter.

Desde 2010, é analista fiscal de tributos municipais, em Pinhais, na Região Metropolitana de Curitiba, Paraná, desenvolvendo atividades de auditoria fiscal de tributos, análise de incidência tributária sobre o terceiro setor e sua imunidade tributária. Também desde 2010 é defensor fazendário no Tribunal Administrativo de Recursos Tributários de Pinhais (TART-Pin).

Tem vasta experiência de 24 anos em contabilidade avançada, auditoria fiscal e tributária, direito tributário, administrativo e constitucional.

Impressão:
Janeiro/2022